中国人民大学劳动人事学院第四代系列教材

培训与开发

主编　李育辉

TRAINING AND DEVELOPMENT

中国人民大学出版社
· 北京 ·

中国人民大学劳动人事学院
第四代系列教材编委会

FOREWORD

总 序

正值我国改革开放40周年之际，我们迎来了中国人民大学劳动人事学院成立35周年。这套遵循传承、创新理念的中国人民大学"十三五"规划教材暨劳动人事学院第四代系列教材正式出版。

35年来，中国人民大学劳动人事学院创设了国内第一个人力资源管理专业、第一个劳动关系专业、第一个劳动经济学博士点；第一次建成国内劳动经济、人力资源管理、社会保障、劳动关系专业最完整的本硕博培养体系等。

35年来，中国人民大学劳动人事学院持续组织编写在劳动学科领域拥有最大影响力的系列教材；持续开展中国就业问题短期研究，发布《中国就业市场景气报告》；持续开展中国人力资源审计研究，发布《中国人力资源法律审计报告》；持续开展中国人力资源职业发展状况追踪调查，发布《中国人力资源职业发展状况调查报告》；持续开展中国企业雇主-雇员匹配数据调查，建设基础性科研数据库；连续举办14届中国人力资源管理新年报告会暨中国人才发展高峰论坛等。

35年来，中国人民大学劳动人事学院首倡发起全球劳动科学院长论坛，举办中国劳动科学年会、全球人力资源论坛、中国人力资源服务业博士后学术交流会、中国职业发展论坛、中国助业研讨会、中国新就业论坛等。

"但开风气不为师。"我们高兴地看到，经过几代学人的耕耘，中国人民大学劳动人事学院所倡导的以问题导向、创新导向、实践导向、合作导向为指引的学风，已经成为本学科领域的共识。中国特色社会主义进入新时代，开启了全面建设社会主义现代化国家的新征程，人才培养和学科发展的使命更加重大。党的十九大报告中提出的实施人才强国战略，建设实体经济、科技创新、现代金融、人力资源协同发展的产业体系，在人力资本服务领域培育新增长点，提高就业质量，构建和谐劳动关系，加强社会保障体系建设，建设高素质专业化干部队伍等重大命题，都与我们的学科领域密切相关。与此同时，一场影响深远的变革正在拉开大幕：数字经济时代产生的新就业方式、新组织管理形式、新劳动关系模式等都对传统的研究范式提出了挑战；国家层面实施的供给侧结构性改革、生育政策调整等对劳动力供给、要素市场化配置、社会保障提出了新的调整要求。我们真切地感到：创新已经是新时代所要求的基本方法论，我们必须跟上时代的步伐。学科建设是知识创新的载体。随着开发人力资源、解决民生问题的重要性被提到前所未有的新高度，我们的学科迎来了新的机遇。中国人民大学劳动人事学院下定决心再出发，为发展我国高等教育进行新尝试新探索，践行“劳人之事，成人之美”的新使命，打造“精英型学院、研究型学院、智库型学院、全球型学院、创业型学院、责任型学院、创新型学院”。

“合抱之木，生于毫末；九层之台，起于累土。”我们认识到，课程和教材体系建设尤其是本科教材建设是学科建设的重中之重，直接关系到“为谁培养人、培养什么样的人、怎样培养人”这一根本问题。中国人民大学劳动人事学院具有重视教材建设的优良传统，建院以来的三代教材都影响深远，奠定了本学科的基本框架和教学传授方式。教材建设应当与时俱进，把新的前沿理论、新的研究方法、新的拓展领域等及时囊括进来，体现不断更新的教学理念，适应人才培养的规律。

中国人民大学劳动人事学院从2015年初开始筹划劳动人事学院第四代系列教材的编写工作。在中国人民大学教务处、中国人民大学出版社的指导和帮助下，编委会成员不懈劳作，终于如期奉献出这套全新的系列教材。这套新的系列教材有以下特点：

一是教材编写者虽然仍然全部为中国人民大学劳动人事学院的教师，但是其中有旧雨也有新知。系列教材由资深名家与中青年学者共同创作完成。他们都对自己的领域有深刻的体认，都有鲜明的学术个性和研究风格。他们在教材中展现出的缜密的逻辑能力和广博的学识素养，能够代表劳动人事学院乃至中国人民大学的学者水平。

二是充分体现我国改革开放40年来的成就和近年来中外学术大交融的成果。这套教材关注中国本土的实践探索，以之为素材，以中国情境为前提，丰富和深化学生对学科专业的认识，尤其体现了学科交叉融合的研究视野，探索将各专业知识融会贯通的教学方式。新增的部分教材使丛书体系更加完备，在科学性、先进性、适用性方面都有新的拓展。

三是更加注意适应本科教学的特殊性。这套教材以本科课堂教学为出发点，在整体编排上注重系统性，在每本教材中注意理论基础性与实践应用性相结合，既奠基铺路、培养兴趣，又为引导学生未来的进阶性学习做好必要准备。教材的编写者都长期活跃在本科教学第一线，在教材的内容和形式上充分考虑教师讲授和学生学习的便利。

我们希望，这套系列教材的出版和使用能够为学科通往成熟之路做好铺垫，培养出更多更优秀的建设者和后备人才。对于教育界同行，希望你们不吝赐教，与我们携手为建设具有时代风格、中国品格的劳动科学学科而奋斗；对于新一代学子，期待你们能借助这套教材实现梦想，驶入“自由王国”的光明之域，激荡出人生的壮丽图景。

最后，感谢中国人民大学领导、中国人民大学各部处（特别是教务处）、中国人民大学出版社的关心、指导和帮助，感谢每本教材编辑的辛勤劳动。还要感谢各位作者和为教材付出心血的院内同仁。不管留下的脚印是深是浅，所做的工作能否载入汗青，学科的历史终究要由大家继续创造。衷心希望学科的未来能由今天的读者们以更多更好的成果一起创造！

谨以这套系列教材作为中国人民大学劳动人事学院成立35周年的纪念。

杨伟国

中国人民大学劳动人事学院院长

PREFACE

前言

千秋伟业，人才为先。推进中国式现代化建设，必须培养造就现代化建设需要的高素质人才，发挥人才引领驱动现代化建设的作用。党的二十大报告指出，必须坚持科技是第一生产力、人才是第一资源、创新是第一动力，深入实施科教兴国战略、人才强国战略、创新驱动发展战略，开辟发展新领域新赛道，不断塑造发展新动能新优势；坚持为党育人、为国育才；培养造就大批德才兼备的高素质人才。实现人才强国需要聚焦人才素质能力，明确德才兼备的根本标准，全面提高自主培养质量，加快形成有利于人才成长的培养机制。

教育是国之大计、党之大计。培养什么人、怎样培养人、为谁培养人是教育的根本问题。党的二十大报告强调，要建设全民终身学习的学习型社会、学习型大国。近年来，在各级各类组织中，培训与开发工作越来越为管理者重视，各类组织面临着提升人才队伍效能的紧迫任务。一方面，人才强国战略不断推进、人才是第一资源的管理理念深入人心，这促使各类组织深挖厚植自身人力资源，持续开展人才培养工作；另一方面，时代的发展日新月异，终身学习越来越成为广大劳动者的自身诉求。

本书以“培训和开发”为主线，致力于融合理论前沿和管理实践，帮助广大读者做到心中有策、手中有术；帮助有终身学习意愿的职场人锚定方向、大步向前。培训与开发是人力资源管理的六大模块之一，其他几个模块分别是人力资源规划、招聘与配置、绩效管理、薪酬福利管理和劳动关系管理。这六大内容相辅相成、互相影响，有序有机地联系在一起，构成了人力资源管理的完整体系。人力资源管理致力于研究如何有效运用组织的人力资源，以满足组织当前及未来发展的需要，推动组织与成员共同发展。如果将组织视作一个生命体，那么人力资源管理的核心能力之一就是通过充分调动组织个体的积极性和发掘个体潜力来为组织这一生命体注入生机与活力，让其健康茁壮成长。而培训与开发作为人力资源管理的一大内容，是指组织为了使员工获得或改进与工作有关的知识、技能、动机、态度和行为，所做的有计划、系统性的各种努力。

现如今，组织的生存环境与过往相去甚远，人工智能、大数据、数字经济等带来的时代巨变下，组织面临的是“不稳定”（volatile）、“不确定”（uncertain）、“复杂”（complex）、“模糊”（ambiguous）（VUCA）的环境。在VUCA时代，组织和人不能再局限于简单的雇佣关系，而是要在骤然变幻的环境之中将目标相统一，将价值相集成，演进为“命运共同体”。管理前沿研究表明，组织只有充分依靠个体的能力才能保持持久的竞争力，灵活应对潜藏于环境之中的威胁与机会。因此，如何从根本上推动“个体价值”成为“集体价值”，在充满不确定性的环境中让组织和员工融为一体，是实践者和研究者面临的重要命题。在这一过程中，如果说人力资源管理的作用是调动个体的积极性和发掘个体的潜力，那么培训与开发的过程就是对这一功能的践行。具体而言，培训与开发会通过分析员工需要和组织需要，设置相应的活动或课程，进而在满足组织需要的同时，兼顾员工的个人发展，真正让组织和成员的目标相统一。因而，培训与开发是让个体的潜力转化为真正价值，让“个体价值”促进“集体价值”的关键环节。如果有志于从事或了解人力资源管理，那么掌握培训与开发的知识具有重要意义。

如果你是管理者，本书一方面可以让你对培训与开发的核心理论和底层逻辑有所认识和领悟，以期在日后践行于实际工作之中；另一方面可以让你学习到培训与开发的具体工作方法和技巧，直接利用所学开展工作。如果你是普通员工，这本书同样有价值。这本书能让你理解企业推行培训与开发的意义，整合企业的视角，从而更加系统全面地看待自己在培训与开发和企业发展进程中扮演的角色和贡献的价值；让你抛却完成任务和事不关己的思想，发挥主动性，切实利用企业提供的平台发展职业生涯，而不是抵触和敷衍了事。与此同时，读者也可以利用本书中的理论和方法来规划职业生涯，更好地评估和审视自身，在公司再次组织培训与开发活动的时候精准锁定更适合自己的项目，或者也可以主动向公司提出自己的需求。而对于学生，这本书可以帮助其快速掌握培训与开发的整体框架和核心内容，夯实专业基础。

本书的内容设置以培训与开发的全过程为主线。培训与开发的具体过程包括培训需求分析、培训项目设计、培训项目实施和培训效果评估几个方面。围绕这几个环节，本书对需要掌握的理论基础、思想、方法、原则和流程等进行讲解和阐述，并通过案例分析、知识点延伸和拓展等模块帮助读者加深记忆和理解。本书各章的主要内容概括如下：

第 1 章：培训与开发概述。本章是从整体上对培训与开发进行介绍。具体包括培训与开发的概念和意义、类型、流程、历史以及我国企业培训与开发的现状及问题。这一章的内容帮助读者对培训与开发有一个整体的认识，在进行具体的学习前，能够初步建立一个知识体系。同时，本章通过介绍培训与开发的发展历史和我国培训与开发的现状，为读者提供与过去及现在对话的渠道，使其充分了解培训与开发的发展脉络并洞悉我国培训与开发面临的实际问题，进而带着整体的认识和实践问题继续后面的学习。

第 2 章：培训与开发的理论。在学习培训与开发的具体流程和知识点之前，有必要对支撑培训与开发持续发展的理论基础有一个全面了解。本章介绍了培训与开发的两个重要理论：学习理论和人力资本理论。学习理论为培训与开发的践行方向及实施方法奠定了基础。许多经典的培训与开发方法都是基于对学习理论的认识设计而成。人力资本理论帮助企业形成人力资本的概念，从资本的视角揭示人对企业的重要意义，帮助企业对凝结于个体身上的知识、技能和素质的价值有一个全新的认识。在掌握两个主要理论之后，才能理解培训与开发的很多内容，如为什么培训这些内容、选择何种方法等。人力资本理论认为培训与开发是一种投资，既然是一种投资，就要期望相应的收益，而收益在组织中的典型体现就是绩效，因而在本章的最后一节，还聚焦于培训与开发和绩效管理之间的关系，厘清培训与开发对提升绩效的实际作用。

第 3 章：培训需求分析。从这一章开始，正式进入培训与开发的实施流程。培训需求分析是对组织和成员的目标、能力等方面进行系统的鉴别与分析，可以帮助组织确定是否要进行培训以及培训的内容和方法等。只有了解了培训需求，才可以进行后续的工作。因此，培训需求分析是实施培训与开发的依据。通过本章的学习，读者应掌握培训需求分析的一般方法和具体实施准则。充分准确的培训需求分析是培训开发项目能否同时满足个人目标和组织目标的关键。

第 4 章：培训与开发项目的设计与实施。在充分了解了培训需求之后，就要着手进行具体的培训项目设计。本章的重点就是帮助读者了解培训设计的要点和注意事项，从而保障培训工作的顺利进行。这一阶段会为整体培训与开发的流程做出安排，然后依据这一安排进行项目的实施。培训设计主要包括制定培训目标、确定培训内容、选择培训参与者及培训方法等。通过对本章的学习，读者可以了解和掌握培训与开发项目的设计与实施的基本流程和注意事项。

第 5 章：培训方法。好的方法是成功的一半。只有选择了与培训内容、培训目标相匹配的方法，才能让培训与开发的作用更好地发挥。本章详细介绍了培训与开发的各种技术和方法，包括对这些方法的优势、局限性以及使用情境的说明，以帮助读者根据实际情况合理选择和组合使用这些方法。在此基础上，本章同时介绍了选择方法时经常需要考虑的因素，为读者如何进行选择提供借鉴。

第 6 章：培训评估。我们一定要记得在实施培训的过程中和结束后对培训项目进行及时评估，只有这样才能明确我们的项目是否达到了预期目标，有何需要改进之处。注意这里强调的是，评估在过程中和结束后都要进行。传统意义上的培训评估仅发生在培训结束之后，是单纯对培训效果的评估。实际上，一个完整、有效的培训评估应该涵盖培训流程中的全部环节，从需求分析开始直到实施结束。这样一来，培训评估不仅能为我们改进培训项目提供依据，还能在项目进行过程中发现问题，及时调整，达到对培训项目进行控制的目的。本章需要掌握培训评估的流程、主要的培训评估模型（如柯克帕特里克培训评估模型、菲利普斯五级培训评估模型等），以及如何实施培训评估。

第 7 章：培训成果转化。企业实施培训项目的最终目标就是希望员工能实际改善企业绩效，换言之，员工从培训中学习到知识和技能很重要，能把这些知识和技能用在工作场所更为重要。培训成果转化关注的是培训对象从培训中学到的知识和技能能在多大程度上应用于实际工作中。譬如我们学习本书内容之后，能学以致用，将其中的理论和方法等应用到工作中，这才是真正重要的。本章内容就是要告诉读者影响培训成果转化的因素有哪些，以及可以促成培训成果转化的途径和方法。

第 8 章：职业生涯管理。本章内容旨在帮助读者了解如何为员工规划职业生涯。这一内容是让员工职业发展与组织战略发展真正结合统一的关键，同时也能帮助大家明白职业规划的重要意义和进行职业规划的方法。本章需要掌握几个重要的职业生涯发展理论和模型，以及员工职业生涯管理实践的主要内容。职业发展理论和模型主要有沙因的职业生涯发展理论、萨柏的职业生涯彩虹图、格林豪斯的职业生涯发展理论、莱文森的成人发展时期理论，还有传统职业生涯发展四阶段（探索阶段、立业阶段、维持阶段、离职阶段）模型和现代职业生涯发展模型（易变职业生涯发展模型和多元职业生涯发展模型）。需要注意的是，在进行员工职业生涯管理的时候，需要员工、直属经理、人力资源部门和公司共同发挥作用，扮演好各自的角色，这样才能保证职业生涯开发活动顺利进行。最后，要注意对整个管理过程进行有效的评估。本章最后介绍了我国职业生涯管理面临的主要问题，希望能促进读者立足于我国国情进行思考，切实解决实际问题。

第 9 章：组织开发。员工开发主要关注的是对员工职业生涯的管理，而组织开发是聚焦于组织战略、结构等有计划进行的自上而下的改革活动，探讨的问题是如何对组织进行持续的改进与开发。本章介绍了组织开发过程中的变革过程理论和系统干预理论及技术。同时对一些新兴的组织开发方法，如全面质量管理、工作生活质量计划及近年来在全球企业兴起的再造工程进行讲解和应用。最后，论述了如何建立学习型组织以促进组织全面学习和开发，组织学习的形式和层次、影响组织学习的因素，以及如何改善组织决策与学习等。

附录：未来发展趋势。在这一部分，本书对培训与开发的未来发展趋势进行了介绍。大数据、移动互联网技术、远程办公等都将为培训与开发提供新的发展方向和未来可能的应用范式。培训与开发的目的就是要契合组织未来的发展并改变现状，因此，要了解培训与开发的未来发展方向，顺应时代的走向，为新模式的到来提早做好准备。

以上就是本书各章的主要内容概述。为了帮助读者更加有效地学习和理解每一章节的内容，本书安排了如下模块：学习目标、开篇案例、读一读、想一想、看一看、本章小结、复习思考题、案例分析。了解这些模块的意义，将有助于充分利用这些内容，更有效地学习本书知识。

• 学习目标：告诉读者需要掌握的主要内容，引导读者把握重点知识，让读者能够对本章所学内容有一个初步的了解。

• 开篇案例：以一个实际事例引导读者思考本章需要解决的实际问题是什么，应如何解决。应该带着开篇案例中的问题阅读和学习本章内容。在学习完本章内容之后，应该具备解决开篇案例问题所需的知识和技能。

• 读一读：提供一些学者的经历、具体方法的实施技巧以及各类调查和问卷的展示等。

• 想一想：与主要内容密切相关的问题，也是容易忽略的重要知识点。通过对这些问题进行回答，可以在纵向、横向上进行拓展延伸，加深对知识的理解。

• 看一看：是正文知识和内容的辅助拓展资料。可以使读者了解更多知识，提高学习兴趣。

• 本章小结：对每章主要内容的简洁提炼，方便在日后回顾时使用，也是激发回忆过程的一个线索。

• 复习思考题：对每章主要内容的提问，读者可以通过回答复习思考题来检查自己是否成功记忆和理解了基本内容。

• 案例分析：旨在培养和考察读者灵活运用本章所学知识，分析和解决实际问题的能力。

本书介绍的理论和方法并非都能推之百世而不悖，因为一切都是在不断发展、不断改变的，这就需要我们着眼于人力资源管理实践与学科发展的趋势，以前瞻性的视角解读人力资源管理的培训与开发体系建设，牢记核心的价值和思想，不断调整和改善方法，与环境同步变化，甚至要先于环境发生变化，让更多新的内容和实践促进培训与开发的展开。

最后，事莫明于有效，论莫定于有证。本书提供了很多案例来帮助读者有效学习和应用相关知识，但是这样还远远不够。希望读过此书的人，可以把所学的知识和技能真正应用到自己日后的职业生涯中，学以致用，就如同本书第 7 章介绍的内容，要将学习的知识转化为实际的成果和价值。这也算是对于每一位读者的培训与开发。

CONTENTS

目 录

第 1 章
培训与开发概述

学习目标

学完本章后，你应该能够：

- 掌握培训与开发的概念以及二者的区别。
- 掌握培训与开发的目的及其与人力资源管理其他模块的关系。
- 掌握培训与开发的主要类型和一般的实施流程。
- 了解培训与开发的发展历程以及当前面临的挑战。

开篇案例

王华是一家大型外企的技术人员，由于表现优秀，刚被提升为部门经理。然而，伴随着晋升的喜悦，也有了越来越多的烦恼。

首先，王华升任管理岗位后，工作内容发生了很大变化。工作中需要处理的行政性事务和人际关系问题增多，这让技术出身的他很难适应，一时间无法进行有效处理，事情不断积压。其次，在升任管理岗位以后，他忙于处理行政事务，没有多少时间研究技术，总是感觉自己在技术方面已经被别人超越，这让一直是技术骨干的他十分失落。同时，昔日的同事变成了自己的下属，其中一些同事在公司的资历比他还深。面对新的团队关系、上下级关系，王华不知道该如何处理。

在上任后第一个月的绩效评估期间，王华的直线上级找他谈话，对他们部门绩效不佳的情况进行分析和总结。在谈话的过程中，王华向领导表达了自己的困扰。

这时候领导告诉他，从技术岗位转到管理岗位，一般都会面临这些问题。

“对于技术人员来说，有两条职业通道：一条是做一辈子的技术，只要你喜欢做，可以一直从初级工程师做到高级工程师和资深工程师，一些做到资深工程师的人其薪酬待遇可能比一些高级经理都高；另一条就是可以在中间的某个时段从技术岗位转到管理岗位，但这并不是所有人都有的机会，必须是那些有潜质胜任管理岗位的人才能获得。

“你现在获得了可以转换职业发展通道的机会，如果你不喜欢，可以放弃，继续专心做你的技术。如果你想接受这个职业发展的转变，接受这个挑战，你就必须要让自己学会适应这个岗位。

“公司人力资源部有很多课程，你之前参加的可能都是技术性的培训，现在你可以去关注一些管理类的课程，帮助你提升管理能力与领导能力。这些课程是分级别的，面向初级经理的课程和面向高级经理的课程是不一样的。你可以将自己的情况与负责培训的经理沟通一下，选择合适的课程。这些培训课程是公司为员工提供的福利，每个员工每年都有机会接受培训。你不妨先去接受一些适合自己的培训。”

听了领导的建议后，王华找到人力资源部的培训经理，表达了自己的培训需求。培训经理在分析了他的情况后，为他选择了几门管理能力提升的课程。王华觉得这些课程非常有用，经过两个月的调整，他已经完全胜任他所在的管理岗位。

从这个案例中，我们可以看出，培训与开发在个人职业生涯中扮演着重要角色。同时，培训与开发还能够提高企业的人力资本，丰富企业的无形资产，进而提升企业竞争力，促进企业更好地发展。那么，究竟什么是培训与开发？培训与开发都包括哪些类型？作为人力资源管理的重要模块，培训与开发与其他模块之间又有哪些联系？我国目前的培训与开发都面临哪些挑战？本章将针对这些问题进行一一解答，帮助你更好地认识培训与开发。

第 1 节 培训与开发的概念和意义

假设某一天，你发现自己的工作效率总是比同事低，不能在规定的时间内完成任务，经常被很多琐事缠绕。这时的你很努力，工作也很累，但工作仍不见起色，你希望有人能告诉你如何改进与提升。又或者你接到一项全新的任务，是你之前从来没接触过的，你不知道如何去处理才能高效地完成。这时候你期望的是有人来帮助你了解这个新的领域，传授基本方法，告诉你基本的操作流程等。

扮演这个教育与指导的重要角色之一，就是公司的人力资源部门。人力资源部门肩负着员工培训与开发工作的重任，员工通过接受正规的培训与开发，可以提高工作效率，更加胜任本职工作，并且充分开发自己的潜能，挑战新的工作。因此，培训与开发在培养员工中扮演着十分重要的角色。

最初，人力资源领域关注的重点一直是人力资源管理，直到 20 世纪 80 年代末 90 年代初，人力资源领域开始重视一个新的主题——人力资源开发。人力资源管理主要关注如何发挥人力资源的效用与效益，在过程中进行管理，重点在于管理。而人力资源开发的重点则在于对人的各种潜能的开发。

◎ 想一想

人力资源开发与人力资源管理具体有什么区别？人力资源开发的出现反映了管理思想的哪些变化？

人力资源开发的概念最初是由美国华盛顿大学的教授伦纳德·纳德勒（Leonard Nadler）提出来的。纳德勒对人力资源开发的定义是：第一，由雇主提供的有组织的学习体验；第二，在一段特定时间内；第三，目的是增加雇员提高工作绩效和个人发展的可能性。

人才发展协会（Association for Talent Development，ATD，原美国培训与开发协会（American Society for Training and Development，ASTD）关于人力资源开发的定义在当今的影响是最大的。ATD 资助帕特里夏·麦克拉根（Patricia A. McLagan）于 1989 年进行的研究表明：人力资源开发（human resource development，HRD）是综合运用培训与开发、职业开发和组织开发来提高个人、团队以及整个组织的绩效的活动。这一定义将职业开发和组织开发引入人力资源开发。

◎读一读

美国培训与开发协会（ASTD）创立于 1944 年，拥有 155 个分支机构和 54 000 名会员，其会员分布在大约 20 000 家公司和团体中。2014 年，ASTD 正式更名为人才发展协会（ATD）。ATD 向培训人员和培训经理提供专业发展资料，帮助他们改善岗位培训方法，提高工作效率。迄今为止，ATD 是世界上拥有最大规模人力资源开发从业人员的专业性组织。

ATD 的目标：

- 进行应用性研究，开发、创造和传播世界上最成功的培训手段，争取工作的进一步改善。
- 促进有关岗位学习和操作信息的交流。
- 在个人、政府和商业机构之间建立国际合作网络，以改进岗位学习和操作。

为了能更好地学习和掌握培训与开发，首先让我们来看一下培训与开发的概念。

一　培训与开发的概念

1. 培训与开发的定义和区别

对于“培训”这个词大家应该都不陌生。我们从小到大接受的学校教育，参加的各种辅导班、特长班，都是在接受培训。而“开发”这个词一般指开拓，发掘自然资源或者文化资源，抑或指发现或发掘人才、技术等以供利用。如今，在人力资源管理领域，培训与开发这两个词通常同时出现或者交替使用。那么“培训”与“开发”的含义是什么？二者又有什么区别呢？

在人力资源管理领域，培训（training）主要是向员工传授完成当前的任务或工作所需的知识和技能，是企业向员工提供工作所必需的知识与技能的过程；开发（development）则强调和关注为未来工作任务做准备，旨在帮助员工获得在未来工作（晋升或者岗位轮换后）中所需要的知识、技能、能力、态度和积极性，是依据员工需求与组织发展要求对员工潜能开发与职业发展进行系统设计与规划的过程。

培训与开发有不同的侧重点。培训关注的重点是当前的工作；开发关注的重点既有当前的工作，也包括雇员将来可能从事的工作。培训的范围只涉及雇员个人，主要处理具体的绩效不达标等问题；开发的范围则涵盖整体员工队伍或组织，即开发关注的是整个员工队伍的技能和能力。在时间跨度上，培训往往更关注组织眼前的需要，在短期内进行；开发则趋向于关心长期的需要，持续时间也相对较长。培训的目的是提高员工的工作绩效；开发的目的则是提升组织的整体人力资源水平。从上述内容可以看出，培训能够在短期内显著地影响目前的绩效水平，而开发则将从长期拥有更能干和灵活的人力资源中获得回报。表 1-1 归纳了培训与开发之间的区别。

表 1-1　培训与开发的比较

比较的项目	培训	开发
侧重点	当前的工作	当前和未来的工作
范围	个别雇员	员工群体或组织
时间跨度	短期	长期
目的	弥补当前技能的不足	为未来的工作需要做准备

资料来源：戈麦斯-梅希亚，鲍尔金，卡尔迪．人力资源管理：第 6 版．上海：格致出版社，2015：273.

◎ 想一想

培训与开发还有什么区别？

2. 培训与开发的内容

说到培训，我们通常将其视为针对全体员工的带有强制性的教育和学习，如安全健康教育、企业规章制度教育等。事实上，培训涵盖的内容远不止这些。围绕职务所需的知识、技能、能力以及应有的工作态度和积极性等都是培训的主要内容。培训的目标是提高员工在具体岗位上的工作效率，提高其知识和技能以适应岗位需要。培训同时也是一项关怀员工的辅助活动，可以通过培养员工分析问题、解决问题的能力，让员工得到持续的进步和提高。从这个意义上来说，培训是一种能够促进员工个人发展的教练活动。此外，培训还可以用于解决员工面临的具体问题，包括与工作状态直接相关或间接相关的问题。例如，员工如何应对压力和挑战，员工如何维持工作和家庭的平衡，以及其他如瘦身、戒烟和戒毒等方面的问题。

◎ 读一读

在美国有一个说法，只有两种东西是世界 500 强企业都要购买的，一个是电脑，一个是员工援助计划（employee assistance program，EAP）。员工身在职场，不仅工作压力大，还要面临来自人际、家庭、健康等各方面问题的困扰。这些问题会引起员工的情绪波动，进而影响员工的工作动机和士气。现在越来越多的企业开始注重员工的压力和情绪管理，部分企业甚至专门请心理专家帮助员工应对与缓解压力、解决情绪问题。EAP 就是企业用于管理和解决员工个人问题，从而提高员工个人与企业整体绩效的心理援助项目。

具体而言，员工援助计划是企业为员工提供的系统、长期的援助与福利项目；通过专业人员对组织以及员工面临的问题进行诊断，提供建议和专业指导、咨询及培训等，帮助员工及其家庭成员解决心理和行为问题，提高绩效及改善组织气氛和管理。

开发主要包括职业开发、组织开发以及管理开发。

职业开发（career development，CD）包含两个过程：职业规划和职业管理。职业规划强调个人在职业生涯发展中的主观能动性，是个人通过评价自己的技术、能力，了解自己的兴趣、价值观、机会等因素，从而选择合适的职业生涯发展目标，建立起一个相对符合实际的职业规划方案，并努力去实现它的过程。职业管理更关注组织在员工职业发展过程中的主导作用，强调组织要监督和指导员工实现个人的职业生涯规划。对于组织而言，职业开发的作用主要是把个人发展需要与组织发展需要相联系，以形成人力资源开发的合力。

组织开发（organization development，OD）是以提高组织生命力和效能为目的，在组织愿景、目标及战略的指导下，改善和更新组织结构、组织文化以及组织中个体行为的过程。组织开发倡导在团队内部和各团队之间进行变革和创新。它既强调宏观的组织变革也强调微观的组织变革。宏观组织变革的目的是提高组织的有效性，而微观组织变革的目的主要是对个人、小群体以及团队进行改进。

管理开发（management development，MD）是以组织中现在或未来的管理者为对象展开的，其目的是提高管理者的管理效率，增进管理者的管理知识、管理技能和能力，同时改变管理者的管理态度和动机。管理开发可以针对初级、中级和高级管理者三个层级分别进行。

培训和开发都是通过提升员工的能力以实现员工与企业的同步成长。在实践中，我们往往对培训和开发不做严格的区分，经常将培训与开发放在一起使用。总体而言，培训与开发（training and development）是指组织为了有效地提高员工的工作绩效并帮助员工对组织的战略目标做出贡献，让员工获得或改进与工作有关的知识、技能、动机、态度和行为的一系列活动。培训与开发的重点在于通过有计划的学习、分析，确保并帮助员工个人提高关键技术和能力，以便胜任现在和将来的工作。

二　培训与开发的目的和原则

1. 培训与开发的目的

一项活动或项目的实施都是有目的的。企业为什么要投资那么多人力、物力和财力为员工提供培训而不是选择省下这部分支出用于扩大再生产？员工为什么要花时间和精力接受这些培训？这些都是需要我们思考的问题。

美国人力资源管理学者斯塔尔（O. Glenn Stahl）从不同层面培训的目标出发，提出培训的目的主要有以下几个方面：

（1）导入和定向（induction and orientation）。引导和帮助新员工进入组织，了解工作和工作条件。

（2）绩效改进（performance improvement）。通过传播新方法、新法律和规章，关注技术发展和其他方面的变化，使工作人员具备实现良好绩效的有效方法。

（3）扩展工作人员的价值（broadening staff usefulness）。通过培训，使工作人员为承担更多的工作和更大的责任做好准备。

（4）开发高层领导技能（developing top leadership）。通过培训高层管理人员的思想素质和管理水平，使之更新观念，改善知识结构，适应组织变革和发展的需要。

人力资源专家佩斯（Pace）认为，在不同时期、不同情境和不同类型的培训中，培训与开发的目的是存在差异的。他从人力资源发展历史的角度分析了培训与开发在不同时代的不同目的。佩斯对培训与开发的这一分析视角体现了不同时期管理关注点的变化：

（1）员工技艺（employee skillfulness，19 世纪以前）；

（2）员工效率（employee efficiency，19 世纪至 20 世纪初）；

（3）员工满足感（employee satisfaction，20 世纪初至 20 世纪中叶）；

（4）员工价值感（employee enhancement，20 世纪中叶至今）。

此外，培训与开发的目的是随着不同时期和情境的需求而变化的，企业和员工的共同需求决定了培训与开发要达到的目的。一方面，企业通过培训与开发向员工传授广泛的技能，使员工的技能由单一技能转向多重技能，以适应不断变化的客户需求与组织发展的需要。另一方面，培训与开发注重员工个人价值的实现，同时强化员工对组织的认同，提高员工忠诚度。

培训与开发的共同目标是实现人与组织的匹配、人与组织的同步成长。企业通过培训与开发提高员工的技能，让员工更加适应组织发展的需要；同时满足员工的各方面需求，使员工对组织的贡献最大化。

2. 培训与开发的原则

（1）与战略相结合。企业培训与企业经营战略和目标之间紧密相连。企业经营战略决定了企业所需要的技术类型和技术水平，因而在很大程度上决定了企业实施培训的类型、数量以及培训所需要的资源情况（资金、培训时间、项目开发）。而培训能够帮助员工掌握企业需要的技能，而且员工技能的掌握和熟练程度会直接影响企业经营战略的实现情况。因此，企业的培训与开发活动应与企业战略相结合，这样才能更好地促进企业的发展。

◎读一读

企业经营战略具体可分为集中化战略、内部成长战略、外部成长战略和紧缩投资战略。集中化战略（concentration strategy）侧重于提高市场份额、降低成本，使产品和服务保持鲜明的市场定位；内部成长战略（internal growth strategy）侧重于新市场和新产品的开发、革新以及合资；外部成长战略（external growth strategy）强调通过发展更多的经销商和供应商，或收购企业，使公司进入新的市场领域；紧缩投资战略（disinvestment strategy）强调经营过程中的财务清算、周转时间和业务剥离。

企业需要选择主导的经营战略，而战略的实现要辅以相应的人力资源支持，人力资源的管理与开发也要以战略为出发点。举例来说，实行紧缩投资战略的公司要培训雇员寻找工作的技能，注重跨专业培训，以使留下来的员工承担更大的责任。而注重市场定位的公司（集中战略）则应该将重点放在公司的技术交流与现有劳动力的开发。

（2）符合学习规律。“高原现象”是教育心理学中的一个概念，指在学习或技能形成的过程中，出现的暂时停顿或者下降的现象。在成长曲线上表现为保持一定水平而不上升，或者有所下降。在突破“高原现象”之后，又可以看到曲线继续上升。在一些培训过程中，会出现学员不再有明显进步的“学习高原现象”，如图 1－1 所示。在技能培训中也会出现这样的情况。当遇到学员成绩停滞不前或者倒退，即出现了“学习高原现象”时，企业应考虑改变现有方法，采用其他更有针对性的方法来帮助学员克服高原期，过渡到更高的学习阶段。

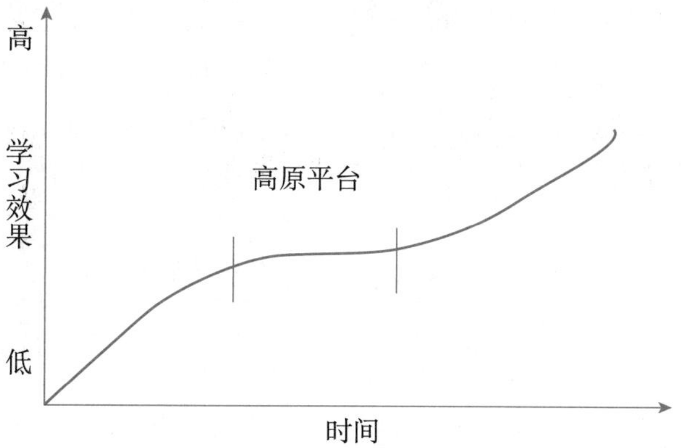

图 1－1　学习曲线

（3）培训与开发的类型和方式多样化。当今许多组织的培训与开发活动主要包括三种：新员工的入职培训、管理技能开发以及对员工的业务培训。这主要是依据员工所处的职位以及职业生涯的不同发展阶段而设计的，以满足员工职务要求和个人发展的实际所需。为了能够满足员工不同阶段和不同目标的多样化需求，企业在培训方法上也要不断创新，尝试新技术和新方法，并结合传统培训方式，形成传统培训方法和新型培训方法相结合的培训模式，以多样化的方法满足员工和企业多样化的培训开发需求。

◎读一读

新员工入职培训是指企业引导新员工学习组织重要的价值观和行为规范，学习如何建立工作关系，以及学习如何在岗位上行使职责的过程。管理技能开发则是针对管理者进行的一项培训计划，其目的是让管理者能够不断提升管理技能和能力，可以适应复杂多变的环境，帮助组织实现可持续发展。员工的业务培训则是向员工传授与具体工作和任务相关的某一特殊领域的知识和技能。

传统的培训方法主要是演示法、体验法以及实地培训法。演示法主要包括讲座和讨论；体验法主要有案例分析、头脑风暴、情景模拟、角色扮演、沙盘演练、拓展训练；实地培训法的典型是导师制，是指企业中富有经验的、有良好管理技能的资深管理者或技术专家，与新员工或经验不足但有发展潜力的员工建立一种支持性的关系。新型的培训方式有远程学习、多媒体培训、网络培训、智能化辅导系统以及虚拟现实培训等。新的培训方式网络学习（E-learning）是一种通过网络进行学习的全新方式，员工能够自由地分配学习时间，制订专属于自己的培训计划。这一学习方式不受地点和时间的限制，无论何时何地，员工只要能够连接到互联网就可以根据需要进行学习。

（4）投入产出原则。培训与开发属于人力资本投资。投资是带有风险性的，这是因为投资所带来的产出具有不确定性。员工在培训之后，生产率是否提高、能力能否得到提升等，都是无法确定的。如果产出收益明显小于投资成本，那么这项投资就是失败的，企业不应该进行。只有产出大于投入时，企业才应该选择进行投资。因此，在实施培训与开发活动的过程中，要考虑到企业的经济条件和人力资源现状，对培训与开发投资的必要程度和风险收益进行分析，在综合考虑的基础上再进行适当的投入，以确保培训与开发能为企业带来效益，使人力资本投资的产出收益最大化。

（5）个人发展与企业发展相结合。员工的个人职业发展和组织发展是可以有效契合的。一方面，通过接受培训，员工可以掌握新的知识和技能，进而能够得到更好的职业晋升通道，获得更为满意的报酬和待遇，同时也有更大的自由和选择权以得到符合个人志趣的工作。同时，当培训与开发重视员工的个人发展时，还会充分调动员工参与培训与开发的积极性。另一方面，员工能力提高之后，会更加胜任本职工作，进而可以提高企业绩效，促进企业发展。当企业发展良好时，又会有更多余力为人力资本进行投资。这样一来，员工个人发展和企业整体发展之间就会形成一个相互促进、相辅相成的良性循环，既可以实现员工的个人目标，又可以促进企业实现组织整体的目标。

（6）反馈和强化培训开发效果。在培训过程中，要注意对培训效果的及时反馈和强化。反馈的作用在于巩固所学技能，及时纠正错误和偏差。反馈的信息越及时、准确，培训的效果就会越好。强化是结合反馈对接受培训的人员所进行的奖励或惩罚。这种奖励或惩罚应该在培训结束后马上进行，例如及时奖励在培训中表现良好并取得优异成绩的员工，而且应该在培训结束后的工作中继续对培训的效果予以强化，例如奖励那些在接受培训后工作能力有明显提高且取得优秀绩效的员工。惩罚则是对那些不认真对待培训的员工所给予的警告。在培训与开发实践中，为了能够保持员工对企业的认同和工作热情，一般而言，推荐企业更多使用奖励手段而非惩罚手段强化员工行为。

三 培训与开发的意义

企业为何要进行培训与开发活动？培训与开发活动有什么意义？回答问题的关键在

于培训与开发能给企业和员工带来什么价值。作为人力资源管理的一项基本职能活动，培训与开发对于企业的意义并不局限于对员工技能与能力的培养，更是深化组织发展、推行企业管理行为与文化实践的重要内容。同时，培训与开发活动是一种外在薪酬的表现形式，对激励和保留员工具有一定的积极作用。

1. 培训与开发是企业的投资与回报

培训与开发投资可以给企业带来较大的收益，最直接的效果就是产品质量的改进和服务质量的提高。企业推行培训计划主要是为了提高管理人员的管理技能，解决因技术引进、更新或生产率较低所引发的问题，降低工作差错率、返工率和浪费现象，满足顾客的要求并改善与顾客的关系，留住优秀的技术人员，提高企业竞争力。

◎读一读

加拿大贝尔公司（Bell Canada Enterprises，BCE）是加拿大各企业中在培训与开发投资方面居前列的企业之一。该公司的培训中心运转得非常成功，以至于可以向企业外部顾客出售培训课程。

通过教育和培训提高企业员工的素质，是提高劳动生产率的有效途径。根据联合国教科文组织提供的研究结果，劳动生产率与劳动者文化程度呈指数曲线关系。例如，与文盲相比，小学、初中、大学毕业可分别提高劳动生产率 43%、108% 和 300%。

西奥多·舒尔茨（Theodore W. Schultz）早在 20 世纪 60 年代也指出并论证了人力资本投资对经济增长的贡献远比物质资本的贡献大得多。

2. 培训与开发能够增强企业的核心竞争力

企业的核心竞争力是指能够为顾客带来特殊价值的一系列知识、技能、技术的组合。简单地说，就是企业在经营过程中形成的不易被竞争对手仿效的，并且能为企业带来超额利润的独特能力。对员工的技术、知识、能力进行培训和开发，可以使企业的人力资本这一无形资产增值，从而提高员工对企业的贡献率。而对管理人员进行管理技能的投资，则能帮助他们更好地激励下属，培养下属的忠诚度和奉献精神，并且将下属个人目标和企业目标紧密结合在一起，提高下属的士气和工作满意度。从这个角度来看，培训与开发通过开发员工的核心专长和技能，以及培养员工的组织承诺和组织认同，最终能够帮助企业提高核心能力和竞争优势。

3. 培训与开发是一种员工福利

在经济全球化和人工智能技术高速发展的背景下，企业面临的生存环境更为复杂和具有挑战性，个体拥有的知识和技能在经济发展的快速变更中则面临着陈旧和过时的风险。企业为员工提供的培训与开发活动，一方面可以有效帮助员工获取工作必需的知识和技能，帮助员工在企业中得到更好的发展，另一方面也有助于增加员工在整体劳动力市场上的竞争力，增加员工的职业发展机会。因此，培训与开发不仅是企业为了自身长远发展做出的人力资本投资，而且是企业给予员工的支持和福利。

◎读一读

在一项国际成人读写能力和技能调查中，正处于工作年龄段的加拿大人中有42%的人没有满足知识经济时代对于技能水平的要求。此外，经济衰退期的个体技能短缺问题在经济复苏后也依然存在。在销售和服务、贸易和运输、第一产业及其加工业、制造业、公共事业领域中50%的劳动力存在技能短缺问题。为此，加拿大政府投资了一个旨在提高制造业工人读写能力和核心技能的项目。如果工人接受培训之后，技能有所提高，那么加拿大的制造业和出口产业将会得到更好发展。同时，加拿大政府的这一培训项目有效减少了被淘汰工人的数量。对于很多工人来说，培训帮助他们增加了收入和工作机会，是政府给予的很好的员工福利。

4. 培训与开发有助于企业吸引和留住人才

百事公司（PepsiCo）从曾经在深圳公司受过培训的270名员工中选取了100名员工进行抽样调查。调查发现，80%的员工愿意继续留在公司工作，比未受过培训的员工留职意愿更高。员工普遍反映培训不仅提高了他们的技能，而且提高了他们对企业文化的认同和对自身价值的认识，他们对企业目标也有了更深刻的理解。大约有95%的参加者对培训感到很满意，对满足顾客需要的信心也有所增强。可见百事公司的培训不仅为企业业绩增长提供了可能，同时也提高了员工对组织的满意度和忠诚度。

5. 培训与开发同人力资源管理其他模块协同作用

培训与开发作为企业人力资源管理的一大职能模块，有着非常重要的战略地位。随着现代企业人力资源管理的系统化趋势愈加明显，企业的培训与开发设计必须与其他人力资源管理职能模块有效对接，形成一个协同作用的整体。因此，研究培训与开发同其他模块之间的关系具有重要意义。

在对培训与开发同人力资源管理其他模块之间关系的研究中，最具代表性的是帕特里夏·麦克拉根的研究成果。麦克拉根提出了“人力资源车轮”模型，确定了人力资源的主要领域，并重点体现了培训与开发领域在其中的重要地位和作用。如图1-2所示，人力资源开发的三个组成部分——培训与开发、组织开发、职业开发联系紧密，并且与人力资源车轮上的其他部分相互关联、相辅相成。整个人力资源车轮共同发挥作用才能带动企业人力资本的提升，促进企业发展。在各个模块之中，相对而言，培训与开发、组织开发、职业开发与组织/职位设计、人力资源规划、绩效管理系统、甄选和配置等方面的联系更为紧密。

如果把人力资源管理系统比喻为一辆“汽车”的话，任职资格系统是“车架”，人力资源战略与规划系统是“方向盘”，绩效管理系统是“发动机”，薪酬管理系统是“燃料”和“润滑剂”，培训与开发系统则是“加速器”。企业想要保证并持续加速员工的核心专长与技能的形成，就必须建立有效的培训与开发系统，并使之能很好地与其他人力资源模块相衔接，形成有效的协同。

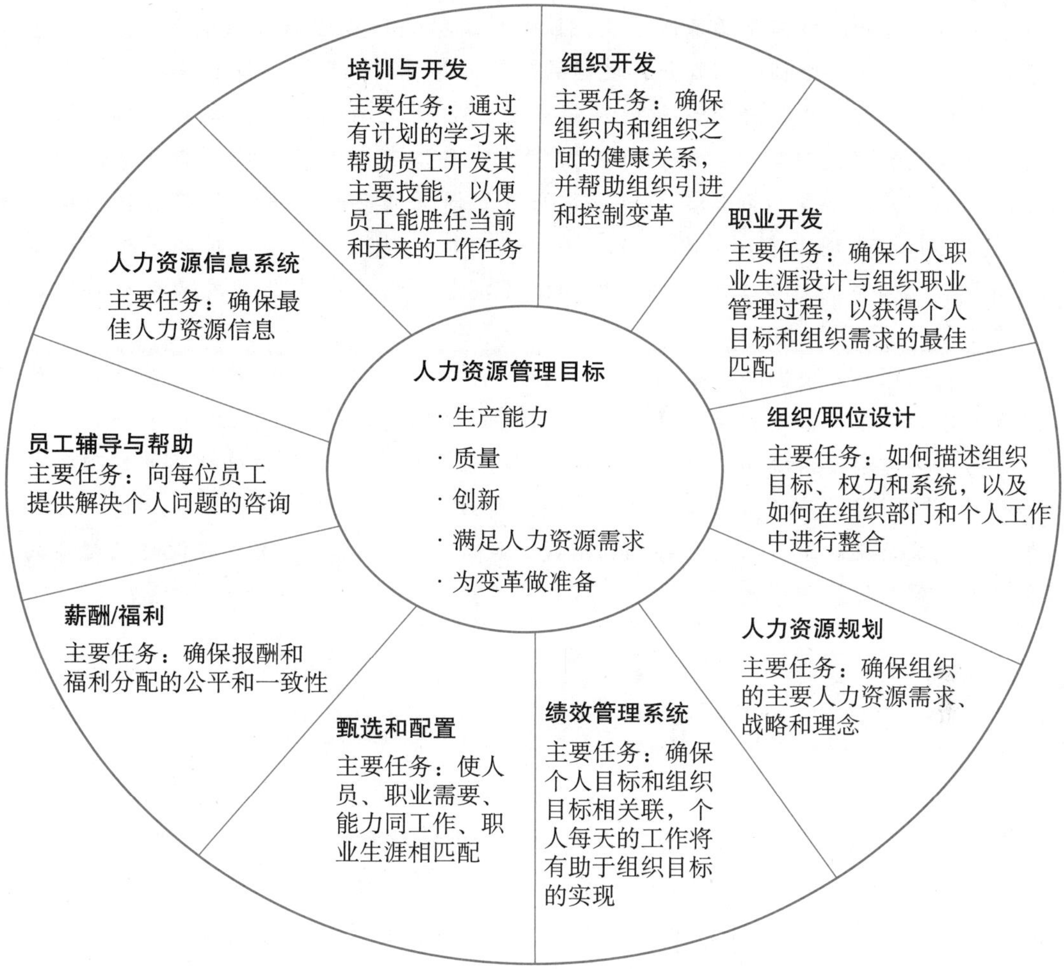

图 1－2　人力资源车轮

资料来源：McLagan P A. Models for HRD practice. Training and Development Journal，1989，47（9）：49－59.

◎读一读

（1）培训与开发同任职资格管理体系之间的关系：任职资格管理体系一方面为培训与开发工作确定培训需求提供了依据，并且为企业建立分层分类的培训课程体系提供了帮助，另一方面为企业设计员工的职业生涯规划提供了跑道，并且描绘了各种跑道的长度和阶梯。反过来，企业的培训与开发工作为员工获得任职资格等级的提升与职业化行为能力的提高，以及职业生涯发展提供了外部条件。

（2）培训与开发同企业人力资源规划之间的关系：一方面，人力资源规划指导企业培训与开发活动的实施。另一方面，人力资源规划的某些内容需要通过培训与开发活动来执行。

（3）培训与开发同人员招聘甄选之间的关系：入职培训可以帮助新员工尽快认识组织的文化和价值观，了解组织的基本状况，并且可以使新员工在短期内熟悉和掌握工作内容和工作需要的基本技能，让新员工尽快融入组织。从整个人力资源管理流程来看，入职培训是招聘甄选之后的环节，是员工上岗的前提和基础。

(4) 培训与开发同绩效考核以及绩效管理体系之间的关系：绩效考核结果以及绩效改进要点是确定员工培训开发需求的重要信息来源，而培训与开发活动的根本目的就是改善绩效状况。一项培训与开发活动的实施效果好坏将直接通过员工的工作行为体现出来，并最终作用于员工的绩效结果。因此，绩效考核结果以及绩效管理体系既是员工培训与开发的依据，也是检验培训与开发活动有效性的重要手段。

(5) 培训与开发同薪酬福利体系之间的关系：培训与开发同薪酬福利体系虽然没有直接的联系，但是培训与开发活动引起的任职资格等级变化以及工作绩效改变，将间接作用于薪酬和福利。同时，作为外在薪酬表现形式的培训与开发项目对于激励员工、提高员工工作满意度和薪酬满意度有着极大的积极作用。因此，培训与开发也是企业给予员工的一种福利形式。现如今，培训与开发已经被越来越多的企业设计到整体薪酬包之中。

第 2 节　培训与开发的类型

“子游能养而或失于敬，子夏能直义而或少温润之色，各因其材之高下与其所失而告之，故不同也。”因为孔子的两个弟子子游和子夏在天资、性格等方面迥异，所以孔子对他们的教育也有所不同。因材施教的理念由来已久，也不断被用在实践教育中。例如，我们会发现很多辅导班都分初级班和高级班等不同的等级，为的是能够满足不同水平个体的需求。对于人力资源的培训与开发也要根据员工的实际知识和技能进行不同类型的培训，以补充各自的不足。在此，主要从两个维度来看一下培训与开发的类型。

一　面向不同素质的培训与开发

什么是素质？在实际生活中，我们经常会说“注意素质”，这时候强调的往往是一个人的修养和行为方式等。素质的含义在学术领域里是非常广泛的，它包含一个人身上外显和内隐的各个方面。具体而言，素质是驱动一个人产生优秀工作绩效的各种个性特征的集合，它反映的是可以通过不同方式表现出来的个人知识、技能、个性与内驱力等。素质是判断一个人能否胜任某项工作的起点，是决定并区别绩效好坏的个人特征。

哈佛大学的戴维·麦克利兰（David C. McClelland）认为，素质包括六个部分，如表 1-2 所示。

表 1-2　素质的组成部分

组成部分	说明
动机	推动一个人为达到一定目标而采取行动的内驱力
个性特征	个性、身体特征以及对外部环境与各种信息所表现出来的一贯反应
自我认知	一个人对自己的看法，即自我认同的内在本我
社会角色	一个人基于态度和价值观的行为方式与风格
知识	一个人拥有的关于某一具体领域的各种信息或情报，个人在某一特定领域内所拥有的信息
技能	完成一项具体的体力或脑力工作的能力

麦克利兰同时提出可以将素质分为两类：普通素质和特殊素质。普通素质是指从事工作所必要的条件（一般指知识和基本技能，如读写能力等），但它不能区分普通员工和优秀员工。特殊素质则是指能够把普通员工与优秀员工区分开的素质。

麦克利兰提出了素质冰山模型，指出素质存在于六个领域：知识、技能、社会角色、自我认知、个性特征以及动机。如图 1-3 所示。“水面上”的是外显的知识与技能，这是人们从事一项工作所需要具备的信息和进行一项活动所需要的基本能力，如编程技巧、外语等。这部分容易观察，也很容易通过培训来提高。“水面下”的是内隐的特征，如社会角色、自我认知、个性特征和动机。这部分不容易观察，而且越往下，被改变的难度就越大，这部分往往是决定一个人能否成功的关键。

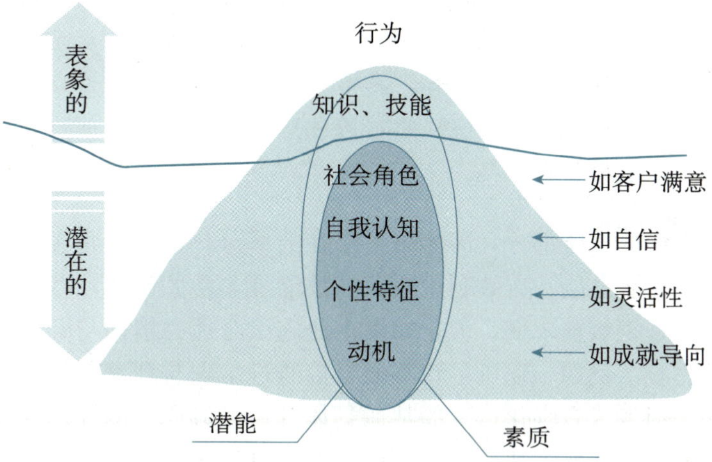

图 1-3　素质冰山模型

因为知识和技能更容易观察，所以大多数企业还是根据知识与技能来挑选员工。尽管社会角色、自我认知、个性特征与动机等不容易观察和测量，但这些素质是决定员工与企业是否相互匹配，以及员工入职之后能否有较高绩效的重要因素，因此是不容忽视的。企业要辅以相应的培训与开发，既要保证员工的知识和技能达到企业的要求，又要开发员工的潜能，提高员工在不同层面的素质。

1. 知识、技能的培训与开发

知识是一个人在某一特定领域所拥有的事实型与经验型信息。例如，操作工必须了解机器设备的运转知识与操作规程以及停机维修保养的时间与周期，这是对他的基本知识要求。技能是指一个人结构化地运用知识完成某项具体工作的能力，即对某一特定领域所需技术与知识的掌握情况。例如，操作工能够在遵循操作规程的前提下提高单位劳动生产率，这是对他的基本技能要求。

2. 社会角色的培训与开发

社会角色是一个人基于态度和价值观的行为方式与风格。态度是人们在自身道德观和价值观基础上对事物的评价和行为倾向。价值观是指一个人对周围的客观事物（包括人、事、物）的意义和重要性的总体评价和看法。态度和价值观是决定个体行为的心理基础。对态度和价值观的培训可以使员工保持积极向上的工作风貌，使员工的价值观与组织的价值观趋向一致，进而提高员工对组织的认同。

◎ 读一读

自我认知是指个体对自身的看法和评价。例如，自信就是一个人坚信在任何情况下自己都可以有效应对各种事情，它也是一个人自我形象认知的一部分。

个性特征就是个别性、个人性，指一个人在思想、性格、品质、意志、情感、态度等方面不同于其他人的特质，这个特质表现于外就是言语方式、行为方式和情感方式等。比如不同的人具有不同的领导风格，例如命令型、民主型、教练型、参与型等，这就是由个性原因产生的。不过领导风格可以通过培训与开发改变。

动机是推动个人为达到一定目标而采取行动的内驱力。动机会推动并指导行为方式的选择朝着有利于目标实现的方向前进，并且防止偏离。麦克利兰称，动机是一种对目标状态或情形的关注。例如，具有成就动机的人常常为自己设定一些具有挑战性的目标，并尽最大努力去实现它，同时积极听取反馈并加以改进。动机在组织行为学中经常跟激励放在一起。

素质构成要素中的潜能部分，即冰山下潜在的部分，如社会角色、自我认知、个性特征与动机等，对于企业能否有效利用知识与技能是非常关键的，甚至起到了决定性作用。尽管这部分要素很难被改变，但是如果企业施以合适的培训与开发手段，仍然能够对员工产生有效影响。例如，动机尽管不能直接通过培训与开发获得，但是企业仍然可以借助一些方法来激发或者强化员工的某一具体动机或倾向。例如，企业如果想要员工更具有成就动机，最直接的方法就是将那些成就动机显著并且已经获得成功的企业标杆人物的事迹和经历作为培训案例，让员工能够通过案例学习的方式亲历事件的全过程，切身感受到成就动机对于职业发展的作用与价值，从而激发员工的成就取向。

二 面向不同员工的培训与开发

新员工、老员工以及管理人员由于经验、岗位等要求的不同，在培训与开发内容上的要求也存在差异。因此面向新员工、老员工以及管理人员的培训与开发项目应有所差异，如表 1-3 所示。

表 1－3　不同对象的培训与开发内容要求

培训与开发对象	培训与开发内容要求
新员工	企业的价值观、行为规范、企业精神以及相关工作岗位所需要的基本技能
老员工	与工作直接相关的技能，如新技术、新工艺
管理人员	管理知识与技能、人际关系协调能力、工作协调能力、决策能力、领导组织能力等

1. 新员工培训与开发

新员工在进入企业之初，对一切都很陌生，他们面临下列主要问题：自己是否会被群体接纳？组织当初的承诺是否会兑现？工作环境如何？如果上述问题都得到了解决，那么新员工会尽自己的努力去适应组织的期望。新员工培训就是为了帮助新员工解决上述问题。培训主要是由人力资源开发人员和新员工主管共同负责，目的是让新员工熟悉工作环境，了解职务责任和工作内容，学习工作所需的知识和技能，与他人建立工作关系，以及接受组织的文化和价值观。新员工培训与开发要实现的三大目标是企业人、岗位人、职业人（如图 1－4 所示）。培训主要阶段有岗前培训、岗位培训。

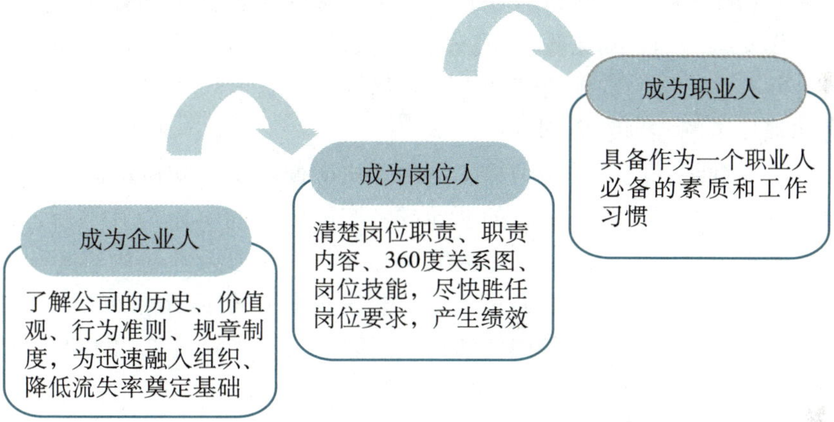

图 1－4　新员工培训与开发的三大目标

新员工的岗前培训（由人力资源部门负责）主要包括以下内容：

（1）新员工角色的转变。新员工初入企业，对于企业各方面都比较陌生，认知和习惯还更多地停留在入职之前的身份上。岗前培训为了让新员工尽快适应企业员工这一新角色，会在培训期间帮助员工了解企业的基本情况，培养他们对企业的认同感，指导其尽快完成角色转换并确立新的自我认知。同时，岗前培训还会帮助新员工与老员工之间建立交流和联系，加强团队合作，增强新员工的集体意识，最主要的是促进新员工尽快融入集体，找到自身在组织中的位置。

（2）企业规章制度的熟知。企业规章制度是国家要求企业执行或者企业自己制定的关于企业财力、人事、生产、薪酬、社会保障以及员工行为规范等一系列的法律文件或者基于法律而签署的文件。规章制度的培训是企业新员工培训中不可或缺的一部分，关系到新员工正式工作以后的方方面面。同时，企业规章制度也是企业文化的重要体现和依托。企业规章制度的培训一般采取课堂学习或者由培训者讲解的方式。除此之外，企业的培训部门还会将企业规章制度印制成内部刊物、员工手册或者规章制度手册等供员工传阅。

（3）企业环境的熟知。岗前培训需要帮助新员工了解企业环境。企业环境包括自然环境、工作环境和人文环境。自然环境是指企业内部场景和企业附近场景，例如企业各部门办公室、食堂、休息室、会议室、企业附近银行、紧急出口、交通站点等。工作环境是指新员工即将进入的部门或车间的办公设施、厂房布置、生产设备、生产工具情况等。人文环境是指企业内部上下级之间的交流方式、员工之间的合作方式、与其他员工交往所保持的态度以及员工的爱好活动等。

（4）企业文化的熟知。企业文化是企业有别于其他组织的特质和形象，奠定了企业的日常运行方式和行事风格。新员工只有在了解并接受企业文化之后，才能够更好地融入企业并适应企业的工作生活。岗前培训要指导新员工在进入工作角色的基础上进一步了解企业的经营目标、管理哲学、公司理念、价值观等方面的内容。目的就是让新员工感受和理解企业的文化底蕴，形成一种与企业文化相一致的心理定式。

新员工的岗位培训（部门层级的培训）主要包括以下内容：

（1）岗位专业知识以及岗位技能培训。针对各个岗位应具备的基本知识、工作程序、工作要求和操作要领进行培训，使新员工尽快掌握角色要求的知识和技能。同时还要对其进行工作安全培训，对工作中可能出现的各种意外事故予以详细说明，提高其应变能力和处理问题的能力。在能力培养方面，培训旨在提升员工的表达能力、人际交往能力，同时加强员工的心理素质训练。

（2）实际操作训练。之前的培训更多侧重理论方面，这一阶段的培训则是实际的工作培训。可以采取学徒制，由新员工的领导或者有经验的同事作为其师傅，让新员工从部门先进工作者那里学习工作技巧、办事方法、工作作风以及业务内容等。在指导过程中，要将新员工的工作表现和绩效通过正式或非正式的方式反馈给个人，使其在以后的工作中有所改进。此外，通过各种集体活动或团队活动培养新员工的团队意识。

2. 管理人员培训与开发

理查德·伊斯特本（Richard Eastburn）在《管理人员开发》一文中指出：管理人员开发是针对管理人员的教育，以使他们能有效地管理下属，同时实现公司的战略目标。管理人员开发需要企业不断地从内部或外部挑选和培养管理人员，通过培训发掘他们的管理潜能并提高他们的管理水平，同时鼓励他们进行自我开发，通过他们自身的发展来促进企业的发展。

管理人员并不是生来就会管理的，管理是一门科学也是一门艺术，必须通过后天的学习才能精通。很多知名企业都非常重视管理人员的开发。例如，富士通公司（Fujitsu）从 1979 年开始实施 45 岁进修制度；通用电气公司（GE）对管理人员采取三种培训形式——在职培训、管理人员企业内培训、将管理人员派至大学和专门机构进修；IBM 开设领导才能训练营等。

管理人员培训的主要内容有：（1）有效沟通技巧；（2）授权技巧；（3）有效反馈技巧；（4）激励员工技巧；（5）时间管理技巧；（6）团队建设和团队力量的发挥；（7）有效倾听建议；（8）选择正确的竞争优势；（9）实战演练。

管理人员培训的关键是帮助管理人员实现能力的转变和提升，做到人岗匹配。每个层级的管理岗位对管理人员的要求是不同的，主要体现在三个方面：技能、时间管理、工作价值观。

管理人员按照职能可分为高层、中层和基层管理人员。高层管理人员一般受过高等教育，对他们的培训多以知名教授讲课或到国外考察交流等形式进行。中层管理人员是企业的经营战略、方针、计划的执行者，是高层管理人员的后备力量，企业应当把培训重点放在这一层次上。基层管理人员是负责企业实际工作的管理者，他们最接近员工，是企业上下的联系纽带，他们的素质状况对于维持组织的稳定性有很大的影响。

◎读一读

不同管理层对能力的要求是不一样的，具体如下。

各管理层对能力的要求

管理层	对能力的要求
高层	洞察能力、决策能力、创新能力、统筹能力、批判能力
中层	判断能力、领导能力、协调能力、沟通能力、专业能力
基层	专业能力、计划能力、指导能力、沟通能力、理解能力

对各管理层能力需求的差别决定了其培训开发内容上的差别。罗伯特·卡茨（Robert L. Katz）提出的三成分模型列出了各层管理人员培训内容比例结构的参考数值，如下表所示。

管理人员培训内容结构（%）

管理人员层级	技术能力培训	人际关系能力培训	创新能力培训
高层管理人员	18	43	39
中层管理人员	35	42	23
基层管理人员	50	38	12

在上面的“读一读”专栏中，我们看到了各个层级的管理人员在能力要求以及培训内容方面都是有差异的。下面让我们来看一下针对基层管理人员、中层管理人员以及高层管理人员的差异而设计的不同培训内容。

（1）基层管理人员培训内容设计：主要培养管理下属的能力以及建立社会关系的能力（见图 1-5）。

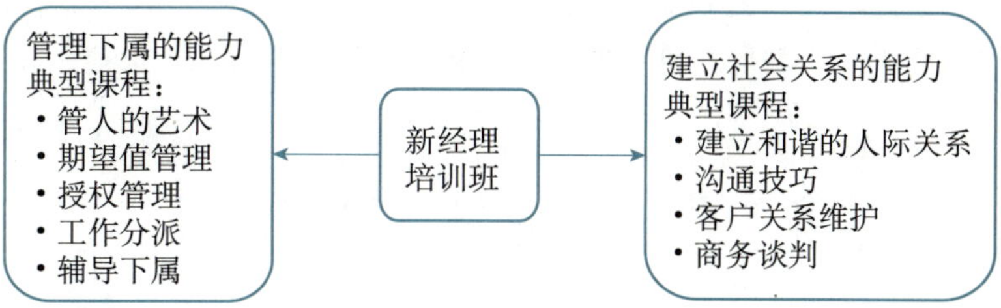

图 1-5　基层管理人员培训内容设计

（2）中层管理人员培训内容设计：主要培养其传达公司战略、协调资源配置、挑选基层管理人员和培养基层管理人员的能力（见图 1-6）。

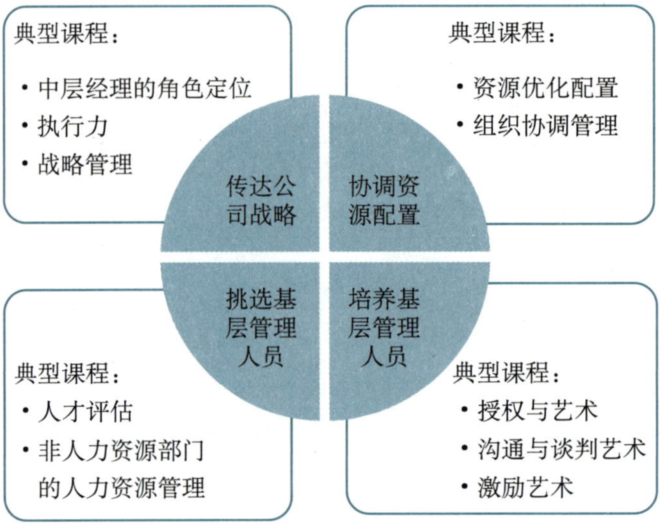

图 1-6　中层管理人员培训内容设计

（3）高层管理人员培训内容设计：主要培养其战略决策与管理、团队建设、激发创新精神和企业文化塑造的能力（见图 1-7）。

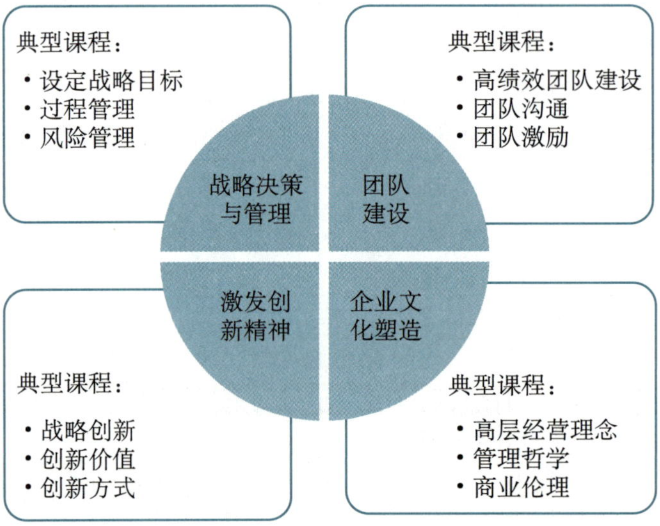

图 1-7　高层管理人员培训内容设计

资料来源：甘斌．员工培训与塑造．北京：电子工业出版社，2008：199.

第 3 节　培训与开发的流程

做任何事都要有程序，按流程办事往往可以事半功倍。那么培训与开发需要哪些流程呢？一般而言，培训与开发流程包括四大环节，即培训需求分析、培训与开发项目设计、培训与开发项目实施和培训评估（本书将在第 3～7 章详细介绍），如图 1-8 所示。

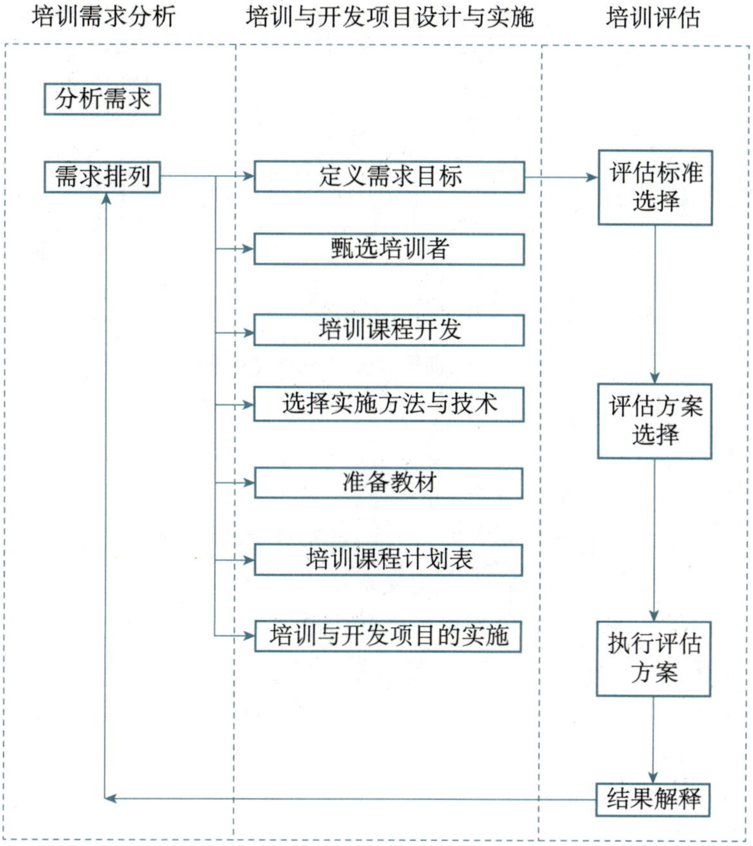

图 1－8　培训与开发流程示意图

资料来源：Desimone R L，Werner J M，& Harris D M. Human resource development. Florida：Harcourt College Publishers，2002：24.

一　培训需求分析

培训需求分析是整个培训开发工作流程的起点，其准确与否直接决定了整个培训工作是否有效。确定培训需求就是要对企业未来的发展、工作任务要求以及员工的个人需要进行分析，以发现企业未来需要的技能以及员工能力的短板，进而设计与实施相应的培训与开发项目。一般而言，培训需求分析包括组织分析、任务分析和人员分析。

图 1－9 展示了培训需求分析涉及的三种分析类型，以及从培训需求分析中得出的培训原因和成果。我们可以看到，企业经营中存在许多“压力点”，包括绩效问题、新技术的产生、内部或外部的顾客要求、工作的重新设计、新法规的出台、顾客偏好的变化、新产品的开发或员工基本技能的欠缺等，这些压力点刺激了培训的产生。但需要注意的是，这些压力点并不能说明培训就是解决问题的正确途径，还要具体问题具体分析，综合运用科学有效的人力资源管理实践来解决问题。

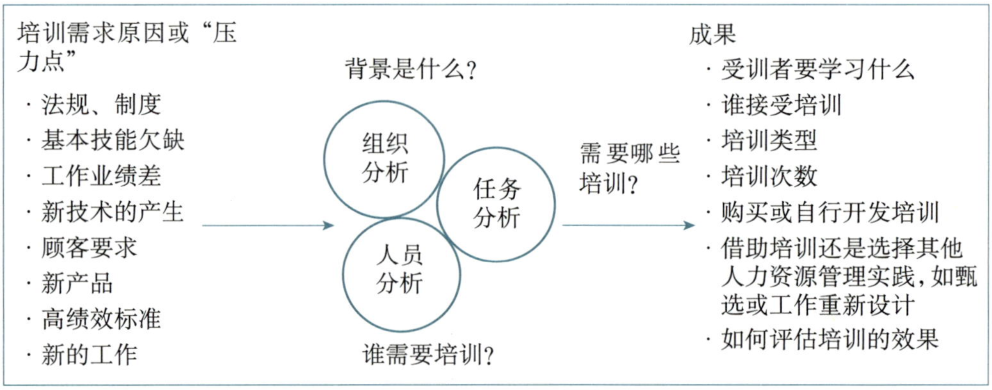

图 1-9　培训需求分析的原因和成果

◎看一看

不同层次的培训需求分析如下：

（1）组织分析：对整个企业范围内的培训与开发需求进行分析，关注的是整个组织的战略导向、目标以及组织未来发展需要的能力。

（2）任务分析：以具体工作为分析对象，建立在工作说明书和任职资格的基础上，对员工从事一定工作所需要的知识、技能和能力进行界定。

（3）人员分析：对员工个人需求以及个人能力的考察，是要回答谁需要培训和培训是否适合的问题。

值得注意的是，培训需求分析不仅包括对现有能力的盘点和对现有能力不足的分析，还需要关注组织、工作以及个人未来能力的需要，为组织未来发展奠定能力基础，将现有能力需要与预期能力需要相结合，才能促进整个培训开发有效进行。

二　培训与开发项目设计

培训与开发项目设计是整个培训与开发的核心环节，它是整个培训与开发流程的工程师，涉及培训与开发过程中的人、财、物等方方面面的安排，直接关系到培训与开发活动的成败。它既包括培训与开发过程中的硬件配备情况，如培训地点、设备的安排、培训教材、财务预算的编写等，也包括培训与开发的软件保障情况，如培训对象的选择、培训师的甄选等。为方便大家记忆，我们用 5W2H 来对整个培训与开发项目设计涉及的内容进行总结，具体见表 1-4。

表 1-4　5W2H 的内容

项目	内容
Who	选择谁做培训师
Whom	培训对象是谁
What	培训的内容是什么
When	培训的时间安排

续表

项目	内容
Where	培训地点的选择
How	培训方式的选择
How much	培训的经费预算

三　培训与开发项目实施

如果说培训需求分析是整个培训与开发流程的分析师，培训与开发项目设计是培训与开发流程的工程师，那么培训与开发项目的实施则是整个流程的铸造工人。具体而言，就是要在实施过程中关注学员对培训与开发项目的反馈，根据环境的变化和学员反馈的信息不断地对培训与开发设计进行调整，并留意培训过程中表现优秀的学员，对其进行特殊培养。同时，培训与开发项目实施的有效进行对培训管理人员提出了更高的素质要求，它要求培训人员应该具备基本的培训常识，同时，还必须具备相应的应急能力和危机处理能力。

四　培训评估

培训评估是通过科学的方法和模型，收集有关培训的信息，进而对培训效果做出定性或定量分析的过程，其目的在于对已经实施的培训进行合理的评价，并通过评估发现存在的问题，积累经验，对以后培训计划的设计和开发提供指导。培训评估是一个完整的培训流程的最后环节，它既是对整个培训活动实施成效的评价与总结，又是以后培训活动的重要参考，为下一个培训活动确定培训需求提供了重要信息。

◎ 想一想

李经理：王老师，我所在的公司是一家大型国企，培训与开发制度非常全面，每年培训与开发项目很多，但是员工依然不满意现有的培训与开发制度，而且培训效果也不是很好，你能帮我分析一下问题究竟出在哪里吗？

王老师：这样吧，李经理，你先简单介绍一下公司的培训与开发流程吧。

李经理：好的，我们的培训与开发活动遵照严格的培训与开发流程实施，包括培训需求分析、项目设计、项目实施和结果评估。

王老师：很好，那你能具体说说每个环节是如何实施的吗？

李经理：我们将问卷发放给每个员工，让他们根据自己的情况提出相应的培训需求，然后由人力资源部门进行分类汇总，选出大部分员工都有的培训需求，据此进行相应的培训设计。培训与开发讲师主要来自公司内部，时间主要安排在双休日，培训教材由人力资源部专门负责培训的人员和各个课程的主讲教师共同编写。培训期一般为 2～4 周，就在公司本部培训。培训结束后，我们会向员工发放问卷，调查他们对整个培训活动的满意度，以便改进后续的培训，并会开展一次小型的笔试以测试员工的培训成果。

王老师：很好，那么你们是如何对待员工的培训成绩的呢？

李经理：一般而言，我们会将员工的成绩汇总到人力资源部门，并为那些成绩不佳的员工提供再培训。

王老师：好的，我大概知道你们公司的问题所在了……

思考：

李经理所在公司的培训与开发问题出在哪里？如果你是王老师，你会给李经理什么样的建议呢？

◎看一看

“战略”是当今管理学界的前沿内容，人力资源与战略的结合也成为未来管理发展的重要方向。那什么是基于战略的培训与开发呢？简而言之，就是将战略分析纳入整个培训与开发的流程设计当中。具体而言，基于战略的培训与开发流程要求培训与开发的各个环节始终与组织战略保持一致，强调人力资源管理与经营战略之间相互依存的关系，并认可组织的竞争优势可以通过提高人力资源质量获取。

那么如何才能做到培训与开发的战略化呢？战略性培训与开发流程首先是要明确组织的发展战略，即组织的使命、核心价值观和组织目标，在此基础上确定培训的策略，然后选择具体的培训与开发方式，最后衡量培训与开发的效果，如下图所示。可以说基于战略的培训与开发流程是用战略将培训与开发的四大环节串联起来，同时将培训与开发同人力资源管理的其他环节相互关联，进而保证培训与开发活动不偏离组织的战略方向和组织目标。

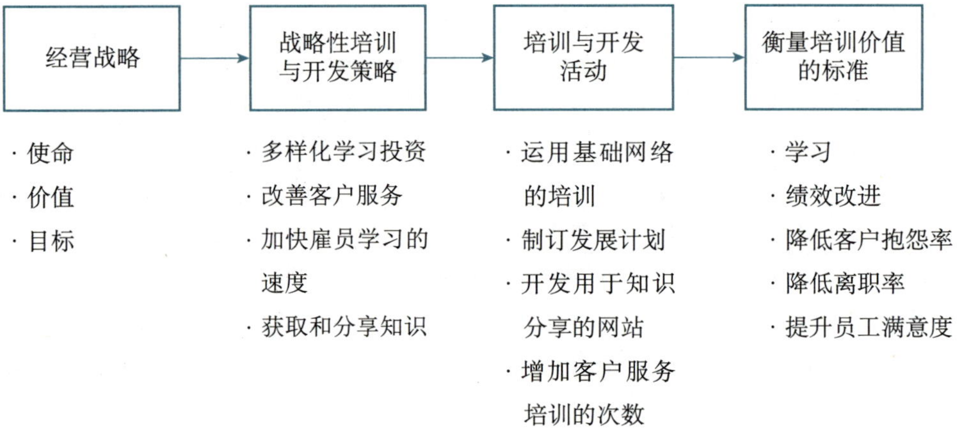

战略性培训与开发流程

资料来源：诺伊．雇员培训与开发：第3版．北京：中国人民大学出版社，2007：41.

第 4 节　培训与开发的历史

一　培训与开发的萌芽时期

培训与开发最早可以追溯到公元前。历史上，在从事大型建筑的建设时，人们通常以口授的方式传播技术和技能。如果没有这些口耳相传的培训，工匠将很难完成这些雄伟的工程。学徒制早在公元前 1800 年左右的《汉穆拉比法典》中就有记载。在 12—15 世纪，行会制度开始在欧洲兴起并逐渐盛行，培训与开发的萌芽时期由此开始。

◎读一读

行会是西欧商人和手工业者组成的团体。其团体成员包括：主人，他们拥有原材料和工具，并对工作进行指导；学徒，他们与主人一起居住，获得培训与生活必需品，但没有收入；雇工，他们已不再是学徒，同时没能成为主人，主要为主人工作以获得报酬。按照行会制度，学徒期通常为 2～10 年，大多数为 7 年。学徒在掌握一定技能满师后，便可以自己开设商店或工间，成为主人。有些学徒由于缺乏资本，无法自主经营，便成为主人的雇工。行会发展到后来也开始资助或兴办学校，其所办的职业学校便是最早的职业学校的雏形。

二　培训与开发的形成时期

第一次工业革命使人类进入了蒸汽时代，各种工业化机器的使用加大了人们对技能培训的需求。1809 年，德维特·克林顿（Dewitt Clinton）在美国纽约建立了历史上第一所被认可的私立职业学校，专为没有任何技能的年轻人进入工业领域提供技能培训。

然而，由于工厂扩张速度太快，对熟练工人和工程师的需求大增，企业逐渐意识到仅仅由外部提供培训很难满足企业内部的需求，企业要自己提供培训才能跟上环境的变化，于是开始组织企业夜校等培训活动。最早的商业管理学校就是由企业夜校发展而来的。

随着工业化的发展，成人教育和函授教育开始兴起，很多公共和志愿组织也加入培训教育的工作中。但新的问题接踵而至，企业发现学校教育与工作的要求很难衔接。于是，开始出现一些企业和大学的合办项目。在此之后，公司内部的培训开发项目逐渐增多。随着参与培训与开发活动项目的人数与日俱增，美国在 1906 年成立了全国工业教育促进协会（National Society for the Promotion of Industrial Education，NSPIE），该协会于 1925 年更名为美国职业教育协会（National Society for Vocational Education，NSVE）。联邦政府也参与过这些活动和项目，例如，1917 年随着《史密斯-休斯法案》（Smith-Hughes Act）的通过，联邦政府向州政府提供职业教育基金的举措得以落实。职业教育开始成为美国国家教育体系的一部分。

◎读一读

第一次世界大战推动了培训与开发活动的发展。由于战时需要，社会对熟练工人和半熟练工人的需求量大增。为了能更快速有效地培养出满足社会需求的工人，企业培训活动的实践者开始关注培训方式方法的改进。比较著名的有查尔斯·艾伦（Charles Allen）创造的四步指导法：演示、讲解、操作、核查。这为现代我们所熟悉的职务指导培训（job instruction training）奠定了基础。

19 世纪，普鲁士的军队开始采用军事游戏来进行训练。这一非指导性的培训技术可以让学员自由地发挥想象力，改变了传统培训以教师传授为主的培训方式。该培训技术之后在各个行业都得到了广泛的应用。20 世纪初期，雅各布·莫雷诺（Jacob L. Moreno）提出了角色扮演的概念，角色理论开始在培训界广泛流行。

三 培训与开发的发展时期

20 世纪 20 年代以后，培训与开发活动开展得更加频繁，地位也愈显重要，而且专业化大大加强，许多政府和社会组织开始加入培训与开发项目。尤其是第二次世界大战期间，为了满足战时需求，美国政府建立了内部培训服务组织（Training Within Industry，TWI）。1942 年，美国成立了培训与开发领域最著名的专业组织——美国培训指导协会（American Society for Training Directors，ASTD）。

50 年代，出现了对主管进行培训与开发的新浪潮。1957 年，原来的学会式刊物——《美国培训指导者会刊》开始致力于成为人力资源开发领域的专业性学术期刊。50 年代末 60 年代初，培训与开发的官方化程度进一步加深，国家开始以立法的形式保障企业培训与开发的实施。

60 年代，人力资源开发引起越来越多的关注，人们的注意力开始从培训转向开发。ASTD 也将自己名字中的 D 由 Director 改为 Development，这时的 D 已经比 T 更为重要。1967 年，纳德勒提出了“人力资源开发”这一术语，并在 1970 年出版了《人力资源开发》，“人力资源开发”第一次开始被理论研究者和实践者接受。值得一提的是，视听技术和计算机技术的发展对这一时期的培训与开发产生了重大影响。

70 年代，日本管理奇迹的出现，使人们开始关注企业文化对组织的重要作用，人力资源开发的边缘领域——会议计划和组织也开始繁荣起来。1973 年，石油危机引发了人力资源管理的一项新职能——对外安置。对外安置在很大程度上促进了企业培训与开发的成熟。70 年代末，美国培训与开发协会的会员已超过 2 万人，培训与开发在美国得到了长足的发展。

四 培训与开发的成熟时期

20 世纪 80 年代是培训与开发发展的黄金时期，学术界已经完成了该领域角色和胜任力等的研究，其中，最为著名的是由麦克拉根主持完成的人力资源开发模型。与此同时，人力资源领域出现了一个新的术语——再培训（retraining）。再培训发生在第一次培训没有产生效果，或者员工知识已经陈旧以及员工调换岗位时。同时，人力资源开发在建立组织核心竞争力方面的作用开始为人们广泛接受，一些大公司开始花巨资来完善自己的培训与开发系统，如摩托罗拉公司（Motorola）花费 1 100 万美元来打造它的高尔文继续教育中心，也就是后来著名的摩托罗拉大学。

五　培训与开发的新时期

20 世纪 90 年代以后，培训体系已经基本成熟，人们愈加重视人力资源开发，有关人力资源开发的专业期刊相继问世，如《人力资源开发》《国际人力资源开发》《国际职业生涯开发》《国际培训与开发》等。

进入 21 世纪，战略培训与开发和培训与开发的国际化研究开始进入人们的视野，培训与开发不再是独立、封闭的系统，而是与企业所处的环境、企业战略和企业业绩有着密不可分的联系。培训与开发不仅仅是提高员工能力的手段，而是成为实现企业战略的重要工具。尤其是网络时代的到来，使培训与开发更具便利性，同时为远程教育提供了技术支持，显著地提高了培训与开发的效率。网络学习，即 E-learning，使自我学习变得更加容易。

培训与开发的发展阶段及相关信息见表 1－5。

表 1－5　培训与开发的发展阶段

时期	时间	主要事件	培训与开发特点
萌芽时期	公元前 1800 年 至 18 世纪末	口授 学徒制培训 行会	非正规 无意识
形成时期	19 世纪初至 20 世纪初	企业培训 培训方式改变（四步指导法） 角色扮演、军事游戏 成人教育与函授教育 企业和学校联合办学	企业化 合作化 培训方式多样化
发展时期	20 世纪 20— 70 年代	美国培训指导协会 国家培训试验室 管理技能开发 组织开发 纳德勒首次提出人力资源开发	专业化 官方化 流程化 科技化
成熟时期	20 世纪 80— 90 年代	麦克拉根的人力资源开发模型 再培训	人力资源开发开始走向成熟
新时期	20 世纪 90 年代 以后	战略培训与开发 E-learning 兴起 自我学习	自我学习 网络化 战略性

第5节 我国企业培训与开发的现状及问题

随着知识经济的到来，以及全球经济一体化的进一步深化，国际竞争引起的人才竞争日趋激烈。一方面，传统的单纯依靠教育系统的培训与开发体系已经很难适应经济发展的需要；另一方面，通过政府加大教育投入来改善我国培训与开发现状的方法，很难在短期内取得效果。因此，利用企业提供培训与开发，加大培训与开发的针对性，成为提高我国人力资本水平和人才竞争力的首选方案。

一 我国培训与开发的现状

我国企业培训与开发起步较晚，依旧处在发展的萌芽时期，与国外企业培训与开发相比，无论在数量、质量还是在规范程度上都有显著的差距。表1-6列举了我国培训与开发的基本现状。

表1-6 我国培训与开发的现状

项目	现状
培训方式	传统的企业内外部培训仍然是员工参与培训的主要方式，培训仍然以集体培训为主
培训类型	新员工培训以及管理技能培训是企业培训的主要内容
培训内容	培训内容仍以弥补能力不足为主，提高员工个人素质为辅
培训师的选择	企业高管成为最受员工欢迎的培训师，职业培训师、咨询公司的高级顾问以及学院派的知名学者教授等都是企业和培训机构经常聘请的培训师
培训评估	一半以上的企业在培训后没有做过评估工作，有评估的企业一般只局限于评估最表层的授课满意度，极少对员工行为改善层面进行评估

◎ 想一想

试着找一个国内的公司，看看其培训与开发的现状如何，与本书所讲的有什么区别。

二 我国培训与开发的问题

通过对我国企业培训与开发的现状进行分析，不难看出，我国企业培训与开发还不够成熟。不同性质的单位组织，由于所处环境和所拥有的资源有所差异，也呈现出不同的问题。

1. 国有企业

我国的国有企业一般都具有较为雄厚的资金和丰富的信息来源，因而无论是在培训与开发的投入上，还是在培训与开发的方式方法和理念上，都优于民营企业和事业单位。因此，国有企业在培训与开发方面存在的问题其他企业通常也都会存在，具有一定的代表性。具体来说，国有企业培训与开发的问题可以归结为以下几个方面：

（1）认识偏差。有些国有企业对于员工的培训与开发在思想观念上认识不到位，没有意识到营造一种良好的培训与开发文化氛围对于企业发展的重要性。培训与开发依然游离于企业附属功能的位置上，而没有被纳入企业的核心管理环节。

◎读一读

对培训认识的误区主要体现为三种观念：

第一种是“浪费论”。这种观点认为培训不仅不能留住员工，反而会增加员工的流失率。员工一旦能力提高了，更容易跳槽。如果跳槽到竞争对手企业，企业不仅浪费了自己的资源，更为竞争对手节约了培训成本，可谓“赔了夫人又折兵”。

第二种是“次要论”。部分高层管理者认为企业正值改革攻坚阶段，需要解决的问题千头万绪，而培训只是其中不甚重要的一环，根本无暇顾及。培训会占用大量工作时间，得不偿失。

第三种是“万能论”。企业试图通过培训来解决组织内部的全部问题，对培训期望过高，忽略了其他管理活动同培训与开发的配合功能。

（2）计划不周。国有企业一般缺乏科学的培训与开发体系。培训与开发通常缺乏计划性，且多为应急性培训或是作为企业形象工程而存在，没有明确的培训目的，也没有考虑到未来企业的需求，如表 1－7 所示。

表 1－7 国有企业培训与开发计划不周的表现

项目	计划不周的表现
培训与开发内容	存在盲目跟风的现象，以时尚主宰培训。过于注重对知识、技能的培训，忽视思想培训、心理培训和文化培训。此外，压力培训、时间管理培训等帮助员工自我管理的培训也明显不足
培训与开发方式	培训与开发方式单一，传统的课堂讲授方式依旧是多数国企培训与开发的首选。然而这种以教师为主导的培训方式，会使学员处于被动地位，参与度不高，很难实现学以致用
培训与开发讲师的选择	企业更青睐高校教师，而缺乏对内部讲师的培育

（3）覆盖面小，针对性不强。国有企业的培训与开发虽然相较于其他企业来说普及水平较高，但依然没有实现全员覆盖。此外，集体化的培训依旧是国有企业的主要方式，培训的“统一供给”与员工的“差异需求”不匹配，无法达到最优化培训效果的目的，造成培训资源的浪费。

（4）激励不足。首先，国有企业的培训与开发缺乏激励性，员工参与动力不足，主要是因为培训与开发的结果没有和绩效管理、薪酬管理以及人员晋升机制建立联系。其次，企业培训不能与员工的职业发展相结合，员工在培训中没有自主权。再次，培训评估缺乏公正和客观的标准也是造成国有企业培训与开发激励不足的原因之一。

（5）执行不力。国有企业培训与开发管理松散，培训与开发执行仅仅流于形式。造成这种情况的原因主要有两点：一是企业缺乏完善的培训管理系统，很多企业没有员工的培训记录，对于参与培训与否缺乏奖惩机制；二是企业缺乏专业的培训管理人才，人力资源部门人员缺乏对培训工作的管理经验，忽视了培训过程中的监督控制和沟通反馈。

（6）文化缺失。很多国有企业将培训视为福利、任务、形象工程或是应急手段，把培训独立于日常生产与经营活动之外。目前我国的国有企业过分强调和依赖有形培训，未能重视无形培训，没有充分发挥日常指导、典型引路等培训形式的作用，尚未建立起自我学习、模仿学习、主动学习、持续学习的培训与开发文化。

（7）开发滞后。国有企业的培训虽然在整体上已经基本建立起完整的体系，但在计划、执行、实施和评估过程中还存在较大的问题，对优秀员工潜力的开发、对管理层管理技能的开发、对普通员工的职业开发以及针对整个企业的组织开发还缺乏全面的规划。整体而言，我国国有企业的培训与开发还停留在“完善”的层面，而未达到“提高”的目的。

2. 民营企业

由于民营企业自负盈亏，其不得不在生产经营的各个环节做到成本的节约，因此，很多民营企业在培训与开发上，除了具有国有企业体系不完整、目的不明确、理念不先进、培训不科学、激励不充分等问题，还存在着培训与开发良莠不齐、领导导向和重技能轻管理的特殊问题。

（1）良莠不齐。所谓良莠不齐，是指民营企业涉足我国各个领域，在规模、资产以及所处行业环境方面都有较大的差异，进而导致培训与开发体系也存在很大的差距。

（2）领导导向。民营企业“领导导向”的培训与开发，使得培训投入的多少、培训效果的好坏直接取决于管理者对企业培训与开发的认识程度和投入程度。

（3）重技能轻管理。在培训内容上，民营企业的培训与开发集中体现了重技能培训而轻管理培训的特点，培训与开发成为解决企业问题的“救火工程”，培训缺乏前瞻性，常常滞后于企业的发展和环境的变化。

3. 事业单位

我国事业单位的培训与开发是我国培训与开发的瓶颈。一方面，事业单位受传统人事管理的束缚较大，短期内难以摆脱传统的管理理念和管理方式。另一方面，事业单位的市场化程度低，接受新思想和新观念的通道较为狭窄。因此，事业单位的培训与开发始终落后于我国其他类型的组织。

（1）非专业性。事业单位的人力资源工作起步较晚，其在事业单位改革进程中逐步由“人事”向“人力资源”转化。目前，许多事业单位还没有人力资源部门，执行人力资源管理职能的依旧是传统的人事部门，因而十分缺乏能够做好培训与开发的人力资源专业人才。

（2）随意性。大多数事业单位的培训与开发缺乏有效的需求分析，培训与开发计划、执行、实施全部是由主管人员拍脑袋进行，对培训与开发的对象、内容、方式、实施情况等缺乏缜密的考虑。

（3）短期性。事业单位的培训与开发多为短期应急式，设计上很少考虑战略，甚至大多数事业单位没有战略方向。目前的事业单位普遍认为培训就是提高员工技能、进行先进思想宣讲，培训工作和组织战略发展无关，且没有将人员培训工作与组织的长期发展联系起来。对员工个人的培训也缺乏整体规划和长期追踪，不重视培训成果的转化、保持、传播和延续。

（4）被动性。事业单位由于资源和资金能力有限，市场化程度较低，其所参与的培训活动以社会上的培训活动居多，或是搭上级组织的培训项目的便车，自发的培训项目很少。

（5）形式化。事业单位培训的覆盖面相当狭窄，趋于形式化，讲求“不求无功，但求无过”，培训成了事业单位内的政绩工程，培训与开发考核的重点也只是放在一年办了多少期培训班、培训了多少人这些简单的并不实用的衡量指标上。

4. 国家机关

国家机关最典型的培训与开发活动体现为公务员培训，同样，公务员培训也存在着培训初级阶段的种种问题，但也有其特殊性，主要体现为培训制度过于僵化、培训投入严重不足、培训内容缺乏实效性、培训缺乏监督机制几个方面。

（1）培训制度过于僵化。国家机关培训的制度化体现为我国对公务员的培训都有明确的实施条例规定，《国家公务员培训暂行规定》的颁布明确了公务员培训的相关规定，在培训方向、内容和方式上都做出了明确的说明，无法因地制宜灵活安排。

◎读一读

一般而言，公务员的培训可以分为四个方面，即对新录用人员的培训、晋升领导职务的任职培训、根据专项工作需要进行的专门业务培训以及在职国家公务员更新知识的培训。国家机关除了对公务员进行必要的上级规定的培训，很少根据机关内部的实际需要制订创造性的培训计划。而在培训形式上，多以会议为主，对于新兴的培训手段和培训方式利用不足。在培训机构的选择上，党校（行政学院）、干部学院和社会主义学院是公务员培训的主要选择，公务员培训与开发可进一步充分调动社会资源。

（2）培训投入严重不足。目前我国的公务员培训资金保障基本以《“十三五”行政机关公务员培训纲要》中对培训经费的规定为指导，以政府拨款为主，其他经费为辅。但是政府财力有限，经费不能及时到位，又忽视社会募集、吸引企业等其他的融资渠道，造成了公务员培训资金保障能力不足的问题。

（3）培训内容缺乏实效性。目前在我国公务员培训中，培训内容的针对性和实用性不强，政治理论课程偏多，而与公务员工作实际联系密切的公共管理学、经济学、法学、领导科学等课程偏少；理论知识教育的内容偏多，能力训练的内容偏少。

（4）培训缺乏监督机制。在实际操作中，很多地方培训的干部一般都由人事干部兼任，没有专职的培训管理干部，甚至有的单位和部门根本就不设培训综合管理部门，需要时就临时从其他部门抽调人员组成，培训监督机制严重缺位。

◎读一读

外企的培训与开发发展较早，已经基本建立起具有规范流程的培训与开发体系。外企对培训与开发的认识要明显领先于国内企事业单位，已经将培训与开发作为企业的一种战略投资纳入整个企业的预算体系。此外，外企在培训过程中更重视对现代技术和现代教学方式的应用，重视对企业文化和战略的宣传，其培训的精髓在于学以致用，很多企业已经建立起企业大学等专门的培训机构来从事员工的培训工作。

“尊重人才”“人才第一”的理念使得外企在人才培养上十分舍得投入。以摩托罗拉为例，公司规定每年将工资的4%用于培训，并提供约2亿美元为14万员工提供至少40小时的培训。他们相信“每投入1亿美元就有30亿美元的回报”。此外，外企的培训与开发具有多层次性，许多企业根据不同的员工级别设置了不同的培训与开发项目，如西门子的“三阶段、五级别”培训，日立的“五个级别培训”等。

外企培训与开发中的“全员”是指外企一般规定公司所有员工都有机会参加各种培训，从技术人员到高层管理人员，公司会针对不同的岗位来设计不同的培训课程和内容。所谓“全程”，是指员工从迈进公司的大门起，培训项目就接踵而来，贯穿职业生涯的整个过程。麦当劳的“全职业培训”就是最典型的例子。在麦当劳，从计时员到高级主管，结合他们的职业生涯规划，都有不同的培训计划，通过各区域的训练中心以及汉堡包大学实现阶梯式的培训。而所谓“全方位”，是指外企培训与开发不仅局限于专业技能培训、管理技能培训，还关注员工的素质培训、电子设备使用培训和语言培训等。此外，海外培训与委任也是外企培训的特色之一。

外企对人才培养的重视还体现在其培训与开发的专业化程度上。外企注重通过和大学合作来联合培养企业人才，还有部分企业专门创立了企业大学，负责企业的培训与开发活动，比较著名的有麦当劳的汉堡包大学、宝洁学院、摩托罗拉大学等。

可以看出，外企的培训与开发无论在理念上还是在方法上，都不乏科学性、专业性和先进性。但同时应看到，外企培训在移植到中国的特殊环境中时也遇到了种种障碍。一般而言，外企在培训中为员工提供针对不同个人需要的培训与开发清单，员工可以根据自己的需要进行选择。此外，在培训方式的选择上，外企通常选择操作性、自我表现较强的培训方式，习惯于进行启发式教育，如角色扮演、个人演讲、行动学习等，这对于具有内敛性格并习惯于课堂式教学的中国人来说则很难适应，甚至有一种排斥和畏惧，很难融入培训中去，反而不如课堂教学效果好。此外，外企倾向于使用现代技术，如计算机和多媒体作为培训的主要辅助工具，这就对中国员工提出了计算机使用的要求。在培训内容的选择上，很多管理理念和员工规范，在中国员工眼里不是过于苛刻就是过于松散，没有将培训内容进行很好的本土化改进，使员工只能被动接受，而无法真正理解。

此外，语言障碍也是影响外企培训效果的因素之一。外企的培训师资很多来自本土国家，或由企业外籍高层担任，培训教材也很大程度照搬公司总部，培训的语言障碍不仅无形中增加了员工的培训压力，使员工丧失主动参与培训的热情，更重要的是造成培训仅仅流于形式，培训内容没有被同化吸收，培训的课堂气氛压抑，培训效果不佳。

◎ 想一想

外企的培训与开发与我国企业相比有什么特点？

本章小结

1. 培训与开发是指组织为了使员工获得或改进与工作有关的知识、技能、动机、态度和行为，所做的有计划、系统性的各种努力，通过这些努力可以有效地提高员工的工作绩效并帮助员工对组织的战略目标做出贡献。培训强调完成当前的某项任务或工作所需的知识和技能，而开发活动则强调和关注为未来工作任务做准备。培训与开发的最终目的是通过提升员工的能力以实现员工与企业的同步成长。培训与开发作为人力资源管理的一部分，与其他模块相互支持，为企业创造核心竞争力，并提高了员工的满意度和忠诚感。

2. 培训与开发有不同的分类。按照素质，可分为知识、技能、社会角色、自我认知、个性特征、动机等的培训与开发；由于培训与开发的对象不同，其培训侧重点和培训内容设计都有很大的差别。培训与开发要根据员工的实际需要进行，做到相适应、相匹配，才能促进人与组织的共同成长。

3. 培训与开发的流程一般包括四大环节，即培训需求分析、培训与开发项目设计、培训与开发项目实施和培训评估，各个环节层层相扣，构成了培训与开发的整体。

4. 从整个培训与开发的历史来看，培训与开发的发展大致可以划分为五个阶段，即萌芽时期、形成时期、发展时期、成熟时期和新时期。尤其要注意的是，在培训与开发的新时期，培训与开发正向着战略化、网络化和自我学习的新方向发展。

5. 随着知识经济的到来，我国企事业单位逐渐意识到人力资本对自身发展的决定性作用，并加大了对培训与开发的投入。但从总体水平上看，我国企事业单位的培训与开发依旧处在发展的萌芽时期，与国外企业培训与开发相比，无论在数量、质量还是规范程度上都有显著的差距。同时，我国培训与开发存在的问题还因为组织性质的差异而呈现出差异性，国企、外企、民企、事业单位和国家机关都存在各自不同的问题。

复习思考题

1. 如何理解培训与开发的含义？
2. 简述培训与开发的流程以及要注意的问题。

3. 什么是战略性培训与开发？它与一般培训与开发的区别有哪些？

4. 我国企业的培训与开发存在哪些问题？

案例分析

丽思卡尔顿："倒数七日"培训

公司背景

1898 年，恺撒·里兹（Cesar Ritz）结束了瑞士牧羊人的生活，移居巴黎，在城里最高级的几所酒店、餐馆打工之后，最终创办了以自己名字命名的豪华酒店，实现了自己的夙愿。一年后，他又在伦敦创办了卡尔顿酒店，为最终创立丽思卡尔顿酒店集团打下了基础。

丽思卡尔顿酒店是全球著名的豪华酒店，它的经营理念是为最挑剔的顾客提供满意的优质私人服务，其主要发展策略是在全球范围内获得新的酒店或娱乐场所的管理合约。凭借这一著名的酒店经营理念，丽思卡尔顿酒店迅速扩张。到 2000 年底，丽思卡尔顿酒店集团经营着全球 38 家酒店和娱乐场所，并且拥有 10 处地产的少数股份和三家酒店的全部所有权。

豪华酒店的成功有两个重要条件：一个是酒店硬件，一个是酒店软件。丽思卡尔顿酒店集团在全面质量管理、人力资源管理等方面有着很多优秀的理念和经验，特别是每家新酒店开业前，丽思卡尔顿酒店集团会精心地挑选员工，并在正式开业前开展最具特色的"倒数七日"培训。

"倒数七日"培训

在 20 世纪 80 年代末期和 90 年代初期，随着新酒店的相继成立，"倒数七日"培训在丽思卡尔顿逐步形成。标准化的管理模式不仅带来了更大的效益，也为酒店经营者减轻了沉重的负担，让一切都开展得井然有序。

在新酒店开业前的"倒数七日"培训开始时，那些一个月前刚收到录用通知的被录用者第一次以员工的身份来到酒店。几百个员工要在短短的七天内被调教成丽思卡尔顿的员工，要让第一天来入住的客人体验到真正的丽思卡尔顿服务，这是一项富有挑战性的工作。

"倒数七日"培训的前两天全部用于让员工适应丽思卡尔顿的酒店文化，后面的五天则用于专项技能训练和模拟服务。

第一天：向新员工介绍

第一天，新成员加入他们所属的部门，参加酒店门口的"动员会"。每个小组举着标语喊着口号，竞相比着谁的声音响亮。炊事员向来最具优势，他们用锅碗瓢盆打着响亮的节奏，常常压过"打扫房间，打扫房间"的呼声。经理们从队伍的一头跑到另一头，制造热烈的气氛，甚至还有经理在铺了地毯的车道上打侧手翻。

在几轮高呼"D-C-Ritz，D-C-Ritz"的高潮之后，员工走进大楼。当他们走至一楼的大厅时，响起了热烈的掌声，还夹杂着一声声"欢迎你们""你们能加入我们真感到荣幸""很高兴在这里见到你们"……站在楼梯两侧的经理们向他们表达着诚挚的欢迎。

人们集中在大厅里，大屏幕实时播放现场情况。总经理首先引荐酒店的管理团队，然后介绍为“倒数七日”活动请来的培训专家。培训专家来自几十个国家，每个人都有帮助丽思卡尔顿酒店开业的丰富经验，他们是丽思卡尔顿在世界范围内的“强中之强”。在介绍完相关人群后，总经理向全体成员发表讲话，诠释了作为一个高水准服务公司的经营理念——我们是为淑女和绅士提供服务的淑女和绅士，并且传达了丽思卡尔顿高水平营业的重要性。最重要的是，让新员工第一次接触到了丽思卡尔顿的黄金标准，并知道丽思卡尔顿的二十条基本守则，如“服务三部曲是丽思热诚的基础。这些步骤必须贯彻到每个工作细节中去，以保证顾客的满意度、吸引力及忠诚度”等。

第二天：部门展望会议

第二天，每个新员工被介绍到他所属的部门。总经理以询问他们“一年内想成为什么”作为每个部门展望会议的开始，回答总是不变的“想要最好”。经理们开始启发什么是“最好”，对于每个领域来说，“最好”的内涵不同。很多事情不一定需要来酒店才能完成，客人来这更多是为了寻找感受，每个员工的责任是帮助客人感觉良好，让每个客人离开时都感受良好。丽思卡尔顿提供的不仅仅是房间和餐饮，更是服务，一种让客人感觉良好的服务。如何做到，除了重视细微工作，最重要的是要有这样的服务理念。

第三天至第七天：技能训练

在接下来的五天，酒店的管理团队、培训专家和经理们会在早晨六点会面，讨论一天的培训活动，并商讨和解决出现的任何问题。员工每天早晨八点半来到经理面前时，会得到经理的“热烈欢迎”；每晚结束培训时，会得到丽思卡尔顿传统的“祝你好运”的问候。每天的培训活动就在这样的氛围下有条不紊地进行。具体的安排如下：

在第三天和第四天，员工接受穿制服、仪表仪容方面的培训，还会体验每日的整顿队伍过程。所有员工都有机会参加关于预期及处理顾客需要的会议，同时各部门继续向员工阐释工作理念及目标。员工对自己工作领域内的总体定位有了大致的概念，还会接受安全知识教育，并观看一些产品展示。

在第四天，所有员工学习“处理顾客难题”的标准程序。在训练中，他们学会怎样从常规工作中立即离开，帮助顾客解决问题，用他们的能力找到合适的处理方法，以及怎样与相关部门联系以进一步解决问题。每个事件都由“顾客突发事件”记录在案，事件前后的“顾客情绪”，从“脸色惨白”到“平静”同样也有记录，这些表格用于每日交流及改进。

“倒数七日”的最后三天进行部门技术训练。员工详细地学习丽思卡尔顿标准，每位员工都要掌握其所属部门的主要工作流程。员工轮流到位，穿上整套制服，模拟在顾客前工作。法人督导委员会监督从客房到餐厅的每个模拟过程，按照丽思卡尔顿严格的标准要求，在服务的每个环节查找错误。检查结果会反馈给培训专家，再由培训专家进行额外的一对一专项训练。

第八天：动员会

在“倒数七日”与盛大开业之间的那天，员工们穿着便装，参加丽思卡尔顿长达两小时的动员会。动员会总结七天来的培训，并对未来提出要求和希望，每个员工将满怀信心地等待投入新的工作。第九天，丽思卡尔顿酒店将正式开业。

资料来源：宋联可，杨东涛．高效人力资源管理案例．北京：中国经济出版社，2009.

讨论：

1. 你认为“酒店硬件”与“酒店软件”谁更重要？为什么？（可采用辩论的形式讨论。）

2. 丽思卡尔顿在全国范围内开设连锁豪华酒店，如何保证每一家新酒店开业便能提供高水平的服务？你有什么措施和建议？

3. 在七天内将几百个新员工培训成丽思卡尔顿标准的员工是一件具有挑战性的工作。让员工认同酒店的理念重要，还是提高员工的技能重要？如果让你来设计“倒数七日”计划，你会在文化熏陶和技能提高两方面如何分配时间？理由是什么？

4. “我们是为淑女和绅士提供服务的淑女和绅士”是丽思卡尔顿的一条著名的格言。让员工认为自己是“淑女和绅士”是否必要？你认为这一理念适合或不适合哪类服务人员？

第 2 章
培训与开发的理论

学习目标

- 掌握学习理论的相关内容及学习理论在培训与开发中的应用。
- 了解人力资本理论的相关内容。
- 了解培训与开发和绩效管理的关系。

开篇案例

小李在一家外贸公司已经工作三年了，国际贸易专业毕业的她在学校时表现一直很出众，但是在进入公司的三年里业绩表现却平平，而且经常感到十分沮丧，工作动力严重不足。小李之所以出现这样的状态，与她以前的上司有很大关系。小李以前的上司胡总是一个非常苛刻严厉的人，她对小李的所有工作时常泼些冷水。一次，小李主动搜集了一些国外对公司出口的纺织品类别实行新的环保标准的信息，上司知道后不但不赞赏她的主动工作，反而批评她不专心本职工作，小李再也不敢关注自己业务范围之外的工作了。胡总常说不能太宽容部下，不然他们会骄傲自满。久而久之，员工都畏惧胡总，不敢讲真话、讲实情，常常上报假数据，或是尽量避免与胡总当面沟通。大家工作积极性不断下降，很多人有了跳槽的念头。

后来，公司新调来一位从美国回来的王总。王总性格开朗，对同事经常赞赏有加，特别提倡大家畅所欲言，不要拘泥于部门和职责的限制。在他的带动下，小李也开始试着积极地发表自己的看法了。因为王总的鼓励，小李的工作热情空前高涨，不断学习新东西，包括起草合同、参与谈判、跟外商周旋……小李非常惊讶，原来自己还有这么多的潜能可以发掘。一次，小李在单位加班，恰巧遇到要下班的王总。王总主动上前表达对小李工作的认可，表示小李多工作一分钟就为公司多做了一份贡献。其实加班不过是公司的常态，很多员工都有加班的习惯。小李和大家一样平时对加班有很多抱怨，但自从得到王总对自己的感谢和认可之后，便不再觉得加班枯燥痛苦，抱怨也越来越少，甚至开始自觉加班。王总来了以后，部门的福利政策也有所改变，考虑到部门男员工较多，而且偏年轻化，王总将原来定期发放超市购物券、洗漱用品等生活用品改为发放健身卡、KTV 优惠券等福利，为员工提供工装补贴，深得大家欢心。

王总虽然人很好，但遇到员工违纪时也是铁面无私，毫不手软。一次，一个部门的资深老员工因病在家休假，只跟部门的人员打了招呼，没有向上级报告。以前这本来是再平常不过的事，虽然公司有休病假要及时上报的规定，但由于是老员工，资历老，也没人敢说三道四。但这次王总非常严厉地批评了这种行为，并按规定扣除了老员工的薪水。此外，对于迟到早退现象王总也十分重视，不仅严格制定了迟到早退的相关惩罚措施，还从自己做起，从不迟到早退一分一秒，从此以后单位再没人敢违规办事，都在规定时间内坚守岗位，严守公司规章。

不知不觉，王总在公司已经工作了两年，公司员工的工作士气和工作效率都大幅度提高，公司越来越规范合理。员工知道自己该做什么，不确定感大大降低。更重要的是员工有一种归属感，不再是原来让人逼着工作，而是主动自愿工作，并且感觉到自己每多付出一分公司就能多赚一分。让小李回想一下王总都对他们做了什么，小李也说不清楚，但就是喜欢在王总的手下工作，并愿意为他工作。小李说在这里可以找到自己的位置，并实现自己的价值。

从这个案例不难发现，有效的管理可以改变员工的工作态度和工作效率。王总能够根据员工需求调整福利，通过对员工工作的认可激励员工，并且做事公正无私，有章可循，让员工知晓自己努力的结果，无形中带给员工更多的公平感和工作动力，让员工由被动工作变为主动工作。在塑造优秀员工的过程中，王总运用了很多培训与开发的理论知识，这些理论知识可以为我们设计员工培训与开发活动提供理论参考。本章将对培训与开发的重要理论进行介绍，并重点说明培训与开发和绩效管理之间的关系。

第 1 节　学习理论

一　学习理论概述

1. 学习的概念

俗话说："活到老，学到老。"从小到大，我们一直在学习。从儿时的模仿，到成年后有目的的学习，从牙牙学语，到学唱流行歌曲，学习无处不在。但你是否考虑过什么才是学习呢，我们学习的过程是怎样的呢？历史上不同的学派和学者对学习的认识也不尽相同。

爱德华·桑代克（Edward L. Thorndike）认为学习（learning）是尝试错误的过程；约翰·华生（John B. Watson）、伊万·巴甫洛夫（Ivan P. Pavlov）、伯勒斯·斯金纳（Burrhus F. Skinner）等人强调学习是外部行为的变化；戴维·奥苏贝尔（David P. Ausubel）和罗伯特·加涅（Robert M. Gagne）等人则强调学习是认知结构的变化。金布尔（G. Kimble）从行为主义理论立场出发，认为学习是由强化练习引起的潜在反应能力的较为持久的改变。这一定义影响较为广泛。

总的来说，学习有三个方面的特点：

- 学习是人与动物共有的普遍现象；
- 学习是有机体后天习得经验的过程；
- 学习表现为个体行为由于经验而发生的较稳定的变化。

◎看一看

金布尔学习理论的主要内容如下：

第一，学习的结果是学习的主体要发生较为持久的改变。这就排除了因疲劳、餍足或习惯化而造成的动机和反应能力下降等临时性的行为变化，这类变化都不属于学习。

第二，学习既发生外在行为的变化也发生内在心理的变化。这指的是"潜在反应能力"，即通过学习不仅发生外部行为的明显改变，而且出现难以直接观察到的内在的变化。

第三，学习受到强化。这是行为主义心理学家最重视的关键部分，因为没有强化（没有无条件刺激伴随或对做出的反应不给予奖赏）就不会有"潜在反应能力的较为持久的改变"，而且会使已经获得的反应能力出现消退。

第四，学习的主体要练习。要学习的行为必须实际出现并经过反复才会发生学习。

2. 学习过程理论

学习过程理论由雷蒙德·诺伊（Raymond A. Noe）在《雇员培训与开发》一书中提出。他认为，学习的过程（learning process）包括预期、知觉、加工存储、语义编码、长期存储、恢复、推广和满足。

预期（expectancy）：学习者在指导过程中的思想状态，包括培训准备的部分因素（学习动机、基本技能），对指导目标的理解，以及从学习或工作中体验到的由培训带来的好处。

知觉（perception）：对环境中获取的信息进行组织整理以便于其成为行动指南。

加工存储（working storage）和语义编码（semantic encoding）：在加工存储过程中，信息的编排和重复使得信息被编入记忆中。研究表明，一次加工并存储的信息不宜超过5条。语义编码是信息的实际编码过程。加工存储和语义编码都与短期记忆相关，当信息被关注、编排和编码后，它们便可以长期记忆了。

恢复（retrieval）：应用所学内容时回忆的过程。它包括找到存于长期记忆中的学习内容并用来影响绩效。

推广（generalizing）：将恢复过程中得到的学习内容在类似而非绝对相同的环境中应用。

满足（gratifying）：学习者通过运用所学内容获得成果。

学习过程理论说明，在员工培训与开发中，应确保员工知道学习的目的，并以已有的经验作为学习基础进行实践。同时，对员工培训的效果予以反馈，指导员工通过观察他人以及与他人的交往来学习，倡导员工在工作中进行学习，并合理安排及协调培训项目。

二 行为主义学习理论

行为主义学习理论将学习定义为在刺激和反应之间建立连接的过程。推动学习的动力主要来源于内部驱动力（如饥饿）和外部驱动力（如奖惩）。

1. 强化理论

强化理论（reinforcement theory）是行为主义学习理论的代表。强化（reinforcement）指在一定的刺激情境中有机体的反应频率提高或降低的情形。强化是由一定的强化物（reinforces）引起的，如物质奖励、语言鼓励或行为惩罚等。

这一理论强调人们愿意采取或避免某些行为是根据这些行为过去导致的结果来决定的。强化分为以下两种类型：正强化（positive reinforcement，又称积极强化）和负强化（negative reinforcement，又称消极强化）。正强化是对满意行为成果的加强，负强化是对不良结果的排除。

巴甫洛夫首先提出了“强化”概念，并发现了经典的“条件反射”。这一发现是通过一个实验证明的。在实验中，巴甫洛夫会先摇铃然后再给狗食物，而狗在得到食物时会分泌唾液，如此反复进行多次后，巴甫洛夫仅摇铃但不给狗食物，狗依然会分泌唾液。在这里，食物是非条件刺激，即一种先天具有的反应诱因；分泌唾液是非条件反应，即对非条件刺激的非条件反应；铃声是条件刺激，即一种被动引起的非条件刺激的反应。在巴甫洛夫实验中，食物和铃声之间的重复联系最终导致狗将食物和铃声联系起来，并在听到铃声时分泌唾液；这种由铃声刺激引起的唾液分泌的反应称为条件反射。斯金纳从操作性条件作用的观点赋予强化新的含义。在斯金纳的操作性条件反射中，强化是人为操纵的，指的是伴随于行为之后为了有助于该行为重复出现而进行的奖罚过程。巴甫洛夫等的实验对象的行为是刺激引起的反应，称为“应答性反应”（respondent）；而斯金纳的实验对象的行为是有机体自主发出的，称为“操作性反应”（operant）。斯金纳认为有机体在改变环境中也使其自身发生变化，其中某些变化使其得到奖赏，这就具有“强化”的含义。强化理论认为操作性行为学习可以通过行为塑造来进行，也就是在期望的行为出现后给予强化，从而塑造满意的行为。塑造过程应该分步骤来进行。因此，需要采用连续接近目标的方法，将目标分为几个小步骤。

根据强化的组织和实施方式的不同，可以将强化程序（schedule of reinforcement）分成以下两种类型。

（1）连续强化（continuous reinforcement）程序。这种强化程序是对个体每一次理想操作都给予强化。这种方法是有效的，但在生活中实施有困难。

（2）间断强化（intermittent reinforcement）程序。

1）固定强化。一是固定时距强化（fixed-interval reinforcement）。这里关键的变量是时间，并且需要持续进行。北美工薪阶层的员工会在每周、每两周、每月或其他固定时间间隔基础上拿到工资，这种奖励方式就是基于固定时间间隔的强化程序。二是固定比率强化（fixed-ratio reinforcement）。这种强化程序是以个体反应的次数为基础决定强化的程序。例如，每出现 15 次反应实施一次强化。这种强化的效果好，反应的速率也高。如工厂实施计件工资总体上优于计时工资就是此类强化的应用。

2）可变强化。一是变化时距强化（variable-interval reinforcement）。这种强化程序是只规定一个平均时距，例如，平均每 5 分钟强化一次，但每次强化的具体间隔时间或长或短不固定。这种强化程序可以使个体的反应保持平稳并均匀地出现。二是变化比率强化（variable-ratio reinforcement）。变化比率强化是以个体的反应为基础，制定一个标准次数。强化以标准为平均数，具体实施可以灵活掌握，这样可以收到好的效果。

强化程序对于理解动机是很重要的，因为它能影响个体的行为。两只同样饥饿的老鼠会因为所受强化程度不同而发生很不一样的行为反应。对学习者的激励频率要结合实际情况来设定。图 2－1 展示固定时距强化、变化时距强化、固定比率强化和变化比率强化程序反应的结果。

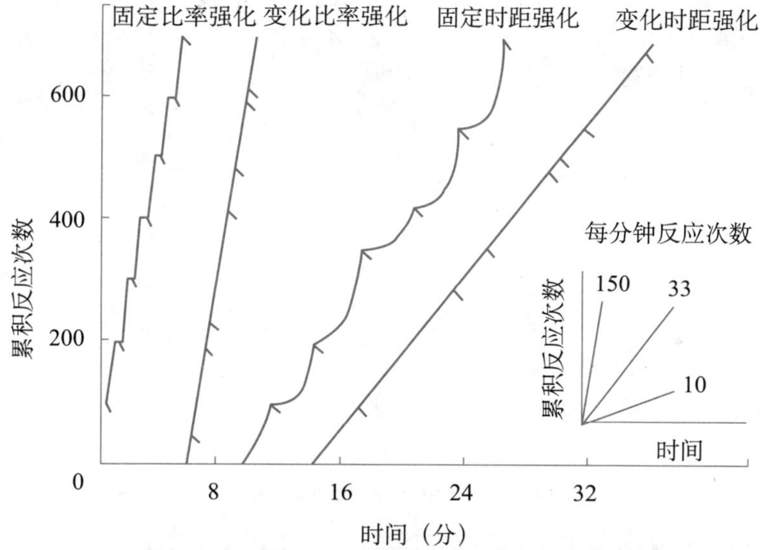

图 2－1　不同强化程序下所得到的累积反应次数曲线图

资料来源：郭德俊．动机心理学：理论与实践．北京：人民教育出版社，2005.

从培训的角度看，强化理论说明为了让学习者获得知识、改变行为方式或调整技能，培训者要知道哪些是学习者认为属于正向成果（或反向成果）的。然后培训者要将这些成果与学习者知识、技能的获取或行为的改变联系起来。学习者参加培训项目可以获得好处，教师通过在学习过程中给予学生微笑、赞扬、奖品等奖赏向学习者提供正强化。同时，培训者也可以通过收回批评、终止雇员不感兴趣的活动等方式进行负强化。进行负强化的前提是在进行负强化之前要有惩罚行为。

◎读一读

伯尔赫斯·斯金纳（1904—1990），新行为主义学习理论的创始人，1904 年出生于美国宾夕法尼亚州东北部的一个小镇。斯金纳从小喜爱发明创造，富有冒险精神。1922 年斯金纳进入汉密尔顿学院主修英国文学并开始从事写作。由于对动物和人类的行为深感兴趣，他曾选修过生物学、胚胎学和猫体解剖等学科。1926 年斯金纳从汉密尔顿学院毕业，进入哈佛大学心理系。斯金纳于 1930 年获哈佛大学心理学硕士学位，1931 年又获心理学博士学位。此后他在该校研究院任研究员。

斯金纳盒（见下图）是一个笼子，笼子里有一个开关。实验动物需要学会一个技能，比如灯亮了就拨动开关。开关连到一支笔上，开关每被开一次，笔就向上方动一格，笔下是一个不断向前运动的纸，因此开关的位置决定纸上的曲线的倾斜度。假如纸上画的曲线的倾斜度非常大的话，则说明动物学得非常快。

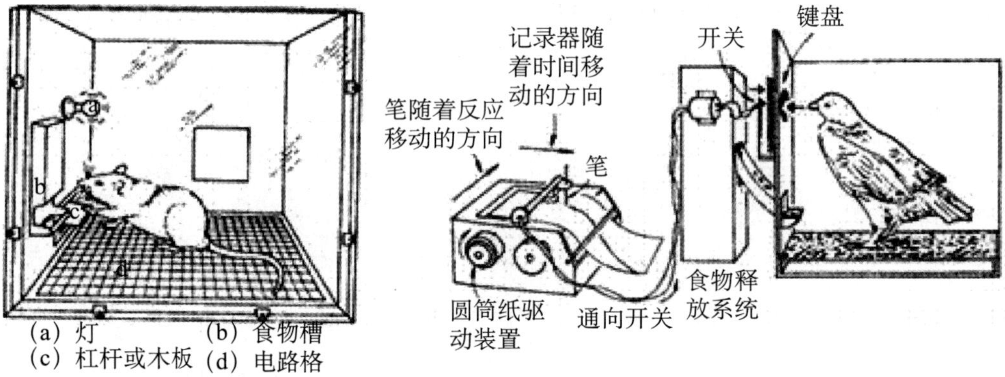

斯金纳盒

通过实验，斯金纳发现老鼠不仅由“事先”的刺激激发拨动开关，而且也由“事后”的刺激激发拨动开关。他发现动物的行动不仅仅是简单的“刺激—反应”，也受到周围环境的影响，比如事后的磁疗奖赏。斯金纳将这个行为称为“条件性刺激”，他不用“学习”这个词，因为他认为学习这个词有动物有意图地做一件事的含义，而这个意图并没有在这个实验中反映出来，因此称作“学习”是不科学的。

由于动物心理学实验非常成功，斯金纳 1931 年获得博士学位后在哈佛待了五年，继续他的独立研究。1936 年他转到明尼苏达大学，但在那里他没有继续他的研究工作。1944 年，在第二次世界大战中德国开始使用火箭攻击英国，而盟军当时还没有类似的武器，因此斯金纳又开始了他的实验研究。他打算训练鸽子，让它们用啄的动作来控制火箭的飞行。后来这个控制由雷达来完成，没有用鸽子。但他的实验也获得了一些科学成果。

1948 年斯金纳回到哈佛并在那里一直待到 1974 年退休。同年他出版了《瓦尔登湖第二》(*Walden Two*)。在这部小说中他描写了一个按照操作性条件反射原理设计的理想化社会中的生活。

结合他的动物实验的经验和他在《瓦尔登湖第二》中描写的学习理论，斯金纳提出了程序学习的学习方法。他将学习的内容分为许多小块，学习的人在学会一部分内容后获得进行下一步学习的奖励。通过这种方式，学习者尤其是自学的人可以不断鼓励自己继续学习并控制学习的进度。另外，语言实验室也是斯金纳的发明。

2. 社会学习理论

社会学习理论（social learning theory）或称社会认知理论（social cognitive theory），是行为主义理论在20世纪比较重要的发展，它受到行为论与认知论的双重影响。社会学习理论是由美国心理学家阿尔伯特·班杜拉（Albert Bandura）于1977年提出的。这一理论表明人们会通过观察他们认为值得信赖并且知识渊博的人（楷模）的行为进行学习，如儿童向成人学习、新进入组织的员工向老员工学习、下属向上司学习等。

◎读一读

阿尔伯特·班杜拉，美国心理学家，生于加拿大阿尔伯塔省。他是新行为主义的主要代表人物之一，社会学习理论的创始人。

1949年，班杜拉在哥伦比亚大学获学士学位；1951年在美国艾奥瓦大学获心理学硕士学位，翌年获博士学位；1953年到斯坦福大学心理学系执教。受赫尔学派的影响，他把学习理论运用于社会行为的研究中。他的奠基性研究促进了社会学习理论的诞生，使他在西方心理学界获得较高的声望。班杜拉1972年获美国心理学会临床心理学分会杰出科学贡献奖，1973年获加利福尼亚心理学会杰出科学成就奖，1974年当选美国心理学会主席，1980年获美国心理学会颁发的杰出科学贡献奖。

班杜拉和所有行为主义者一样，认为人的行为主要是后天习得的，但他并不完全赞同人的行为是自身条件反射的作用。班杜拉认为行为的习得有两种不同的过程：一是通过直接经验获得的，即直接经验的学习，例如巴甫洛夫的经典条件反射和斯金纳的操作性条件反射都属于直接经验的学习；另一类是通过观察示范者的行为而习得的，即间接经验的学习。他认为，人类的许多学习，尤其是社会行为方面的学习，不必通过事事亲身经历来获得直接经验，还可以通过观察而获得替代性的间接经验。观察学习是人类学习的主要方式。

班杜拉的社会学习理论包含观察学习、自我效能、行为适应与治疗等内容。他把观察学习过程分为注意、保持、动作复现、动机四个阶段。简单地说，就是观察学习须先注意榜样的行为，然后将其记在脑子里，经过练习，最后在适当的动机出现的时候再一次表现出来。他认为以往的学习理论家一般都忽视了社会变量，他们通常是用物理方法来进行动物实验，以此来创建他们的理论体系，这种研究方法对于作为社会一员的人的行为来说，没有多大的研究价值，因为人是生活在一定的社会条件下的，所以他主张在自然的社会情境中来研究人的行为。事实上，人们在社会情境中通过观察和模仿，学到了许多行为。不管大人或小孩，都会模仿其喜欢或尊敬的人，大家也喜欢模仿有吸引力或有权力的人。此外，当人们觉得楷模和自己很相似时，模仿也较常发生，例如小孩会倾向于模仿和自己同性而非异性的大人。另外，当楷模的行为得到正向的结果时，我们也较会模仿该行为。对小孩而言，父母、老师、亲戚、手足、同侪等皆是楷模。班杜拉和他的同事已成功地描绘出楷模如何影响小孩的攻击行为、性别角色以及道德标准等性格的发展，其中尤以楷模对攻击行为的影响研究最具代表性。

此外，在班杜拉的理论中，另一个重要的概念是自我效能（self-efficiency）。自我效能是指个人对自己能否成功达成某项任务的主观知觉。自我效能高的人在面对挑战时较少知觉到压力，始终表现得跃跃欲试。自我效能也是对人员培训需求进行评估时需要重点考虑的因素。一个自我效能程度高的培训对象会全力参与培训项目的学习，即使在环境不利于学习时也最有可能坚持下去。因此，我们不仅要树立学习标兵，还要建立学员的自信，引导其自我学习。培训与开发的目的也是为了提高员工的素质和能力，进而提高自我效能。

在培训过程中，只有当学习者意识到示范者的优秀之后，才愿意通过观察去学习。培训者也应该将培训设计得更有吸引力以引起学习者的注意。社会学习理论是行为模拟培训的主要理论基础，并对多媒体培训项目的开发产生了重要影响。社会学习理论对人力资源开发活动影响深远，许多人力资源开发方法都是以社会学习理论为基础建立的，如行为示范学习方法、教练法等。社会学习理论对观察的强调也在一定程度上解释了为什么录像这一培训技术是仅次于讲座的教学方法。

3. 目标设置理论

目标设置理论（goal-setting theory）是埃德温·洛克（Edwin Locke）在20世纪60年代提出的。该理论认为人的任何行为都是受某种目标的驱使。目标使员工明确需要做的事情并为此付出努力。目标设定理论的主要结论表现为以下几点：

（1）明确具体的目标比模糊笼统的目标更有意义。事实上，明确具体的目标本身就具有激励作用，这是因为人们有希望了解自己行为的认知倾向。对行为目的和结果的了解能减少行为的盲目性，提高行为的自我控制水平。

（2）具有适度挑战性的目标可以提高员工的绩效。首先，难度高的目标促使我们精力集中；其次，难度高的目标使我们更加努力来确保达成它；再次，当目标难度够大时，人们也会更持之以恒；最后，有挑战性的目标会推动人们去探索更有效的策略。

（3）在实现目标的过程中有反馈比没有反馈更容易获得高绩效。反馈一方面让员工知道自己和目标的差距，另一方面也有利于员工的努力方向始终与目标保持一致，具有纠错的作用。

（4）如果人们参与目标的设置，更有利于目标的达成。这一点很容易理解，人们对自己做的决定会给予更高的承诺，否则就是和自己过不去，而通过参与也在一定程度上使目标更易于接受，因为这是他们自己的选择。

目标设置模型如图 2-2 所示。

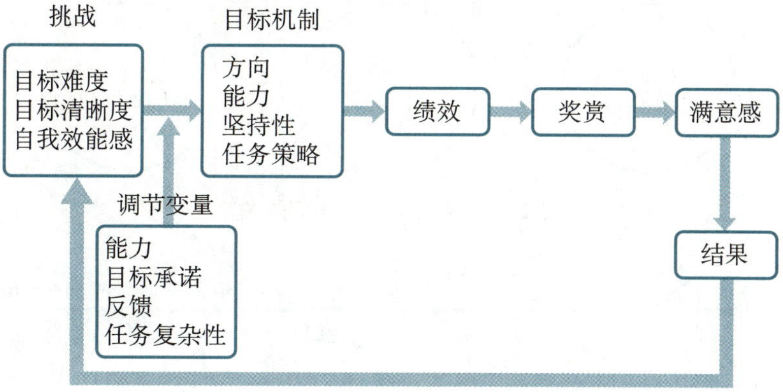

图 2-2　目标设置模型

4. 期望理论

期望理论（expectancy theory）是由著名心理学家和行为科学家维克托·弗鲁姆（Victor H. Vroom）于 1964 年在《工作与激励》中提出来的。期望理论认为，人的努力取决于行为期望、效价和实现手段三个要素。三个因素反映需要与目标之间的关系。要激励员工，就必须让员工明确：(1) 工作能提供给他们真正需要的东西；(2) 目标与绩效相关；(3) 通过努力工作可以提高绩效。

◎读一读

维克托·弗鲁姆，著名心理学家和行为科学家，期望理论的奠基人，国际管理学界最具影响力的科学家之一。于加拿大麦吉尔大学获得学士及硕士学位，后于美国密歇根大学获博士学位。他曾在宾夕法尼亚州立大学和卡内基-梅隆大学执教，并长期担任耶鲁大学管理科学讲座教授兼心理学教授。曾任美国管理学会（Academy of Management，AOM）主席、美国工业与组织心理学会（Society for Industrial and Organizational Psychology，SIOP）会长。弗鲁姆 1998 年获美国工业与组织心理学会杰出科学贡献奖，2004 年获美国管理学会杰出科学贡献奖，是国际管理学界最具影响力的科学家之一。

弗鲁姆认为，人们采取某项行动的动力或激励取决于其对行动结果的价值评价和预期达成该结果可能性的估计。换言之，激励的大小取决于该行动所能达成目标并能导致某种结果的全部预期价值乘以他认为达成该目标并得到某种结果的期望概率。用公式表示如下：$M=V\times E$。其中：M——激励力，是直接推动或使人们采取某一行动的内驱力，指调动一个人的积极性、激发出人的潜力的强度；V——目标效价，指达成目标后对于满足个人需要的价值大小，它反映个人对某一成果或奖酬的重视与渴望程度；E——期望值，是根据以往的经验进行的主观判断，即个体认为达成目标并能导致某种结果的概率，是个人对某一行为导致特定成果的可能性或概率的估计与判断。

这种需要与目标之间的关系及其过程模式如图 2－3 和图 2－4 所示。

图 2－3　需要与目标之间的关系

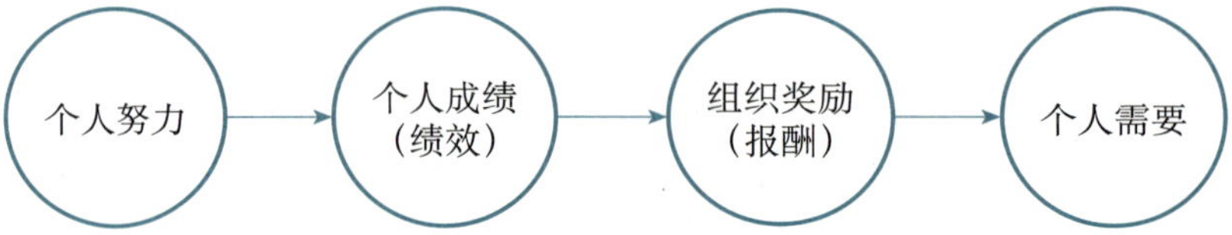

图 2－4　需要与目标之间的关系过程模式图

在培训过程中，行为期望要求明确培训对象是否有学习能力，即培训对象认为自己能否学会培训内容；实现手段要求判断培训对象相信能够获得承诺的培训成果的程度；效价要求明确成果回报与培训的关系。从培训的角度来看，期望理论说明如果员工相信自己能完成培训项目内容，而且学习与更高的工作绩效、加薪、同事认可等成果相关，则最有可能产生学习的动机。

三　认知主义学习理论

1. 信息加工理论

20 世纪 50 年代计算机信息技术的应用，使得用计算机的信息处理过程来类比人类大脑的认知过程成为可能。因此，认知主义的学习理论得到了飞速发展，信息加工理论开始兴起。信息加工理论认为学习就是获取信息、存储信息和提取信息的过程。

信息加工理论（information processing theory）指出各种信息会经过大脑若干传递过程之后被学习者吸收。来自外部环境的信息或某种刺激（可以是声音、气味、接触或图像）由感觉器官（耳朵、鼻子、皮肤、眼睛）接收到时，信息加工过程就开始了。信息被感觉器官确认并存储于短期记忆中。这种刺激停留的时间在 0.25～2 秒之间，经过注意力的初步加工，然后信息被转换并编码成语义的形式存储起来，形成短期记忆，这时信息的保持时间很短，一般只保存 2.5～20 秒。如果学习者不断重复这些信息，那么信息在短期记忆里就可以保持得长一些，但是也不超过 1 分钟。只有在经过对信息的精细加工，让信息与学习者原来的知识联系起来之后，信息才有可能进入长期记忆存储。当受到相关场景的触发或者外部刺激时，学习者会通过记忆搜寻提取想要的信息。如果提取失败，给学习者提供一些回忆线索也可以帮助学习者回忆相关信息。

图 2－5 是一种常见的信息加工模型。

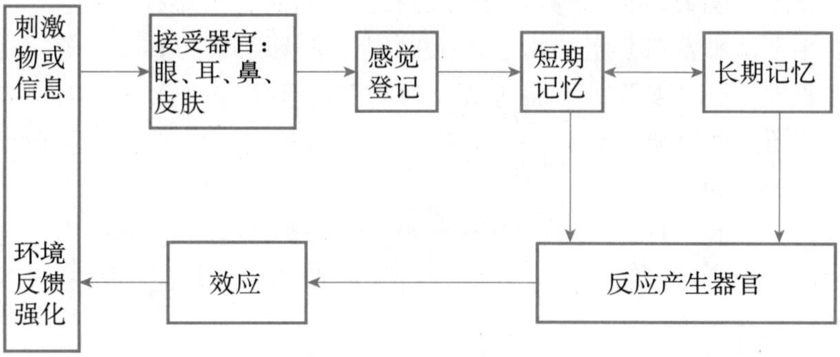

图 2-5 信息加工模型

◎ **想一想**

老师："大家对于这个知识点有印象吗？"

同学们一片茫然。

老师："记得上次和大家讲这个知识点的时候，我还特地跟大家举例说……当时××还问了我一个这样的问题……今天我再次跟大家讲下这个知识点……"

同学们："哦……"

半小时之后。

老师："现在明白了吗？"

同学："嗯，明白了。上一次您跟我们说……现在您又补充了……"

下一次上课，老师又问："有人还记得上次讲过的这部分内容吗？"

同学们纷纷点头。

思考：

请问这段课堂对话中体现了信息加工理论的哪些内容？

信息加工理论涉及记忆，而记忆在培训与开发中占有非常重要的地位。培训与开发的内容十分繁杂，干扰理论（interference theory）认为，随着信息越来越多，如果没能有效地进行编码、归类，线索提供就会失败，最终导致遗忘。因此，每次培训时摄入的新知识不能太多，而且要对所传授的知识进行组块归类，方便培训对象记忆。

2. 归因理论

归因理论（attribution theory）是指观察者为了预测和评价被观察者的行为，对环境加以控制或对行为加以激励、控制，而对被观察者的行为过程进行的因果解释和推论。有关人们是如何归因的，学者们提出了不同的观点，这里我们主要介绍四种归因理论。

（1）弗里茨·海德（Fritz Heider）的恒常原则归因理论。海德重视对知觉的研究，认为对知觉研究的实质就是考察一般人处理有关他人和自己的信息的方式。一个观察者对被观察者为何如此行动感兴趣，他像一个"朴素心理学家"那样去寻求对行为的因果解释。在海德看来，行为的原因或者在于环境或者在于个人。如果在于环境（如他人、奖惩、运气、工作难易等），则行动者对其行为不负什么责任；如果在于个人（如人格、动机、情绪、态度、能力、努力等），则行动者就要对其行为结果负责。

如一个学生考试不及格，可能由于个人原因，如不聪明、不努力等，也可能由于环境原因，如课程太难、试题设计不合理等。海德关于环境与个人、外因与内因的归因理论成为后来归因研究的基础。他认为，人的知觉在人际交往中的作用就在于使观察者能预测和控制他人的行为。

（2）哈罗德·凯利（Harold H. Kelly）的三维归因理论。凯利提出，可以使用三种不同的解释说明行为的原因：归因于从事该行为的行动者；归因于行动者的对手；归因于行为产生的环境。

这三个原因都是可能的，要找出真正的原因主要使用三种信息：一致性、一贯性和特殊性。凯利强调了三种信息的重要性，因此他的三维归因理论又称为三度理论。凯利又提出因果图式的概念。图式是大脑中已有的知识经验的网络，人们常以图式解释特定的行为。

（3）伯纳德·韦纳（Bernard Weiner）的归因理论。韦纳认为，人们对行为成败原因的分析可归纳为以下六个原因：能力、努力、任务难度、运气、身心状态和其他因素（如别人帮助或评分不公等）。

韦纳按各因素的性质，分别将其纳入以下三个向度之内：

1）控制点：指当事人自认影响其成败因素的来源，是个人条件（内控）还是外在环境（外控）。在此向度上，能力、努力及身心状态三项属于内控，其他各项则属于外控。

2）稳定性：指当事人自认影响其成败的因素是否稳定，是否在类似情境下具有一致性。在此向度上，六个原因中能力与任务难度两项是不随情境改变的，是比较稳定的，其他各项均为不稳定者。

3）可控性：指当事人自认影响其成败的因素是否能由个人意愿所决定。

概括起来，韦纳的归因理论主要体现为以下观点：

- 人的个性差异和成败经验等影响着他的归因。
- 人对先前成就的归因将会影响到他对下一次成就行为的期望、情绪和努力程度等。
- 个人期望、情绪和努力程度对成就行为有很大的影响。

传统的培训与开发模式必须要在常规模式的基础上突出个性化和差异化。根据不同培训对象的兴趣、能力、个性特征、行为风格，以及每个人所处的具体的组织环境等来制定不同的培训设计方案，构建出一种个性化的培训开发模式。这就要求在培训的过程中引导培训对象积极归因，增强行为效能感，提高自我心理素质和分析问题、认知复杂社会问题的能力，从而使个体根据自身特点并结合社会现状，科学地判断哪些因素是客观不可控因素，哪些是主观可控因素，最终理性地做出自己的判断。

四 人本主义学习理论

1. 需求理论

需求理论（needs theory）的代表人物是亚伯拉罕·马斯洛（Abraham H. Maslow）、

克莱顿·奥尔德弗（Clayton Alderfer）。他们的共同点是认为人具有不同的需求。马斯洛提出了五层次的需求理论，即生理需求、安全需求、关系需求、尊重需求和自我实现需求。奥尔德弗在马斯洛的基础上提出了 ERG 理论，认为人的需求分为生存需求（existence needs）、关系需求（relatedness needs）和成长需求（growth needs）。同时，他们都认为人们首先要满足低层次的需求，然后才会去追求更高层次的需求。也就是说，如果生理需求没有得到满足，这个人的行为就会停留在这些需求的满足上，而其他需求则不会引起注意。但是他们也存在一定的不同点，例如奥尔德弗认为若较高层次的需求没有得到满足，雇员会重新关注低层次的需求。

◎读一读

亚伯拉罕·马斯洛，美国社会心理学家、人格理论家和比较心理学家，人本主义心理学的主要发起者和理论家，心理学"第三势力"的领导人，出生于纽约。1926 年入康奈尔大学，三年后转至威斯康星大学攻读心理学，在著名心理学家哈洛的指导下，1934 年获得博士学位，之后留校任教。1935 年在哥伦比亚大学任桑代克学习心理研究工作助理。1937 年任纽约布鲁克林学院副教授。1951 年被聘为布兰迪斯大学心理学教授兼系主任。1969 年离任，成为加利福尼亚劳格林慈善基金会第一任常驻评议员。曾任美国心理学会主席。是《人本主义心理学》和《超个人心理学》两个杂志的首任编辑。

著名哲学家尼采有一句警世格言——"成为你自己!"马斯洛不仅将毕生精力致力于此，更以独特的人格魅力证明了这一思想，成功地树立了一个具有开创性的形象。《纽约时报》评论说："马斯洛心理学是人类了解自己过程中的一块里程碑。"还有人这样评价他："正是由于马斯洛的存在，做人才被看成是一件有希望的好事情。在这个纷乱动荡的世界里，他看到了光明与前途，他把这一切与我们一起分享。"的确，弗洛伊德为我们提供了心理学病态的一半，而马斯洛则将健康的那一半补充完整。

需求理论强调在学习中应重视人的因素，学习要尊重学习者的意愿、需要、情感和价值观，把学习者看成是主体。这样可以提高其学习动力，因为培训对象可以选择最符合他们需要的培训课程。如果学习者的问题与学习者能发生切身联系，就能很好地激发他学习的动机，产生好的学习效果。

2. 成就动机理论

成就动机理论（success motivation theory）是对人们追求成就行为的认知解释。这一理论最为著名的代表人物就是哈佛大学教授戴维·麦克利兰。成就动机是一种努力克服障碍、施展才能的愿望和倾向。成就动机在成就需求的基础上产生，是激励个体从事自己认为重要或者有价值的工作并力求获得成功的内驱动力。当我们在学习过程中运用这一最初由管理学发展起来的理论时，成就需求就变成了一种学习动机。例如，一个正在裁员的公司为其秘书人员举办文字处理培训班。如果雇员认为他们的工作安全由于公司的裁员战略而受到威胁（未满足安全需求），那么，即使是设计得最好的培训班也未必能使雇员安心学习。同时，如果秘书人员认为培训计划中所强调的文字处理技能并不能帮助他们保住饭碗，也不能提高他们在公司内或公司外就任其他工作的机会，就不可能有学习的动力。

成就动机可以分为两类：一类是追求成功的动机；另一类是避免失败的动机。追求成功的动机带来的是积极的情感倾向，而避免失败的动机带来的可能是消极的情感倾向。因此，追求成功者会选择成功率在50%左右的任务。当稳操胜券，或者当任务不可能完成时，他们的成就动机就会降低。避免失败者则倾向于选择非常容易或者非常不容易的任务，当成功率接近50%时，他们反而逃避这样的任务。因为选择容易的任务最能避免失败，而选择最不容易的任务则会让他们找到借口来解释失败。因为已经认定任务很难完成，所以即使失败，也会获得自己或者他人的原谅，从而降低失败感。因此，在选择培训内容和制订培训方案时我们应该考虑员工完成的可能性，进而激发员工的成就动机。

◎看一看

麦克利兰的培训计划如下：

(1) 使培训对象确信，经过训练，自己的个性是可以得到改变的；

(2) 使培训对象看到实际生活中人们的个性确实发生了改变；

(3) 使培训对象知道成就动机的内涵以及它对行为的推动作用；

(4) 使培训对象知道与成就动机有关的其他概念的含义（如自我实现等）；

(5) 使培训对象懂得交往行为和生活的关系；

(6) 使培训对象了解，新的动机的产生是其自我形象改进的表现；

(7) 使培训对象懂得，动机是促进社会文化发展的一种力量；

(8) 要求培训对象用新的动机来实现生活上的目标；

(9) 要求培训对象记录自己实现目标的进度。

他的整套方案紧密围绕着个性品质、成就动机、生活目标三个环节，其实质是向培训对象灌输有关个性品质、成就动机的理论知识，然后要求被试者制定新的生活目标，并为之努力。

五 建构主义学习理论

建构主义兴起的时间不长，目前正处在发展过程中，尚未有一致意见，但利用建构主义可以比较好地说明人类学习过程的认知规律。成人学习理论较好地体现了建构主义学习理论的基本观点。

成人学习理论（adult learning theory）是在满足成人学习这一特定需要的基础上发展起来的，在此之前大多数教育理论和正规教育机构都是专门针对孩子和年轻人的。传统的教学法是教育孩子的艺术和科学，是教育理论的核心内容。教学法赋予指导者一项主要的责任是要对学习内容、学习方法、学习评估做出决策。学生们通常被认为是：(1) 指令和学习内容的被动接受者；(2) 无法为学习环境提供足够的相关经验。直到马尔科姆·诺尔斯（Malcolm Knowles）提出成人教学法时，这种局面才得以改变。成人的学习与未成年人的学习不同，应该遵循不同的指导方针。在马尔科姆·诺尔斯之后，又有许多的学者在这一领域进行研究，使我们得以更全面地了解成人学习。

教育学与成人教育学的对比如表 2-1 所示。

表 2-1　教育学与成人教育学的对比

特征	教育学	成人教育学
结构	以成熟化过程为基础 刚性 以主题/课程为中心 规则、程序、法律	弹性、开放、广泛 响应性 多科性 启发性
氛围	权威导向 正式、低信任 竞争性 赢-输	放松、信任、互相尊重 非正式、温暖 协作、支持 赢-赢
领导	教师主导 重任务、轻关系 控制 轻视经验价值 假设学生不成熟和依赖 低风险	创新、创造性 任务和关系并重 独立、成熟 指导、示范 基于经验 高风险
规划	管理人员和教师 强调理性和合法的机制 政策、计划和决策 高政治性	管理人员、教师和学员 互相评价 协力完成需求评估 彼此协商 以问题为中心
激励	外部报酬和惩罚	内部激励（好奇心） 自我指导 学习合约
沟通	单向 传播技术 情感压抑	双向 互相尊重 情感自由表达 支持性
评估	教师 标准参考 评定成绩 客观	以准则为基础 兼顾客观和主观 学员、同事和教师共同选择标准

在成人学习的众多原则之中，有三条原则最为重要。

（1）成年人会把自身已有的经验带进学习中。一方面，这些经验会帮助他们更好地学习；另一方面，在学习的过程中，他们也可能会因为已有经验与现阶段所学产生冲突而受到威胁（比如自尊心受到伤害）。因此，在培训中，培训者可以鼓励培训对象提出各种来自他们自身经验的问题，并且应该避免将传授的信息陈述为“真理”，尽量降低成年的培训对象在学习过程中可能感知到的威胁。

（2）成年人希望能够以现实生活中的问题和任务为核心，而不想过多探讨学术问题。因此，培训者应该保证培训项目或活动能够提供给成年培训对象对现实生活有益的知识，这些知识应该与学习者当前的需要直接相关，与实际工作和生活中面临的问题相关。

（3）成年人习惯于自我引导的学习方式。培训者应该给予成年人更多的表达意见的机会和参与培训设计过程的机会，多采用鼓励和倾听的方式引导和激励他们学习。

表 2-2 是成人学习理论的相关内容及其对培训的启示。

表 2-2 成人学习理论对培训的启示

设计	启示
自我观念	相互启发和合作指导
经验	将学习者的经验作为范例和应用教材
准备	根据学习者的兴趣和能力进行开发指导
时间角度	立即应用培训内容
学习定位	以问题为中心而不是以培训主题为中心

◎ 想一想

如果你是人力资源部门的培训与开发专员，你会在培训中注意些什么？如果你的学生都是上了年纪的中老年人，你如何让他们尽快掌握讲授的知识呢？

第 2 节 人力资本理论

一 人力资本理论概述

在当今的劳动力市场上我们时常看到，具有较高学历的应聘者往往可以获得较高的起薪，而学历较低的人，即便工作热情高、工作能力强，起薪也不能与高学历者相比。那么在人员刚刚进入组织时，公司凭什么断定高学历者就有资格拿到较高的薪水呢？通过学历来判断一个人的能力是有失偏颇的，但不可否认，社会上一直存在一种假设，即通过多年的教育投入，高学历者身上凝结了更多的人力资本。

人力资本理论（human capital theory）认为资本分为两类：一类被称作物质资本（physical capital），指物质产品上的资本，包括厂房、机器、设备、原材料、土地、货币和其他有价证券等；另一种被称作人力资本（human capital），指的是体现在人身上的资本，即对劳动者进行教育、职业培训等支出及其在接受教育时的机会成本等的总和，表现为人身上的各种生产知识、劳动与管理技能以及健康素质的存量总和。人力资本理论创始人西奥多·舒尔茨指出，人力资本是由投资形成的包括健康、体力、经验、知识和能力等方面的存量。

与物质、货币等硬资本相比，人力资本具有更大的增值空间。这是因为人力资本具有创新性、创造性，并具有高效配置资源、调整企业发展战略等市场应变能力。对人力资本进行投资，可以对国内生产总值（GDP）的增长产生更高的贡献率。除了上述两个特性，人力资本还具有依附性、时效性、可变性、外在性、可投资性、产权特征等六大特性。

人力资本理论认为人力资本在很大程度上是靠后天获得的，其获得的主要方式是人力资本投资。在企业人力资源管理中，人力资本的获取主要体现在企业对员工的培训与开发上。企业进行人力资本投资，目的在于提高企业员工人力资本存量，增强企业核心竞争力，并通过调整员工技能结构和提高员工素质来增加企业产品的技术含量以及创建良好的企业文化等。

◎ 想一想

从小到大你做过哪些人力资本投资？

二 人力资本投资的成本与收益

人力资本投资的成本包括了企业为提高员工人力资本存量的一切支出。总体看来，人力资本投资的成本可分为三种类型：培训所需的费用，员工在培训期间放弃的收入（机会成本），员工的心理损失（心理成本）。

人力资本的收益可以分为经济收益和非经济收益。经济收益包括企业的收益、生产率的提高，员工收入的增长等；非经济的收益包括员工素质的提高、精神的富足、满意度的提高和流动率的下降等。

◎ 读一读

由于人力资本不同于物质资本，人力资本投资所产生的收益也有不同的特点。

第一，人力资本投资的投资者与受益者的不一致性。人力资本依赖于人而存在，人力资本投资的收益只能通过被投资者，即员工的社会活动获得。

第二，人力资本投资收益具有多面性。因为人力资本与其载体不可分离，所以人力资本投资收益就受到被培训者个人偏好因素的影响，通过人力资本投资所获得的收益也是多方面的。加里·贝克尔（Gary S. Becker）认为，人力资本投资追求的不仅是未来的经济收益，而且包括未来的精神收益。

第三，人力资本投资有较长的时效性，进行投资时既要考虑当前的经济利益，又要兼顾未来的经济效益。此外，人力资本投资及回报受到人力资本载体人的生命周期的限制。

第四，人力资本投资对象的复杂性。人力资本依附在个体上，因此员工的个体差异就影响了培训的收益。不同员工由于教育背景、学习能力、工作经历等存在差距，在培训过程中的边际成本也会有差距。

三 企业人力资本投资的方式

1. 员工招聘与入职培训

（1）招聘。招聘是企业获取人力资本的一条重要途径，也是对员工进行培训与开发的先决条件。企业在这一过程中所花费的人力、物力、财力也应当算在企业对人力资本的投资当中。

（2）入职培训。在通过招聘得到员工的人力资本后，企业需要对新员工进行入职培训，以便让员工尽快熟悉工作内容、同事以及组织文化等。只有经过入职培训的新员工在上岗后才能较快融入企业，最大化地发挥其人力资本。从这一角度看，入职培训也是企业对员工的人力资本投资，是企业对员工人力资源的培训与开发。

2. 在职培训

人力资本理论创立者之一的加里·贝克尔指出，虽然工人可以通过直接在生产中学习新技术来达到增加人力资本存量的目的，但是这种学习过程非常缓慢。一种比较快速有效的方法就是在职培训，即企业通过组织员工进行有针对性的学习培训，在短时间内提高员工的人力资本存量。企业员工在职培训是企业最重要的人力资本投资方式之一。有效的在职培训对员工而言，可以提高其劳动生产率、满足感以及生活质量；对企业而言，可以提高竞争力，扩大盈利；对社会而言，可以降低失业率，促进经济增长。

◎看一看

贝克尔把在职培训分为一般培训和特殊培训。

（1）一般培训。一般培训所获得的技能在提供这种培训之外的许多企业都是有用的。比如，军队培养的机械师在钢铁和航空等行业都是有用武之地的，在一个医院里培养出的医生发现他的技术在其他医院也是有用的。大多数一般在职培训都能起到提高接受培训的员工的生产率的作用。

（2）特殊培训。员工通过特殊培训所获得的技能只有当员工在提供培训的企业工作时才会有作用，特殊培训能让该企业员工的生产率比其他企业要高。基于这一情况，企业在对员工进行特殊培训时往往采用企业与受培训员工共同承担培训成本并共同分享收益的方式。除此之外，企业和员工共同分担成本的同时，也共同分担了风险。因为接受了特殊培训的员工承担了一部分培训成本，而且这一特殊技能还不被其他企业所接受，离开企业就意味着对培训的投入无法得到回报，所以员工不会轻易离开企业；而提供了特殊培训的企业同样不会轻易解雇员工，因为此类员工的离去会给企业带来损失。

3. 创建学习型组织

学习型组织是指通过培养整个组织的学习气氛，充分发挥员工的创造性思维能力而建立起来的一种有机的、高度柔性的、扁平的、符合人性的、能持续发展的组织。在这样的组织中，学习成为一种新的工作形式，员工能在工作中学习，在学习中工作。具有学习型组织特征的企业能为员工提供创造、积累知识的工作机会和条件，使员工有效地进行群体知识创造。而且这一过程不需要刻意安排，员工在学习型组织中会潜移默化地主动学习，对自己进行“在职培训”，提高自身生产力。

◎想一想

近年来，火灾呈现出灾情严重化和爆发频繁化的趋势，消防部门的工作压力逐年增大，而且由于编制制约以及消防救援工作的高危险性，消防部门的人力一直严重不足。因此，尽快促进消防队伍战斗力水平的提升，提高消防人员的人力资本成为解决人员不足问题的最有效途径。

消防人力资本的提高主要依靠加大对人力资本的投资，对消防人员的在职培训是投资人力资本的首选。经过细致的研究分析，某消防队确定了一些培训内容，并且计划把培训分为两部分：第一部分的培训包括驾驶、机械修理、急救等基本技术；第二部分主要是针对可能出现的重大灾情，对消防人员进行火场搜救、使用先进灭火器材的培训。培训费用由消防队和消防人员共同分担。

培训按照计划进行。在第一部分的辛苦培训以及练习结束之后，一个让人始料未及的情况出现了。一部分消防人员向消防队的领导提出要求增加津贴，在请求得不到满足的情况下，这些消防人员表示有了退出消防队伍、谋求其他发展的想法，甚至一些消防人员已经收到了一些公司的邀请。还有一部分消防人员虽然没有要求增加津贴，但是普遍表示不愿意进行下一阶段的培训。不得已，培训计划只得暂停，消防队领导开始商议对策。

思考：

运用加里·贝克尔关于在职培训的理论解释为什么会出现案例中的情况，并请根据消防队遇到的难题尝试提出解决方案。

第 3 节　培训与开发和绩效管理

一　绩效管理概述

人力资源管理是站在如何激励人、开发人的角度，以提高人力资源利用效率为目标的管理决策和管理实践活动。人力资源管理中的绩效管理处于人力资源管理六大模块的核心地位，如图 2-6 所示。

绩效管理包括绩效计划、绩效监控、绩效考核和绩效反馈几个部分。绩效计划是绩效管理的基础环节，不能制订合理的绩效计划就谈不上绩效管理；绩效监控是绩效管理的重要环节，这个环节工作不到位，绩效管理将不能落到实处；绩效考核是绩效管理的核心环节，这个环节出现问题将会给绩效管理带来严重的负面影响；绩效反馈及绩效结果的应用是绩效管理取得成效的关键，如果对员工的激励与约束机制存在问题，绩效管理就不可能取得成效。管理者可以通过绩效管理发现员工工作中存在的问题并且加以

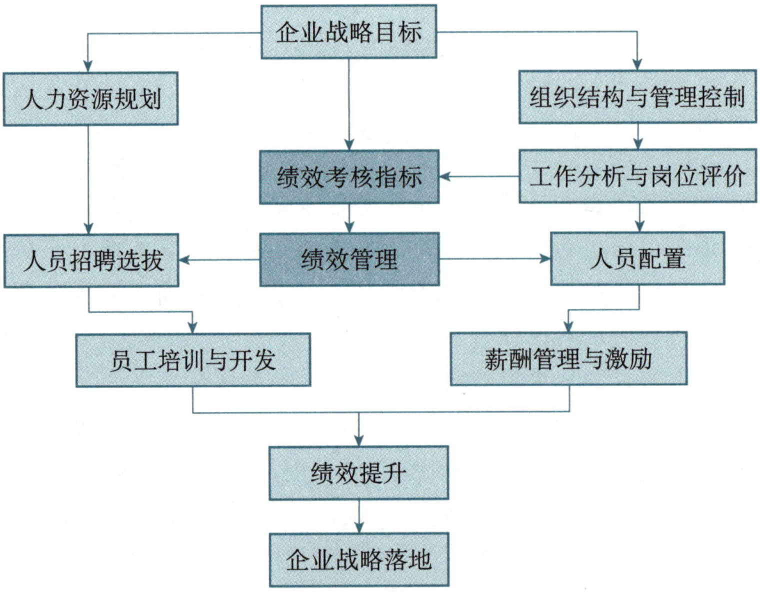

图 2-6　绩效管理在人力资源管理中的地位

改进。

在整个人力资源管理职能体系中，绩效管理居于核心地位，其他职能或多或少都要与它发生联系，这当然也包括培训与开发。员工培训与开发的目的就是提高员工绩效以更好地实现组织目标。因此，培训与开发是改善员工绩效的一个重要手段，有助于实现组织绩效管理的目标。同时，培训与开发内容的确定也需要以绩效考核的结果作为基础。绩效考核可以帮助企业发现培训的压力点，从而确定培训需求。只有通过绩效考核和反馈才能确定什么人需要培训，需要培训哪些知识和技能等。因此，培训人员要向公司内部的绩效顾问角色转型，而企业培训也应该向绩效导向转型。

◎读一读

对于企业来讲，即使招聘到了非常合格的人，也不能保证所有工作都能分配给完全胜任的人，或者说人员配置不可能达到完美。几乎所有的员工，即使是那些在受聘时高度合格的人，也需要一些培训来更好地完成他们的工作。一个企业的培训与开发活动保证了员工得到必要的指导。培训集中于现在的工作，而开发则是员工对未来工作的准备。一个企业的培训与开发实践能够通过提高人员的能力和减少不希望的人员流动来对企业绩效做出贡献，当然培训与开发方案也应该讲究成本效率。

在绩效监控与考核的过程中，管理层通过对员工绩效的考查，可以明确地分析出组织目标是否合理，以及当前绩效存在着怎样的问题，然后把这些问题及时地反馈到员工培训方面，进行培训内容的调整和完善，促进绩效提高，从而形成组织的良性循环过程。培训就像是维持人力资源这架大机器运转的润滑剂，没有培训与开发，其他部分尤其是绩效管理就很难发挥最大效用。

企业运行的每时每刻，都有可能要通过培训使员工的能力与企业文化、职位要求相适应，如新员工入职、转岗、晋级、新业务上马、推行新的管理制度等。当环节出现变化、工作提出新要求，而员工的状态和能力又不能与之良好匹配的时候，就需要借助培训去弥补二者之间的差距。如果把企业比作一个庞大的机器，培训就像是大大小小的齿轮之间的润滑油一样，使员工的技能和态度与企业的发展要求相匹配、相适应，并产生足够的动力，进而改善绩效水平。

二 培训与开发的绩效导向

人才发展协会（ATD）的一项调查发现，只有13%的公司会评估培训对提升工作绩效的效益。目前，中国的许多公司对于培训绩效的衡量仍旧停留在以培训次数、时间、经费执行率为评估指标的阶段，主管们多抱着一种消极的心态，即尽量让部属去受训，并期望在未来多少会展现一些成效。

◎想一想

与其忙着规划大量的培训体系及年度计划，不如先好好思考以下问题：

- 现在面临的绩效问题是否真的可利用培训来协助解决？
- 培训对于公司在经营绩效提升或工作改善上，会产生多少可以衡量的具体贡献？
- 应如何有效评估出培训对象在行为的改变及能力的提升上，已达成培训原定的绩效目标？
- 即将受训的学员是否均已被激发出学习动机和进步意愿？

由于培训与开发工作同组织绩效存在密切关系，培训人员要向公司内部的绩效顾问师角色转型，企业培训也将向绩效导向转型。具体而言，培训者需要着眼于从绩效上发现问题，确定培训需求，然后通过培训与开发的设计与实施提升员工的知识技能，并最终促进绩效的改进，形成一个绩效改进的循环。下面让我们来看一下培训与开发工作会带来哪些方面的绩效成果。

1. 培训与开发和价值创造

知识是有时效性的，过去的知识无法很好地适应处在进步中的社会。当今时代，知识的半衰期已经从10年降到5年、3年以至更短的时间，没有人可以仅仅依靠过去的经历和成绩就对明天充满把握。“人才是资产，同时也是负债”，如果不采取有效措施提升人才价值，改变员工不断重复过去的知识结构的现状，当下的资产就真的可能变成企业未来的负债。

培训可以给员工带来新的知识与技能，不断为受训员工输入新鲜血液。对于那些明智的企业家来说，他们越来越清醒地认识到培训是企业发展不可忽视的“人本投资”，是提高企业“造血功能”的根本途径。研究表明，企业技术创新的最佳投资比例是5∶5，即“人本投资”和硬件投资各占 50%。人本为主的软技术投资作用于机械设备的硬技术投资后，会使产出效益成倍增加。在同样的设备条件下，增加“人本投资”，可达到投一产八的高投入产出比。

培训可以提高员工的技能和综合素质，从而提高其工作质量和效率，减少失误，降低成本，并提高客户满意度；培训还可以使员工从紧张的工作中解脱出来，尤其是室外培训和气氛活跃的培训会使员工的心态得到调整，从而提高工作效率。员工掌握的知识范围越广，技能种类越多，就越有助于企业优化组合人才，更好地进行企业之间的动态调整。因此，就企业而言，对员工培训得越充分，越能发挥人力资源的高增值性，从而为企业创造更多的效益。

◎ 读一读

美国权威机构监测，培训的投资回报率一般在 33%左右。在对美国大型制造业公司的分析中，公司从培训中得到的回报率可达 20%～30%。摩托罗拉公司向全体雇员提供每年至少 40 小时的培训。调查表明：摩托罗拉公司每 1 美元培训费可以在 3 年内实现 40 美元的生产效益。摩托罗拉公司认为，素质良好的公司雇员已通过技术革新和节约操作为公司创造了 40 亿美元的财富。摩托罗拉公司的巨额培训收益说明了培训投资对企业的重要性。

2. 培训与开发和员工满意度

培训与开发可以提高员工技能，使之更有效地发挥潜能，并实现自身价值。同时，培训与开发体现了企业对员工的重视和期望，使员工个体的满意度提高，刺激了员工对企业的归属感和主人翁责任感。管理层了解员工的工作满意度信息，对于做好人力资源管理与开发具有重要的意义。因此，员工的满意度也是培训效果的一个考核指标。详细了解员工满意度，可以调动员工积极性、促进员工发展、提高企业中员工的协同合作能力，从而提高工作效率。总的来说，培训与开发可以满足员工个人发展的需求，使企业人才的开发使用与企业成长之间形成良好互动。

◎ 读一读

培训对于员工个体的增值体现在哪里？

- 有利于增强就业能力。
- 有利于得到收入以外的报酬。
- 有利于获得较高收入的工作机会。

正是由于这些人力资本增值的存在，个体的满意度会因接受培训而提高。

人力资源开发如何提高员工满意度？

- 加强员工职业生涯管理，建立良好的晋升机制，为员工创造畅通的职业生涯发展路径，提高员工的工作满意度。
- 通过推进组织发展，变革组织架构，给员工带来不同的晋升机会；同时通过工作流程再造、工作再设计和工作丰富化等提高员工工作满意度。

● 通过管理开发建立高素质的管理队伍，形成管理者和员工之间良好的互动关系，提高员工的工作满意度。

3. 培训与开发和组织文化

组织文化对于组织的管理和发展具有重要意义。无论是学校、公司还是慈善团体，任何组织都有自己独特的组织文化。组织管理者也总是带着强烈的目的性来塑造自己组织的文化，使之符合组织目标实现的要求。因此，组织文化往往有助于组织管理目标（显然包括了组织绩效）的实现。培训与开发是塑造组织文化的重要途径之一。

培训与开发能促进企业与员工、管理层与员工层的双向沟通，增强企业向心力和凝聚力，帮助打造企业的共同愿景，从而塑造优秀的企业文化。企业管理人员和员工认同企业文化，不仅会自觉学习掌握科技知识和技能，而且会增强主人翁意识、质量意识、创新意识。良好的企业文化对员工具有强大的凝聚、规范、导向和激励作用，而且在企业文化的构建过程中能让员工拥有共同的价值观念和道德准则。推动和完善企业文化的形成，树立企业形象，成为培训与开发的一大重要责任和职能。

此外，培训与开发可以帮助组织营造一种学习氛围。工作场所学习、非正式学习和自我导向学习等的提倡，有助于学习型组织的建设。与此同时，团队学习有利于员工之间建立良好的关系，促进企业内部形成友好的工作氛围。

三　培训与开发和企业可持续发展

进入 21 世纪以来，经济快速发展，企业间的竞争也日趋激烈。供过于求的人才市场与人才匮乏的用人企业之间的矛盾日趋激化，无论是企业还是人才都面临着挑战。人才的匮乏更直接影响着企业的生命力。要想做到可持续发展，就要不断地加强前进的动力，而培训与开发就是维持企业可持续发展的强大推动力。

1. 立足自身培训，保证企业需求

随着改革开放的深入，越来越多的外企进入中国，外企的本地化政策造就了日渐增多的高薪人才；国内公司为了保持竞争力，开始按市场价格吸引和保留优秀人才；优秀大学毕业生早已成为各大公司的抢手货，各公司不断进校招聘；猎头公司异常活跃，穿梭于高级人才和知名公司之间；民间培训机构不断发展，各类专业技能培训组织相继出现……再加上新闻媒体的不断宣传和造势，人才之争日趋火爆。

对于企业来说，人才问题集中表现在三个方面：优秀人才难觅；人才价格飞涨导致高流动率；员工已有的技能和风格与企业难以协调匹配。解决这些问题的最好方法，就是企业立足自身，对人力资源实施切实有效的培训与开发。尽管社会上各类机构团体都在兴学办班、投资培训，但各级各类企业加大人力资本投资，根据需要实施有特色的、切合自身的培训仍属必要。只有依据自身的需求对员工进行培训，才能给组织带来最大的收益。

◎ **读一读**

美国企业每年在培训上的花费超过 300 亿美元，约占雇员平均收入的 5%。通用电气公司每年用于培训、教育的经费高达 9 亿美元。已有 1 200 多家美国跨国公司，如人们熟知的麦当劳、肯德基等，开办了完全属于自己的管理学院，公司每年在培训上都有很大的投资，并且每隔一段时间就高薪聘请其他大学的知名学者前来讲学。一些来中国投资的外国企业，也都纷纷兴办培训中心或管理学院，如爱立信、西门子、摩托罗拉等，它们与一些知名院校合作，致力于管理培训。

从传统人事管理转变为现代人力资源管理以及后来出现的人力资源开发，无论对管理学界还是企业界都算得上是一次不小的变革。经过几十年的摸索，我们已拥有了不少经验，但仍有不少变革还停留在表层，人力资源的培训与开发就是其中的一个重要问题。企业的自觉、自主意识，以及社会的参与意识仍然亟待加强。

2. 培训与开发打造企业核心竞争力

◎ **看一看**

1990 年，美国密歇根大学商学院教授普拉哈拉德（C. K. Prahalad）和伦敦商学院教授加里·哈默尔（Gary Hamel）在《哈佛商业评论》上发表论文《企业核心竞争力》，其中正式提出了企业核心竞争力的概念。他们认为："核心竞争力是组织中的积累性学识，特别是如何协调不同的生产技能和有机结合多种技术流派的学识。"

斯科特·斯内尔（Scott A. Snell）提出，衡量某项因素能否成为企业核心竞争力的标准为：

- 价值性（valuable）。
- 独特性（unique）。
- 持续学习（learning）。
- 可扩展性（extendable）。

核心竞争力的四个来源是：

- 流程（processes）。
- 组织知识（knowledge）。
- 技术（technology）。
- 内外关系（relationship）。

当今时代，人们认为核心竞争力的特点主要有价值性、稀缺性、难以模仿和复制性、不可替代性（VRIN 原则）。

核心竞争力是建立在企业核心资源基础之上的、具有创新特征的企业人才、技术、品牌、管理、文化等综合优势在市场上的反映。核心竞争力诸要素中，人才是第一位的，是对知识和技能进行整合的主体，在各种资源和能力的组配中起着主导能动作用，跃居独特能力"创造中心"的位置，可谓核心竞争力的"核心"。只有抓住人才这一关键，核心竞争力才能得到有效提升。

培训与开发工作以员工知识技能的提高和开发为出发点，帮助个体和组织改进绩效。培训与开发建立起的人才优势是企业的核心竞争力，对于企业当前以及未来的竞争都有很大的帮助。

◎读一读

六西格玛（Six Sigma，6σ）作为品质管理概念，其目的是设计一个目标：在生产过程中降低产品及流程的缺陷次数，防止产品变异，提升品质。DMAIC 模型是实施六西格玛管理的一套操作方法。DMAIC 由 define（界定）、measure（测量）、analyze（分析）、improve（改进）、control（控制）五个英文单词的首字母组成。在实施六西格玛管理的过程中，DMAIC 模型紧紧围绕着公司目标有步骤地进行。

界定（define）——定义顾客需求

六西格玛管理以顾客为中心，强调关注顾客的需求。培训需求分析是整个培训与开发工作的出发点，其准确与否直接决定了整个培训与开发过程的有效性。培训需求首先是确定员工要掌握什么样的知识、技能和素质，这需要在公司方针、战略框架下进行职位分析；然后需要分析测量员工目前所具有的水平，以及这一水平与职位分析要求之间的“差距”。

测量（measure）——评估当前绩效

评估当前绩效，并不是指员工的绩效考核，而是评估公司当前培训管理流程的绩效，即测量公司的培训管理流程，看其是否能够满足以上确定的培训需求。它不但要测量整个培训流程的绩效，而且要测量培训需求分析、制订培训计划、培训计划实施以及效果评估等各个环节的绩效。

分析（analyze）——原因分析

通过评估当前绩效取得必要的数据后，在分析阶段需要寻找问题的原因，找出影响目前绩效的潜在问题及其影响因素。原因分析的方法有很多，最简单的是利用鱼骨图找出影响当前绩效的所有相关原因，再用帕累托图确定关键因素，也可以利用流程分析、图形分析、假设检验、相关分析、回归分析、因子分析等方法。

改进（improve）——改进措施

本阶段的任务是，通过原因分析，找出影响流程输出变化的关键因素，针对关键因素采取改进措施。六西格玛管理与其他管理的最大区别之一就是关注流程，改进方法主要是流程再造，而且要首先考虑核心流程，其次才考虑辅助流程。

控制（control）——控制实施

控制是为了稳固以上改进的效果。如果采取改进措施之后，培训效果得到改善，就可以制定相关制度进行程序化、标准化，同时可使用统计过程控制（SPC）、失效模式及影响分析（FMEA）、错误证实等工具来开发与施行流程控制计划。

本章小结

1. 有关培训与开发的理论非常丰富，其中最重要的就是学习理论。学习理论包括学习的概念、学习的过程和基本的学习原理。具体来讲，学习理论可以划分为行为主义学派、认知主义学派、人本主义学派和建构主义学派。

2. 从人力资本理论来看，获得人力资本的主要途径是人力资本投资。而培训与开发就是企业进行人力资本投资的重要方式。培训与开发可以为企业带来更好的效益，提高员工的技能、满意度和忠诚度。

3. 人力资源管理的六大模块中，绩效管理和培训与开发之间的关系十分紧密。这也说明了企业管理者学习培训与开发的必要性。学习培训与开发，不能局限于这一模块本身，而是需要联系包括绩效管理在内的其他模块，发挥培训与开发对于组织和个人的最大效用。

复习思考题

1. 学习理论如何应用在培训开发中？试举例说明。
2. 试述培训与开发和价值创造、员工满意度、组织文化之间的关系。
3. 什么是人力资本投资的成本与收益？
4. 试述企业的培训人员为什么要向公司内部的绩效顾问师角色转型以及如何转型。

案例分析

麦当劳的培训王国

麦当劳以其独特的人才培养方式著称于世。它在快餐业自办的第一所高等学校——汉堡包大学，自1961年创办以来，不断发展壮大。从开办之初的一间地下室，到现在具有最先进的电化教学设施的教室；从第一学期毕业的三名学员，到20世纪90年代已培养超过四万名学员，麦当劳的汉堡包大学就像一架“人才机器”，源源不断地培养和造就满足麦当劳事业迅速发展要求的各类人才。麦当劳的人才培养方式不仅得到了社会的公认，而且其开设的许多课程已被美国政府教育部门承认，列入美国相关大学或研究所的正式学分。

一、麦当劳人才培养模式的特色

1. 企业文化贯穿培训始终

企业文化是指企业成员共同享有的一系列规范和价值观。文化是一种整体观念，可理解为共同的价值观和规范的集合。企业文化赋予组织成员一种信念，向他们提供组织的行为准则。让顾客愉悦而且持续地购买，唯一的秘诀就是使顾客满意。麦当劳在经营上保持最基本理念QSCV永不变。

Q（quality）——品质上乘，操作严格，追求完美；

S（service）——服务周到，顾客永远是上帝；

C（cleanness）——整齐清洁；

V（value）——物有所值，只赚应该赚的钱。

麦当劳基于QSCV理念开发出的技术软件达25 000个。内容包括接待顾客、调味方式、进货、销售、店面经营、收益管理等。

麦当劳的用人方式是多聘用业余打工人员。如日本麦当劳员工中临时工作者占的比例在95%以上。利用临时人员固然可以节省费用，但在企业日常服务、品质管理、环境清洁等方面就会显得力不从心。解决这些问题的唯一方法是培训。上述25 000个软件就是麦当劳培训的内容。

2. “学习型企业”——学习贯穿始终

“学习型企业”强调企业人员终身学习、全员学习、全过程学习和团队学习，目的是通过学习增强企业的竞争力，而麦当劳恰恰就是这种类型的企业。麦当劳不仅在总部设立汉堡包大学，在澳大利亚、日本等也先后建立了汉堡包大学。麦当劳总部规定：所有雇员不但要在上岗前接受培训，在其以后的快餐职业生涯中，还要定期“回炉”深造，经历若干次再培训。对麦当劳白领来说更要如此，如餐饮经理至少需要培训2 000小时。这样长时间的培训任务并不是一次完成的，而是采用“回炉”培训的方法，通过重回汉堡包大学来累计实现。

麦当劳激励人们不断学习，不断提高。比起智商，麦当劳更看中员工是否有毅力和魄力，是否愿意努力。它会摒弃庸才，不容惰性和傲性。它为员工在职和脱产学习提供了更多的机会，这也是麦当劳经营多年仍能够在世界范围内获得持续发展的重要因素之一。

3. 坚持产、学、研结合

麦当劳不仅有汉堡包大学，还有研究机构。美国麦当劳总部企划研究人员正在从事麦当劳产品服务管理等方面的研究，其研究一旦成功，成果可作为一种知识产品以技术形式转移到世界各地的麦当劳公司。随新技术、新产品的出现而来的就是再培训和再教育。想要把研究成果以最快的速度转化为生产力，就要依托及时有效的培训。

4. 人才培训机制与激励机制相结合

麦当劳对人才的培训不是无目的的，而是要通过培训使员工能创造更大的价值，胜任更为艰巨的工作。因此，公司培训的目的性很强，而且效率很高。同时，这种培训还会使每个员工感到是一种荣誉。例如，日本麦当劳除了建立其自身的培训大学，每年还选派日本麦当劳餐厅的经理去美国进修，至今已培养近千人。日本麦当劳很重视员工赴海外考察工作，规定凡正式员工在麦当劳服务满五年，便可由公司出资在日本或去麦当劳在海外设有分店的国家考察学习。

5. 教师是来自一线的管理人员

美国麦当劳共有几十位专职教授，负责讲授和指导各类必修课程。麦当劳自开办学校以来，一直对各类教师的任教条件严格掌握。校董事会规定：凡具备担任汉堡包大学教师资格者，必须担任过麦当劳地区公司总经理以上职位。正如汉堡包大学一位前任校长在评价该校教授时所说：“他们没有学士资格，甚至有些高中也没毕业，但这毕竟是麦当劳的管理人员教授麦当劳的管理方法。”这恰恰与我国现行提倡的“双师型”教师相吻合。所不同的是，现在的“双师型”教师大多是从学校毕业进入学校，真正在企业从事过技术工作的仅是少数。

二、人才培养内容的全面性和教学内容常新

1. 培训内容的全面性

麦当劳不管是在职培养还是脱产培训，其培训的主要内容都体现在四个方面：职业

道德、专业知识、能力培训、操作技能培训。麦当劳对职工的职业道德规范非常严格，在麦当劳看来，服务就是想方设法接近顾客，尽量缩短与顾客的距离，切实满足和预测顾客的需要。“快捷、友善、可靠的服务”已经成为全球麦当劳的基本标志，是麦当劳日常经营管理的最高目标之一，也是其追求100%顾客满意的保证。

例如语言美，对此麦当劳颇有一番见解。它认为快餐服务最应突出的重点，便是能够有礼貌且有效率地直接为顾客提供优质的柜台服务。柜台服务是促销的重点，而礼貌语言则是促销的核心部分。因此，麦当劳经常对在岗人员进行大规模的强化训练，要求其一律使用标准化语言上岗服务。例如，规定柜台服务员在迎送顾客五个阶段中，应随时把所谓“迷人用语”挂在嘴边，时刻注意自己的语言美。

在专业知识的训练方面，麦当劳对从事不同岗位的人进行相关专业知识的训练。例如，汉堡包大学提供两种课程，一个是BOC，一个是AOC。所谓BOC，是基本操作课程（basic operation course）的缩写，而AOC则是高级操作课程（advanced operation course）的缩写。BOC的目标是教授一般管理人员制作方式、生产及质量管理、销售管理、作业及资料管理，并学习竞争、现金管理、管理决策的技术等基本知识。为期两周的学业完成后，学员获汉堡包大学学士学位。AOC则是着重培训更高层的管理人才，同样为期两周。主要内容包括原料的知识、设备维修、餐厅管理、人事关系、服务管理、财务分析、提高利润的方法等。学业完成后，学员获得汉堡包大学硕士学位。培训涉及人员较多，通常每年有2 500名学员。《汉堡包大学指南》中指出：“大多数公司只要持有哈佛大学、斯坦福大学或麻省理工学院等名牌大学的学历就足够了。但在麦当劳，则必须完成汉堡包大学的课程，才能证明你有足够的管理资格。”

2. 教学内容常新

汉堡包大学的课程也经常根据国内外经济、政治和社会的发展变化情况来调整。20世纪70年代初期，针对麦当劳员工队伍迅速扩大、各类人员构成趋向复杂的现象，汉堡包大学及时增加了一门新的课程——“员工与自我”，在教学过程中组织学员重点研究“动机”和“沟通”这两项新科目。“员工与自我”这门课，本质上是属于行为科学的范畴，其核心内容是：企业必须树立良好的自我形象，用坚定的自信心去感染和影响员工，从而带领员工为企业创利而奋斗。由此出发，汉堡包大学总是告诉回炉深造的经理学员，他们的成功与否主要在于如何对待连锁店中的年轻员工。他们在引导这些员工时，必须先具备一个肯定的自我形象，必须自认为是非常特殊的人物，因为他们正在一家非常成功的公司工作，这家公司卖出的汉堡包各方面都是世界第一的。

三、教学方法灵活，重视实习基地建设

1. 灵活多样的教学方法

（1）新雇员训练。对兼职打工者的速成训练分四个步骤进行，分别是准备、说明、执行和事后审核。准备就是训练前工作，何时、何地、谁、做什么、怎么做。说明不仅是在口头上说明，或是死背手册的文字条例，而且训练员要亲身示范，然后再让新雇员做一遍，若是有出错的地方，由训练员指正，反复指导，直到新雇员完全学会为止。这点也代表了执行。而事后审核工作，则是训练员在距离较远的地方观察。等到全部的工作完毕后对一些细节加以指导。

（2）工作伙伴制度。麦当劳公司通常会利用工作伙伴加强训练，利用工作伙伴制度来提高工作效率。训练员将一些示范动作说明清楚后，便要求实习生照着做，然后训练员将实习生的训练状况写在训练工作检查表栏目之中。训练员与实习生在训练期间，几乎一举手一投足都是互相协调的，连休息时两人都在一起。这种一对一的教学方法便是麦当劳工作伙伴制度的结果。

（3）电化教学方式的普遍采用。在麦当劳餐厅，新来的雇员一律称“实习生”，他们首先要接受初级强化训练，其中一项就是反复观看教学录像片。如美国一名前麦当劳餐厅雇员回忆道：“当我开始工作时，他们给我戴上‘实习生’字样的小白帽，让我先干最容易的工作。我们只有一个小房间，可在那里休息。那里整天在放电视和录像带，反复说明麦当劳某一方面的工作方式，如如何把汉堡包做得更好吃、如何使油炸食品松脆。”在汉堡包大学的图书馆中，保存着各类教学影片，员工可随时调看。其中最实用、最富参考价值的有《一群人卖汉堡包》（有关协调合作）、《你的人怎么啦?》、《拔河比赛》、《成功的六个步骤》等；还有涉及公司开拓发展管理研究领域的影片，如《如何举办旅游》《如何努力工作》《联邦法雇用实例与你》等。

（4）聘请客座教授授课。汉堡包大学经常聘请客座教授前来开设专题讲座，以丰富在校学员的知识存储。比如，该校曾邀请专家演讲过“保险”“劳动关系”“顾客研究”“店面改良”等专业题目，广大学员受益匪浅。再者，为了烘托培训气氛，麦当劳还不定期举办一些食品工艺操作比赛，旨在提高广大员工的技术水平和学习热情。

2. 重视实习基地建设

麦当劳为了营造一个学院的氛围，不仅采用一流的设备，还为了适应实习教学需要装备了一个设施齐全的现代化实验室。实验室的形式完全模拟真实的麦当劳餐厅，内有全部餐厅用具，旨在使学员在校期间也能够做到从教室听课到餐厅实战的迅速转换。为了适应课堂教学，该校购置了最先进的视听设备，装修了最新式的可容纳750名学员同时受训的七间大教室。每间教室都有电脑控制的自动录音、记分器材，以及专供外国学生使用的翻译设备。每间大教室内还附有一间影片放映室，其中有24小时自动控制预置教材的操纵装置、两块可放映15毫米影片的银幕、可放映35毫米幻灯片的投影仪等。在实验室内，学员可以实地操作各种机器和设备，如多种饮料灌装系统、奶昔机、煎盘、烤架、烤炉及电脑控制的炸薯条机等。学员每天在实验室内进行各项实习培训，包括给设备消毒、分析食品材料成分、确定有效时间和烹调时间以及完成营业手册规定的有关事项。

讨论：

1. 麦当劳在培训中运用了哪些培训与开发理论?
2. 从人力资本投资的角度看，培训与开发对于公司和员工个人的价值是什么?
3. 培训与开发对于绩效的影响表现在哪些方面?

第 3 章

培训需求分析

学习目标

- 掌握培训需求分析的含义。
- 了解培训需求分析的目的和意义。
- 掌握不同层次的培训需求分析。
- 了解培训需求分析的一般方法。
- 掌握基于胜任力的培训需求分析的概念和流程。

开篇案例

中国工商银行（以下简称“工行”）是较早引入网络学习的国内企业之一。作为国内金融行业的重量级企业，工行一直在追求一个目标：做好 40 万名员工的培训。随着金融国际化挑战的加剧，沿用多年的小范围面授、函授等培训方式已经远远不能满足员工的需求。工行教育部是在欧洲考察学习中首次接触到网络学习的，2000 年 4 月，网络学习项目开始在工行正式实施。

作为培训负责人，北大在线总经理倪金磊是一名有丰富经验的网上培训专家。他认为，企业培训分为三个层面：最上层是经营策略类培训，用于设计企业的经营发展方向和战略，属于企业的高端需求；中间层面为业务技能培训，与企业的经营业务相关，是针对某一特殊行业的专业知识如金融、保险、证券等展开的培训；而基础层面的是通用类职业培训，这类培训教给员工统一的行为准则和思维方式，帮助大家更有效地沟通和协作。

在培训开展前，北大在线会通过网上问卷的方式收集工行员工的不同培训需求。北大在线在网上对每一个岗位进行定义，并列出每个岗位需要的技能，员工通过对比就能清楚地知道自己现有技能与实际需求之间的差距，继而为员工安排有针对性的课程以满足员工个性化的学习需求。

工行想要提高企业整体的管理水平。在经过详细咨询和交流，并对工行进行培训需求分析之后，北大在线提供了管理类的“克服变革带来的挑战”课程、市场类的“创造市场攻势”课程。同时又根据工行所处金融行业的特点，为其选配了“金融风险管理（英文课）”“财务报表的比率分析（英文课）”“会计基础”等课程。在培训需求分析后开设的这些课程可以充分满足员工对知识和技能的需要，帮助员工有针对性地提高自身技能。本章内容就将介绍何为培训需求分析以及如何进行培训需求分析。

第 1 节　培训需求分析概述

一　培训需求分析的定义和概念

无论是个人还是组织，做任何事情之前都需要明确做事的必要性和实施方法。培训与开发是人力资源管理中的重要一环，在实施前，组织需要对是否有必要进行培训与开发以及如何进行培训与开发加以分析。这一过程属于培训与开发的事前控制，称为培训需求分析。

培训需求分析，具体来说就是在规划与设计每一项培训活动之前，组织采用各种方法与技术，对组织及其成员的目标、知识、技能和能力等进行系统的鉴别与分析，以确定组织是否需要培训以及培训的内容和方法等。培训需求分析由组织的培训部门、主管部门以及其他相关工作人员负责，通常是建立在企业培训需求调查的基础之上，通过采用全面分析与绩效差距等多种分析方法和技术进行。

培训需求分析在一定程度上反映了员工和企业对培训的期望。培训需求源于绩效现状和期望绩效之间的差距，如图 3-1 所示。虽然组织在人员招聘与选拔中做出了很大的努力，但仍然无法避免员工的绩效水平与期望水平之间出现某种程度的不匹配和差距。为了使员工能胜任相应的职位，达到组织的期望绩效，必须缩小这些差距。而确定差距的过程就是培训需求分析。

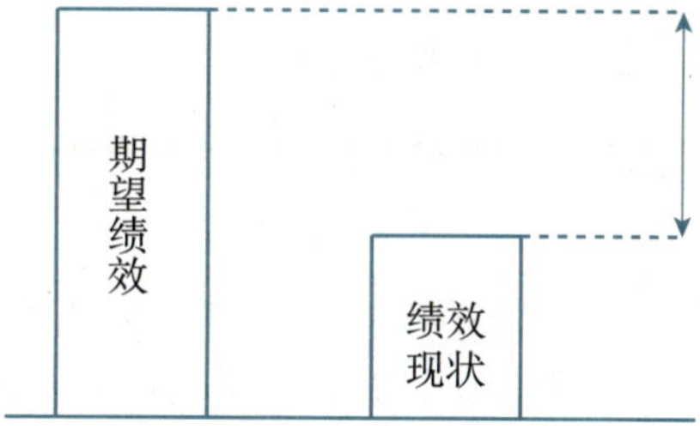

图 3-1　培训需求

二　培训需求分析的目的和意义

目前，国内很多公司虽然越来越重视对员工和管理人员的培训，但是这些培训大多缺乏针对性，甚至在一定程度上存在着为培训而培训的现象，培训活动很少与其他人力资源管理活动相互配合，或者缺少明确的目标。在这种情况下，培训只是一种活动，而不是一种战略。那么，要想使培训真正发挥作用，上升到战略层面，就必须在培训之前进行培训需求分析。雷蒙德·诺伊认为，如果没有合理地进行培训需求分析这一步骤，组织可能会遇到以下几方面的问题：

- 培训会被误用为解决绩效问题的措施（但是，培训的目的不仅仅是提高员工的绩效，更是要提高员工的知识和技能，使其更加满足组织的战略需求）。
- 培训项目中使用错误的内容、目标或方法。
- 那些不具备培训所需的基本或必要技能以及学习自信心的培训对象会被要求参与培训项目。
- 培训传授的不是公司期望的学习、行为或财务结果。
- 在与公司经营战略无关的培训项目上浪费资金。

培训需求分析对组织培训工作至关重要，它是真正有效地实施培训的前提条件，是使培训工作准确、及时和有效的重要保证。培训需求分析的目标如下：

- 了解受训员工现有的全面信息。
- 确定员工的知识、技能需求。
- 明确培训的主要内容。
- 提供培训材料。
- 了解员工对培训的态度和期望。
- 获取管理者的支持。
- 有利于估算培训的成本。
- 避免时间和金钱的浪费。
- 使培训做到量体裁衣。
- 为测量培训效果提供依据。

由此可以看出，培训需求分析具有重要的意义。一是培训需求分析确定了培训的目标，为培训计划奠定了前提。二是可以在培训需求分析过程中发现组织存在的问题，为组织高效运作提供建设性的建议。三是培训需求分析为培训设定了目标，同时也确立了培训后的检验标准，从而奠定了培训评估的基础。

三 培训需求分析的层次

在知识经济时代，人成为第一资源，对人的培训与开发成为许多企业获取竞争优势的重要手段。为了配合组织整体发展，培训逐步走向战略层面，将组织的战略目标与个人目标相结合。培训的目的决定了培训需求分析的范围和内容。一般来说，服务于长期培训计划的培训需求分析较为宏观，而针对特定任务的单个培训项目的培训需求分析则较为具体。因此，我们通常将培训需求分析分为宏观层次和微观层次。

此外，系统的培训需求分析需要从组织、任务、人员三个层次入手分析以发现培训需求。从组织分析入手，以任务分析为核心，结合人员分析，得出培训的目标、培训的对象和培训的内容。其中，组织分析主要判断组织环境变化、组织目标、组织资源对培训的要求和限制；任务分析主要界定理想状况下工作任务的要求，明确各个职位所包括的工作任务及执行标准和特定岗位工作人员所需的技能要求，这是员工岗位培训的目标和重要衡量标准；人员分析是从员工的实际状况出发，分析员工知识、技能、态度等方面的现有情况与理想状况之间的差距，即“目标差”，以形成具体的培训目标和内容。通过这三方面评价结果的比较和综合，就能揭示出企业的培训目标和具体的培训内容。培训需求分析层次如图 3－2 所示。

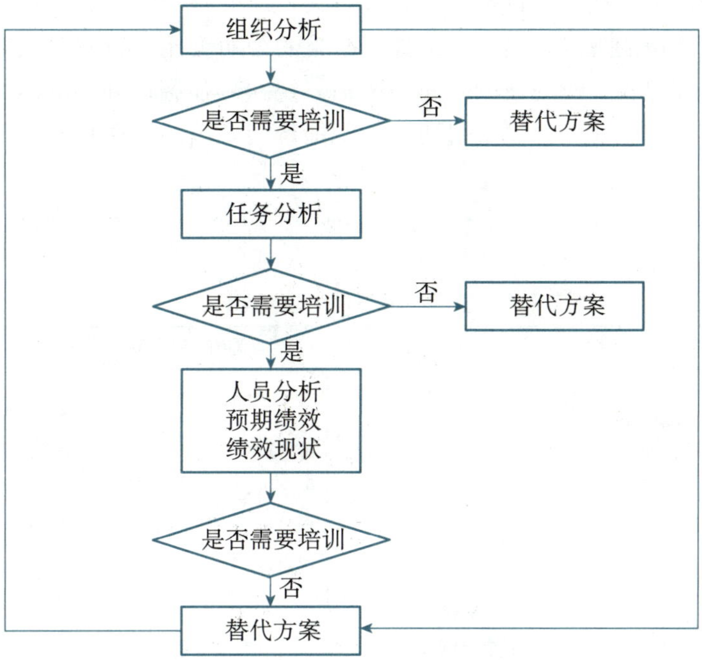

图 3－2　培训需求分析层次

关于三个不同层次的培训需求分析，我们将在下一节中做细致的讲解。

第 2 节　不同层次的培训需求分析

一　组织层次的培训需求分析

1. 组织分析的含义

培训需求的组织分析依据组织目标、结构、内部文化、政策、绩效及未来发展等因素，分析和找出组织存在的问题与问题产生的根源，以确定培训是不是解决这类问题的有效方法，同时确定整个组织中哪些部门、哪些业务需要实施培训，哪些人需要加强培训或储备培训。

2. 组织分析的内容

组织分析包括确认培训是否支持组织的战略导向，管理者、同事、雇员是否支持培训活动，以及培训资源是否符合培训需求。

（1）组织的战略导向。培训的战略性角色影响着培训的频率和类型以及组织培训部门的组建模式。通常，如果组织相信培训有利于实现经营战略目标，那么组织就会在培训项目上投入更多。例如，对于一家广告设计公司，有效的新闻广告及美术编辑方面的培训可以提高员工的技术水平，进而帮助公司在广告设计业务上有更好的发展，那么公司就会有更多的投入，用于邀请相关专业人士对员工进行培训。相反，对于一家化肥厂来讲，搬运工所做的工作没有很高的技巧和技术含量，因此相关培训并不会明显提升搬运工的绩效，由此工厂便不会在培训上做过多投入。

另外，按照诺伊的观点，实行紧缩投资战略的公司会比实行其他战略的公司更看重诸如新职业介绍和寻找工作的技能方面的培训。组织越强调培训的战略性角色，越有可能按虚拟培训组织或企业办学模式组建培训职能部门，因为这两种模式都主张用培训来解决经营问题。

◎看一看

不同战略下的培训重点

战略	重点	实现途径	关键事项	培训重点
集中战略	● 提高市场份额 ● 减少经营成本 ● 开拓并维持现有市场	● 提高产品质量 ● 提高生产率，革新技术流程 ● 严格按需要制造产品	● 技术交流与提高 ● 人力资源的开发	● 团队建设 ● 交叉培训 ● 人际交往技能培训 ● 在职培训
内部成长战略	● 市场开发 ● 产品开发 ● 技术革新	● 增加营销渠道 ● 拓展全球市场 ● 调整现有产品 ● 开发新产品	● 规定新的工作目标和工作任务 ● 技术革新	● 市场营销培训 ● 人际沟通培训 ● 技能培训 ● 创造性工作和分析能力培训
外部成长战略	● 横向联合 ● 纵向联合 ● 发散组合	● 兼并那些处于产品市场链条上相同经营阶段的公司 ● 自己经营那些提供或购买产品的业务 ● 兼并那些处于不同领域的公司	● 整合 ● 安置富余人员 ● 资产重组	● 兼并的方法和程序 ● 冲突调和技巧培训 ● 团队建设 ● 被兼并公司员工培训
紧缩投资战略	● 节约开支 ● 转产 ● 剥离 ● 财务清算	● 降低成本 ● 减少资产 ● 重新制定目标	● 工作效率 ● 开拓新业务 ● 人员安置	● 目标设置 ● 人际沟通培训 ● 寻找新工作的技能培训

（2）管理者、同事对培训活动的支持。研究表明，同事和管理者对培训的支持在员工参与培训的热情和动力方面具有十分重要的作用。成功的关键在于同事和管理者对参与培训活动的员工是否抱有积极的态度，他们是否愿意向培训对象提供有关如何在工作

中有效利用培训中学到的知识、技能或行为方式的信息，并为培训对象提供在实际工作当中应用培训所学到内容的机会。如果同事和管理者不采取支持的态度或行为，那么雇员就很难将培训收获运用到实际工作当中。

（3）培训资源。培训能否顺利有效地进行，很大程度上依赖于组织是否有充足和适合的培训资源。培训资源一般包括资金、时间、人力。资金指组织所能提供的用于培训的经费，这决定了培训的深度和宽度。时间指接受培训的员工能够具有的用于培训而不需要工作的时间。人力主要包括人员的数量、年龄、技能和知识水平、态度以及工作绩效等。培训资源对培训成功与否有重要的影响。因此，在正式培训之前，弄清楚组织所拥有的培训资源是非常重要的环节。

◎ 读一读

辉瑞制药公司（Pfizer）创建于 1849 年，至今已有 170 多年的历史，总部位于美国纽约，是全球最大的以研发为基础的生物制药公司之一。辉瑞公司的产品覆盖了化学药物、生物制剂、疫苗、健康药物等诸多广泛且极具潜力的治疗及健康领域，其卓越的研发和生产能力处于全球领先地位。

研发能力对于一个制药公司来说非常重要，而培训又是提高研发能力的重要途径。辉瑞制药公司在美国生产基地的技术培训中创建了“虚拟学习团队”来促进“最优秀实践”的分享。团队中的培训经历分别来自纽约、布鲁克林、新泽西州、密苏里州、内布拉斯加州、印第安纳州、波多黎各以及比利时，这些团队成员每个营业季度会面一次，每 6 周举行一次电话会议。“虚拟学习团队”的目标包括：（1）让人们充分重视公司的培训战略。（2）让培训经理对他们的同事进行指导并与他们分享培训的实践经验。（3）为每一个生产基地建立培训标准。这个团队已经做出了一些贡献，包括开发了一个新的操作员培训标准，即向那些制造医药产品和操作机器的雇员传授技能并进行评估的十步法。团队的这个标准建立在一个生产基地现有的实践基础上。另一个成就就是布鲁克林和波多黎各的团队代表发现在他们的工厂中有相似的工作区，因此他们决定分别建立一个新的培训计划模板，并将各自的模板传授给对方的工作区。

“虚拟学习团队”的培训方式对员工能力的提高和企业的发展起到了重要的作用。

二 任务层次的培训需求分析

1. 任务分析的含义

任务分析是指通过查阅工作说明书或具体分析完成一项任务需要哪些技能，以了解员工有效完成该项工作必须具备的条件。然后通过对比员工现有的技能水平，从而找出差距，确定培训需求。任务层次培训需求分析的目的在于了解与绩效问题有关的工作的详细内容和标准，以确定员工工作所应具备的知识和技能。

2. 任务分析的内容

任务层次的培训需求分析主要包括以下几个方面的内容：

(1) 工作的复杂程度。这主要是指工作对思维的要求，例如是需要抽象性还是形象性思维抑或二者兼而有之，是需要更多的创造性思维还是按照有关的标准严格执行等。

(2) 工作的饱和程度。这主要是指工作量的大小和工作的难易程度，以及工作所消耗的时间长短等。例如，行政部的工作大多琐碎繁杂，工作时间相对固定。而技术开发部的工作更为具体复杂，工作时间弹性大。如果对这两个部门的员工进行培训，培训内容应不同。

(3) 工作内容和形式的变化。随着组织战略调整和业务的改变，有些部门的工作内容和形式必然会发生相应的变化。这就需要在进行培训需求分析时，注意配合大环境的改变，使培训内容更加灵活且具有前瞻性。

具体的任务分析通常可以参考表 3-1 中所列出的项目。

表 3-1　任务层次的培训需求分析

一般资料分析	工作名称	工作名称标准化
	工作代码	各项工作按照统一系统编码
	工作地点	列出工作的地点
任务规范分析	内容分析	明确关键人物、独立性和多样化程度等
	责任分析	根据重要性进行合理的责任分配
	监督与组织关系分析	了解工作的协作关系和隶属关系，接受合理监督
	工作量分析	确定标准工作量，如劳动定额、工作量基准、周期等
环境分析	物理环境	湿度、噪声、空间等
	安全环境	危险性、劳动安全、卫生条件等
	社会条件	群体人数、部门关系、配套设施等
	聘用条件	工作时数、工资结构、福利待遇等
任职条件分析	教育培训情况	教育背景、培训经历等
	必备知识	操作技能、熟练程度等
	经验	工龄、业绩、实际经验等
	心理素质	完成工作要求的职业性向、气质性向等

◎ **读一读**

伊莱克斯公司的培训内容主要是基于市场调查来确定。培训部门每一个课程的设置都需要大量的考察准备工作。比如销售培训，培训师必须跟着销售员一起去走访零售商场，看伊莱克斯专柜的销售情况，看销售人员是怎么卖东西的，另外还要征求顾客、商场人员、公司业务员、零售人员、促销人员、销售经理的意见和需求。根据这些反馈信息确定哪些意见应当采纳，哪些地方需要改进。在培训课程的修订过程中，还要查阅很多资料，召开研讨会。综合所有意见后，才会最终形成一个相对完善的培训课程。这样的课程因其实用性、直接性和独到性而受到员工的欢迎。另外，公司培训部门会为各部门的优秀人才安排一些课程，以充分利用他们的资历和经验为普通员工服务，当然公司会有一些配套的奖励机制。

伊莱克斯公司还组织员工和经销商的培训大会。在培训过程中学习有关市场营销的课程和交流感情。这样就拉近了伊莱克斯员工与经销商之间的距离。作为朋友谈生意当然和作为客户谈生意的效果是不同的。而有关市场营销的课程，因为是在充分的市场调研基础上确定的，非常专业实用，也受到了经销商的热烈欢迎，获得了很高的赞誉。

3. 任务分析的流程

任务分析主要包括以下四个步骤：

（1）选择待分析的工作岗位。

（2）列出工作岗位所需执行的各项任务的基本清单。这一步主要通过对熟练员工和他们的经理进行访问观察以及与其他进行过任务分析的人员共同讨论来完成。

（3）确保任务基本清单的可靠性和有效性。这一步可以让项目专家以开会或者接受书面调查的形式回答有关工作任务的问题。可能问到的问题包括：执行该任务的频率如何？完成各项任务需要多长时间？该项目对于成功完成工作有多重要？学会完成这项任务有多困难？是否要求新雇员完成该任务？

（4）在工作任务确定的前提下，明确胜任各项任务所需的知识、技术或能力。这类信息可以通过访问和调查问卷的形式来收集。

◎看一看

任务陈述调查问卷示例

姓名：　　　　　　　　　　日期：　　　　　　　　　　职位：

请从三方面给每一项任务打分：任务对工作绩效的重要性，任务执行的频率和任务执行难度。在评分时请参照下列尺度。

重要性	**频率**
4＝任务对绩效至关重要	4＝每天执行一次任务
3＝任务重要但并非至关重要	3＝每周执行一次任务
2＝任务比较重要	2＝几个月执行一次任务
1＝不重要	1＝一两年执行一次任务
0＝没有执行过这项任务	0＝没有执行过这项任务

难度

4＝有效执行这项任务需要以前有过丰富的工作经验或培训经历（12 个月以上）

3＝有效执行这项任务需要以前有过少量的工作经验或培训经历（6～12 个月）

2＝有效执行这项任务需要以前有过短期的工作经验或培训经历（1～6 个月）

1＝有效执行这项任务不需要以前有特定的工作经验或培训经历

0＝这项任务没有执行过

任务	重要性	频率	难度
1. 维修设备、工具和安全系统			
2. 监督雇员工作绩效			
3. 为雇员制定工作日程进度			
4. 使用计算机统计软件			
5. 应用统计方法监控生产变化			

三 人员层次的培训需求分析

1. 人员分析的含义

人员分析是从培训对象的角度分析培训的需求，通过人员分析确定哪些人需要培训以及需要何种培训。人员分析一般需要对照工作绩效标准，分析员工目前的绩效水平，找出员工现状与标准或期望之间的差距，从而确定培训对象、培训内容和培训后需要达到的效果。

培训对象一般有三种：担任某一职务的组织成员、以后将担任某一特定职务的组织成员、以后将担任某一职务的非组织成员。通常，组织会针对前两类员工安排培训。

2. 人员分析的内容

人员分析通常包括两方面内容，一是对人员自身的分析，二是对工作绩效的评价。针对员工自身的分析又包括对员工知识、专业、年龄结构、个性、能力和工作绩效等方面进行分析。具体如下：

（1）员工知识。对员工知识结构的分析，可以帮助组织准确制定培训方案，针对员工的不足合理安排培训内容和培训方式，切实提高员工的绩效。员工的知识结构一般包括文化教育、职业教育培训和专项短期培训三方面。通过对这三方面全方位的考察，组织可以对员工的知识背景有较为准确和细致的了解。

（2）员工专业。在组织中有些员工并没有从事与自己所学专业相关的工作。进行专业结构分析主要应该解答以下问题：有多少员工在从事与自己专业对口或不对口的工作？有多少员工在从事自己喜欢或不喜欢的工作？有多少员工认为自己有必要调换岗位并认为这样会有更多的能力发挥余地？通过对员工专业进行分析，在一定程度上有利于解决人岗不匹配的问题。

（3）员工年龄结构。培训是一种投资。员工年龄越小，组织预期的投资回收期就越长。同时，年龄的大小和个人的接受能力也有着非常直接的关系。因此，在进行培训需求分析时应该考虑员工的年龄结构，并以此决定岗位的培训内容。虽然低年龄层的培训可能增大回报率，但这并不意味着较大年龄的员工不需要培训。对于那些工作年限较长的员工，他们的知识落后程度可能更大，在技术变革和组织有重大调整的情况下更是如此。因此，培训应该注意兼顾全体年龄阶段，并设置合理的年龄结构。

（4）员工个性。员工个性分析主要应该明确：某一岗位的工作特点要求任职者具备什么样的个性。对于很多工作而言，员工个性也许不是一个必须要考虑的因素。但是在有些工作中，为了提高工作效率，就必须考虑员工的个性。例如，对于需要员工极其细致、稳定的财务会计这一岗位，应该尽量避免使用那些性格较为豪爽、不注重细节的人。而对于一些需要不断创新的设计开发类工作，就应该使用那些逆向思维较好、有创新精神而不是固守成规的人。

（5）员工能力。员工能力分析即分析员工实际拥有的能力与完成工作所需的能力之间的差距。只有找出这些差距，才能针对这些差距制订合理的培训计划。

（6）工作绩效。如果员工的工作绩效不能达到组织提出的效益标准，就说明存在着某种对培训的需求。可以通过绩效数据分析的方式，了解员工的工作绩效差距；也可以通过现场观察与实地访谈等方法，更真实、贴切地了解员工对培训的需求。在明确绩效差距的基础上，思考如何通过培训缩小差距。

◎看一看

考核阅读和写作能力的步骤如下：

第一步：对雇员进行观察，以确定他们顺利完成工作所需要的技能。注明雇员工作中所使用的资料、所执行的工作任务和雇员在工作中涉及的阅读、协作和计算事宜。

第二步：收集所有雇员在工作中阅读和写作的材料以及必须进行的计算工作，以决定基本技能所必须达到的熟练水平。这些材料包括账单、备忘录和一些表格，如存货单和申请表格。

第三步：与雇员进行面谈来了解他们对完成工作所需基本技能的想法。然后再想一想工作本身所要求的基本技能。

第四步：判断雇员是否具备胜任一项工作所需的基本技能。把对雇员进行观察和访问收集到的信息以及他们工作中所使用的评价表综合起来。就胜任一项工作所需的阅读、写作和计算能力起草一份工作说明书。

第五步：自行开发或购买一份与雇员所从事工作相关的测试题，让雇员完成这份试题。

第六步：将测试结果与工作说明书（从第五步得到的）作比较。如果雇员的阅读、写作和计算能力与工作所需的基本技能不匹配，就说明存在基本技能问题。

3. 人员分析的方法

通常，人员分析主要有四种方法，分别是逻辑推理法、缺口分析法、多因素分析法和素质模型法。

（1）逻辑推理法。逻辑推理法的推理过程包括七个阶段，可以了解培训的不同需求。

阶段一：说明员工的工作现状。

阶段二：检查过去的工作情形，从员工的上级、同事那里获得资料，并与员工直接讨论或做测验。

阶段三：培训工作者如果发现工作流程出了错误，则应该设法改善流程；如果员工因个人知识或能力原因未能圆满完成工作任务，则进入阶段四。

阶段四：培训专家通过培训来给予员工协助，例如展示新的工作方法、改变工作观念上的认识偏差等。

阶段五：消除员工心理上的障碍。

阶段六：要考虑员工的健康状况及其他个人问题是否会导致不良工作表现。

阶段七：通过了解员工个人内在心理需要的满足、消除心理障碍来改善员工的行为和态度。

（2）缺口分析法。培训是解决存在问题的很好办法。但是，培训必须把注意力集中在那些可以通过培训解决的问题上。如果有些问题是受其他因素影响，而不能通过培训解决的，那么培训不仅毫无意义，而且会占用和浪费资源，这对组织来讲有害无益。

培训主要是用来弥补缺口的，通过发现缺口可以确定培训需求。培训的目的是填补现有的技能和希望达到的技能之间的缺口。通过缺口分析，可以知道要在哪些方面进行培训和培训哪些内容。在进行缺口分析时主要回答以下三个问题：

1）员工行为或工作绩效的差异是否存在。行为或工作绩效差异是指实际行为或工作绩效和计划的行为或工作绩效的差异。组织可以从单位生产、单位成本、安全记录、旷工率、能力检测、个人态度调查、员工意见箱、工作绩效评估等指标了解组织现有员工的行为、态度及工作绩效与组织目标之间的差异。当差异存在时就应当考虑培训的必要性。

2）绩效差异的重要性。只有行为或工作绩效差异对组织有不良影响时，这个行为或工作绩效的层面才值得重视。绩效层面的重要性要根据组织的目标和发展方向确定。当绩效差异影响组织目标的实现与组织的未来发展时，必须分析影响绩效的原因和根源。这部分主要由组织的上层领导进行分析，并决定是否有培训的必要。

3）培训员工是不是最佳的途径。不是所有的问题都适合用培训来解决。只有当行为或工作绩效差异是由员工个人知识和技能不足，或者是员工不够主动、态度消极造成时，进行培训才可能达到良好的效果。与此同时，培训虽然能提高员工的技术和增加员工知识，而且对引导员工的行为规范和塑造员工工作态度有重要作用，但是在确定培训是不是解决问题的有效途径时，还应该对培训成本和绩效差异所造成的损失进行比较。如果培训为企业带来的效益不足以弥补培训的成本，则进行培训得不偿失。

（3）多因素分析法。许多确定培训需求的方法均以工作及绩效为衡量尺度，往往忽略了员工学习能力和参加培训意愿这两个因素。针对员工学习能力、学习意愿和与工作相关程度的综合分析，可以更加明确不同状况下的培训需求差异。

（4）素质模型法。随着工作复杂程度的提高，组织对员工的综合素质的要求也在提升。素质模型法不同于传统的对知识、技术、能力和各项任务的培训需求分析，它将需求分析的重点放在员工的素质水平上。那么，如何确认各种素质并开发出素质模型呢？第一，要明确被分析的工作或职位要求的素质。第二，找出经营战略的变化。经营战略的转变会导致新的素质需求或改变原来的素质需求。第三，区分有效与无效的工作者。第四，确定导致有效或无效行为的素质。

◎想一想

基于组织层次、任务层次和人员层次的培训需求分析，三者之间有什么差异？

第3节　培训需求分析的方法

一　培训需求分析的一般方法

1. 确定培训需求的方法

正如上文所述，培训需求分析要从组织、任务和人员三个层次获取大量信息，信息的收集是整个培训与开发的基础性工作。收集信息之前，我们首先要明确应该收集哪些方面的信息。一般而言，培训需求的确定应从任务和绩效两方面入手。

（1）任务导向。以任务为导向来确定培训需求就是我们常说的任务分析法。它是指对工作内容进行详细的研究，以确定工作中需要哪些技能，并根据工作任务所需的技能来制订培训计划。例如，销售人员需要懂得沟通技巧和市场营销的相关知识，那么在设计培训时就可以将上述课程加入培训计划当中。任务导向的信息收集方法有很多，最简单的就是参考职位说明书，因为职位说明书明确记载了某一工作和岗位所应履行的职责和主要的工作内容。此外，还可以通过工作盘点法和任务分析记录表来收集有关任务的信息。

◎看一看

任务分析记录表是列出工作中的主要任务和子任务及完成这些任务所需要的相关知识和技能的方法。

工作盘点法是列出岗位任职者所应从事的各项工作活动、各项工作活动的重要性程度和执行时所需花费的时间，然后据此确定培训活动的优先次序的方法。

（2）绩效导向。以绩效为导向来确定培训需求就是我们常说的绩效分析法。绩效分析法建立在绩效评估的基础上，通过评估结果确认绩效偏差，然后进行原因分析，最后根据分析结果来制订培训计划，以校正绩效偏差，如图3-3所示。一般而言，绩效分析法包括六个步骤：

- 进行绩效考核。
- 对考核结果进行评估，确定绩效现状。
- 根据客户需求、外部环境以及公司目标确定期望绩效。
- 寻找绩效差距。
- 分析绩效差距产生的原因。
- 确定培训需求。

2. 收集数据的方法

当我们知道了从什么角度分析培训需求以后，下一步就要开始着手收集数据。如何

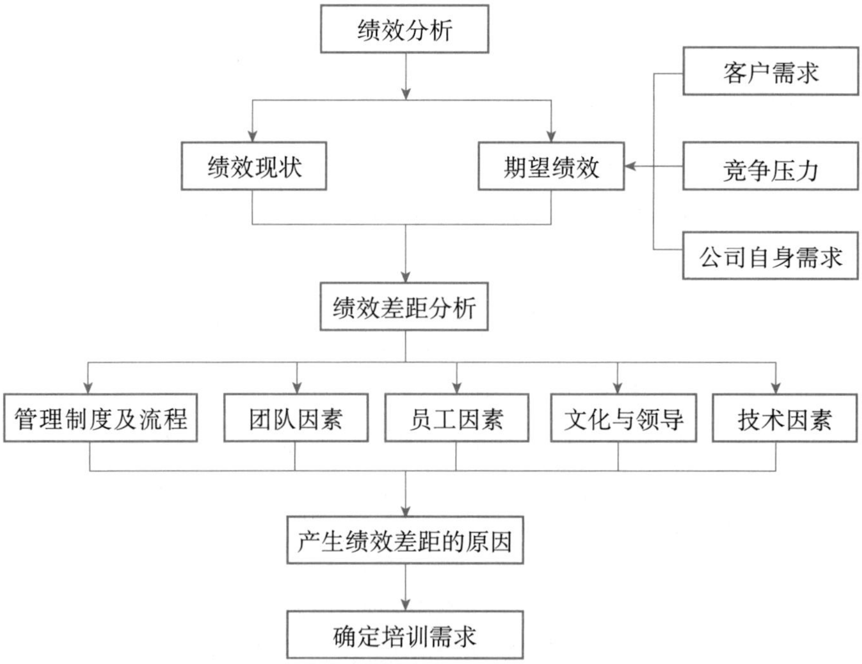

图 3－3　绩效分析法的流程

收集这些信息呢？下面，我们将简单介绍几种常见的收集数据的方法，每种方法各有利弊，应针对不同的条件和情境做出选择。

（1）访谈法。访谈法是通过与被访谈者进行面对面的交流来获取培训信息的一种数据收集方法。为确保信息的全面性，访谈的对象应包括高级管理人员、直线经理人员、一线职员等。访谈分为结构性访谈和非结构性访谈。结构性访谈在访谈前就访谈的过程、访谈内容、提问顺序、访谈时间等都做了明确的规定，访谈时依据事先制定的访谈提纲逐步进行。非结构性访谈针对不同的对象提出不同的开放式问题。一般情况下，采用两种方式结合的方法，以结构式访谈为主，非结构式访谈为辅。

正式访谈通常分为导入、访谈和收尾几个环节。导入环节主要是告知被访谈者相关信息，并建立融洽的气氛；访谈过程中应注意启发和引导被访谈者讨论与主题相关的信息，并对个别问题进行追问；收尾环节要记得向被访谈者表示感谢或给予小礼物。

访谈法非常灵活，通常可以直接收集所需要的信息，访谈过程也有利于了解员工的感受、问题的症结并提出合理的解决方法。

（2）问卷调查法。问卷调查法是采用标准化问卷的形式来收集培训需求信息的一种方法。与访谈法相比，问卷法可以进行大规模的调查，并可以采取传真、邮件、信函、现场调查等多种方式，可以节省时间、人力和物力。不过问卷调查法在一定程度上限制了被调查者表达意见的自由，可能造成信息收集得不够具体。一般而言，问卷法要经历问卷设计、专家评阅、预测试和正式调查几个环节。其中问卷的设计是整个过程的关键，需要专业人士参与，要花费较长的时间。

◎看一看

202×年连锁店经理培训需求问卷

姓名____________分公司____________连锁店____________联系方式____________

为了使 202×年度的培训课程更加贴近您的要求，培训内容更加切合实际，请根据自己目前对培训课程的需求程度做出选择。人力资源部渴望您对我们的培训工作提出宝贵的意见和建议，谢谢您的合作与支持！

课程类别	备选课程	培训需求程度				备注
		高	中	低	不需要	
店员管理	班会组织					
	如何正面影响他人					
	员工激励与督导艺术					
	员工性格分析					
店铺管理	生动店铺陈列					
	店堂 POP 制作					
办公技能	公文写作					
	网络基础知识与电子邮件应用					
	电脑办公软件的使用操作					

如果您还需要其他方面的培训课程，请在下面列出：

1		6	
2		7	
3		8	
4		9	
5		10	

授课方式	认可程度			
	很好	好	一般	差
讲授式				
互动讲授式				
实地演练式				
案例讨论式				
拓展训练式				

您更希望培训以何种方式进行，请在下面列出：

1		6	
2		7	
3		8	
4		9	
5		10	

（3）观察法。观察法是到工作现场对工作人员的工作表现进行观察，以发现问题、确定培训需求的一种数据收集方法。观察者既可以参与也可以不参与员工的工作。与其他方法相比，观察法收集的资料更加真实，并能获取及时的和非言语的信息。而这种方法对观察人员提出了较高的要求，观察人员应具有被观察岗位的工作经验以及熟练的观察技巧。观察时应尽量避免被观察者因为实验者效应而表现出与平时不符的行为，导致观察结果出现偏差。

◎读一读

实验者效应也称“霍桑效应”，是一个心理学术语。霍桑效应（Hawthorne effect）起源于1924—1933年间的一系列实验研究，由哈佛大学心理专家乔治·埃尔顿·梅奥（George Elton Mayo）教授领导的研究小组提出。它是指当被观察者知道自己成为观察对象、受到别人注意时，而改变行为倾向的效应。

“霍桑效应”是20世纪20年代中期至30年代初期在美国西方电气公司的霍桑工厂里，由一些研究人员发现的一种现象。研究人员最初注意到，当答应给一群装配电话交换机的女工以经期假、提前下班以及在工作期间供应一餐热食时，她们的产量随之增加。但是，后来经期假被取消并把下班时间推迟，她们的产量仍然不断增长。研究人员后来才认识到，这是由于女工们发现自己正在受到研究人员的注意。正是研究人员自己的关注，改变了他们所希望考察的工人的生产行为。

（4）关键事件法。关键事件法是对工作中出现的对组织绩效和目标起关键作用的事件进行记录的一种数据收集方法，它是获取和发现组织潜在培训需求的有效方法之一。关键事件是指工作过程中发生的对组织绩效产生重大影响的特定事件，如系统故障、重要客户流失和产品延期交货等，既包括对绩效有利的事件，也包括对绩效造成负面影响的事件。关键事件的记录应包括事件发生的原因和背景、员工应对事件的行为（包括有效的和无效的），以及行为的后果等。关键事件法有利于对影响绩效的原因进行分析和总结，以确定培训的必要性。但关键事件选择不当会对培训计划的安排产生负面影响。

（5）经验预计法。培训需求具有一定的通用性和规律性，可以凭借管理经验对其进行预测。新员工的入职培训就是最为典型的经验预计。一般而言，培训通常发生在组织变革或是技术革新的关键点上，因此，可以通过这一规律性的经验，提前预测培训需求。此外，也可以借鉴同行业企业的培训需求。这些都是经验预计法的通常做法。经验预计法主要依靠管理者的经验和主观判断，可能会影响培训需求分析的有效性，因此应与其他客观分析方法结合使用。

（6）头脑风暴法。头脑风暴法是有选择地召集一组人员，就某一培训需求（如高级管理人员培训）畅所欲言、集思广益的数据收集方法。采用头脑风暴法，要注意小组成员的组成和选择，并要求在头脑风暴过程中不对他人观点进行评论，无差别地记录所有需求。最后，针对需求的迫切程度确定培训的方向。

◎想一想

通过本小节的学习，请你分析一下每种数据收集分析方法各有什么优缺点。

二 增强员工对培训需求的表达能力

在进行培训需求分析时，我们常常会遇到员工不知道自己有什么需求，或者表达的需求与我们需要的信息不符的现象，这个时候进行培训需求分析的工作人员就有必要采取一些措施来帮助员工表达需求。具体而言有以下几种方法可以参考：

（1）菜单法。菜单法是专门针对已有丰富培训经验的企业，这些企业在以往的培训过程中已经积累了丰富的培训课程，可以将以往的培训课程列成清单，供员工选择。这样企业就建立起一个培训菜单系统，不受欢迎的课程被淘汰，员工需要的课程被留下，在一定程度上间接反映了员工的需求。但菜单法不能预测企业未来的培训需求，也不能全面反映员工的需要，因此具有一定的局限性。

◎看一看

菜单法举例

	感兴趣程度		
	没有兴趣	有些兴趣	很有兴趣
1. 激励学生的方法			
2. 因材施教			
3. 程序化学习			
4. “做中学”活动			
5. 如何使用绩效目标			
6. 口头交流技巧			
7. 学生服务			
8. 英语写作			
……			

（2）培训指数。培训指数包括国家培训指数、行业培训指数、企业培训指数等。它主要是通过一个事先确定的指数标准，对所有课程的内容、效果等进行评定。企业和员工可以根据指数来选择适合自己的课程，这对于理念培训尤其适用。培训指数的编制还能规范培训活动、促进对外提供培训课程的机构提高培训质量，对优化国家或整个行业的培训起到积极的作用。

第 4 节 基于胜任力模型的培训需求分析

一 胜任力的概念及其发展

进入 21 世纪以来，随着国际竞争的加剧以及新技术、新产品的更新换代，企业所处的环境变化莫测，建立在岗位职责和工作内容基础上的培训需求分析已经很难满足环境的需要。20 世纪 70 年代，戴维·麦克利兰首次提出“胜任力”（competency）的概念，为企业设计可持续改进、能够应对未来发展的培训提供了一种可行的方案。那么究竟什么是“胜任力”呢？

1973 年，麦克利兰在《美国心理学家》杂志上发表《测量胜任力而非智力》一文，首次提出用胜任力的测量来替代传统智力测验的观点。1982 年，麦克利兰与其同事及合作者理查德·博亚兹（Richard Boyatzis）出版了《胜任的经理：一个高效的绩效模型》一书，至此，胜任力在管理学界开始被广泛应用。博亚兹把工作的胜任力定义为“个体的潜在特征，可能是动机、特质、技能、自我形象或社会角色的方面，或者他所运用的知识体系”。博亚兹进一步提出，这些潜在特征可能是无意识的，个体“不能清晰地描述它们”。因而，发现胜任力的方法是让个体描述是什么在工作中使他获得了成功。此外，胜任力作为人的潜在特征，它关注的是员工是什么样的人，而不仅仅是他们做了什么。同时，也不需要对任何一种潜在特性都加以关注，而是只关注那些与高绩效相关的潜在特性即可。

◎读一读

对于胜任力的研究，心理学界始终存在着分歧。这种分歧表现为胜任力的两种概念：一是作为行为的胜任力；二是作为个人潜在特性的能力。前者的代表人物查尔斯·伍德拉夫（Charles Woodruffe）认为，“胜任力是一种明显的、能使个体成功地完成某项工作的行为”。胜任力这个词的行为解释只不过是用来替代“绩效”一词（或者说是同义词）。后者的代表人物莱尔·斯潘塞（Lyle Spencer）认为，“胜任力是在一项工作或一定条件下与优秀的绩效具有因果关系的个体潜在特征”。胜任力可以是动机、特性、自我定义、态度、价值和知识内涵，也可以是认知技能或行为技能，还可能是那些可以被衡量或考查的个体特点。总体而言，胜任力是那些可以用来区分优秀业绩者和普通业绩者的个体特点。目前，我们更多采用的是后者的观点，把胜任力作为区分绩优者和普通员工的重要指标。

对胜任力的完善具有杰出贡献的另一位学者是罗伯特·斯滕伯格（Robert J. Sternberg），他和理查德·瓦格纳（Richard K. Wagner）在 1986 年提出了实践智力的概念，这与麦克利兰的胜任力概念有异曲同工之妙。更重要的是斯滕伯格抓住了实践智力或者说胜任力的核心——内隐知识，为实践智力或胜任力的理论和实证研究做出了贡献。

20 世纪 90 年代以后，胜任力概念被普拉哈拉德和哈默尔带入战略的层次，组织胜任力理论成为战略管理的新热点。普拉哈拉德和哈默尔 1990 年在《哈佛商业评论》发表《公司的核心胜任力》一文，提出了“核心胜任力”的概念，用来指称与市场竞争相关联的独特的智力、过程和产品能力。如今，“组织胜任力”这个术语常常被用来表示整个企业或组织的集体学习能力和绩效能力。普拉哈拉德和哈默尔认为，多元化经营的公司是一棵大树，树干和主枝是核心产品，较小的分枝是业务单位，叶、花和果是最终产品。提供养分、维持稳定的根系是核心胜任力。胜任力是企业获得竞争优势的根源。

◎读一读

内隐知识的概念是由哲学家卡尔·波兰尼（Karl Polanyi）在1946年首先提出的。后来斯滕伯格用它来描述不能明确教授，甚至不能用言语表达，却是个体适应环境过程中所必需的知识。内隐知识被斯滕伯格定义为“行为定向的知识；在没有其他人直接帮助的情况下获得，它允许个体达到他们个人所认为具有价值的目标”。具体来讲，内隐知识具有三个特征：

（1）内隐知识本质上是程序性的，采取一种“知道怎么做”的形式，而非“知道是什么”的形式，它与行为密切相关。

（2）内隐知识在实践上是有用的，它帮助个人达成有价值的目标。目标的价值越高，这种知识对获得目标的支持越直接，这种知识就越有用。

（3）内隐知识通常是个人通过自身的实践经历和体验直接获得的，很少能通过他人的帮助或者环境的支持来习得。例如，知道如何去使他人相信自己的观点或产品就不是那种能够被传授的知识，而是通过经验获得的知识。

作为一种“知而不能言者众”的知识，内隐知识是实践中的“诀窍”。内隐知识的概念可以应用在各种情境中。例如，内隐知识的水平是管理绩效非常好的预测指标。

对胜任力的内涵众说纷纭，但比较一致的看法是：胜任力是指员工通过达到目标或完成任务来胜任某项工作所需的个人才能。它可以是知识、技能、态度、价值观或个性特征。它具有三个重要的特征：（1）绩效相关，它可以预测员工未来的工作绩效；（2）情景相关，与任务所处情景相联系；（3）区分性，能够区分业绩优秀者与一般员工。

二 基于胜任力的培训需求分析

1. 基于胜任力的培训需求分析的含义

基于胜任力的培训需求分析吸收了传统培训需求分析的三层次结构，但这三部分的内容发生了很大变化。基于胜任力的培训需求分析，主要是通过对组织环境、组织变量的判断，识别出企业的核心胜任力，并在这个基础上确定企业关键岗位的胜任素质模型，即优秀员工胜任力特征。同时，对比员工的能力水平现状，找出培训需求。基于胜任力的培训需求分析一方面能够满足组织当前对岗位的要求，另一方面能够按照组织未来发展的要求重构职责与任务，确认职位要求，适应组织发展的需要。

2. 基于胜任力的培训需求分析的流程

根据培训需求分析的定义，结合胜任力的特点，通常我们可以通过四个步骤来构建基于胜任力的培训需求分析模型，即组织分析、任务分析、人员分析、方法分析。

（1）组织分析。进行组织分析的目的是确认企业的核心竞争力。所谓企业的核心竞争力，就是那些可以为顾客创造价值的、企业独有的、其他企业在短时间内难以替代和模仿的能力，包括组织的核心技术能力、核心运作能力，以及组织的学习文化等。在分析组织核心胜任力的同时，还应与组织战略、目标、文化等相结合，保证将要建立的胜任模型适合特定的组织文化。此外，还必须对组织环境和组织变量进行分析，如组织现状、困难、发展战略、行业特征等因素，这样才可以预测组织发展和工作任务的变化可能，准确推测组织未来发展所需要的职务胜任要求等。

◎看一看

维娜·阿利（Verna Allee）指出，企业的核心胜任力包括核心运作能力和核心技术能力。核心技术能力包括以下四个互相关联的维度：

- 员工的知识和技能：员工头脑中积累起来的知识和技能。
- 物理技术系统：随着时间的流逝，技术竞争力在物理系统中的积淀，如数据库、机械和软件程序等。
- 管理系统：公司的教育培训和激励系统对员工知识的引导、传递和管理。
- 价值和规范：支持和鼓励知识技能背后的指导理念。

（2）任务分析。进行任务分析的目的是建立岗位的胜任力模型，这是基于胜任力的培训需求分析中最关键、最核心的一步。它包括确定绩效标准、确定效标样本、收集资料、建立胜任力模型、验证胜任力模型五个步骤。

1）确定绩效标准。便于衡量的绩效标准应该是像销售额或利润这样的“硬”指标。但在提取合适的“硬”指标的同时，也可以采取让上级提名，同事、下属和客户评价的方法来寻找一些“软”指标。

2）确定效标样本。所谓“效标样本”，就是我们界定的绩优员工，它将作为我们制订培训计划的参照系。如果客观绩效指标不容易获得或者经费不允许，一个简单的方法就是采用“上级提名”的方法确定绩效好、表现优秀的样本。

3）收集资料。上文我们已经介绍了很多收集数据的方法，这些方法都可以运用到胜任力资料的收集过程中。但就目前的实践应用来看，胜任力建模时收集客观数据最常用的方法是行为事件访谈法。

◎看一看

行为事件访谈法（behavioral event interview，BEI）是由麦克利兰结合关键事件法和主题统觉测验提出来的。虽然BEI是在进行胜任力模型研究过程中提出来的，但是对于人才的招聘选拔有着非常重要的借鉴意义。

行为事件访谈法采用开放式的行为回顾式探察技术。主要是让被访谈者找出和描述他们在工作中最成功和最不成功的事，然后详细地报告当时发生了什么。这时需要采用STAR方法来深层次挖掘出具体的行为细节。具体包括：

S（situation）：这个情境是怎样引起的？牵涉哪些人？被访谈者当时是怎么想的，感觉如何？

T（task）：在当时的情境中想完成什么？

A（action）：实际上又做了些什么？

R（result）：结果如何？

一般来讲，行为事件访谈法有以下几个步骤：访谈开始阶段的自我介绍和解释；了解被访谈人的工作、学习经验；深入挖掘被访谈者的行为事件（一般采用STAR法）；求证被访谈者所需特质；结束语。

4）建立胜任力模型。首先，结合国内外构建该类关键岗位的胜任力模型和工作分析调查的结果，初步形成胜任特征的编码词典。然后，依据词典对行为事件访谈的文本进行编码。接着根据初步编码结果，对优秀绩效任职者和一般绩效任职者的胜任特征编码频次和等级进行统计比较分析。最后，进行第二次编码，收集每个胜任特征不同水平的行为表现，获得关键岗位的胜任力模型。

5）验证胜任力模型。我们所建构的胜任力模型并不能直接用作培训计划的参考，它还需要进行效度的测量，以保证我们提取的胜任力能够真正反映某一岗位的工作内容和职责要求，并与高绩效的工作结果相关联。

（3）人员分析。根据第二步确定的胜任力模型，对个体进行培训需求的调查和访谈。通过收集并分析员工知识技能水平以及思想观念的现状来确定员工与绩优员工的差距，进而决定员工是否需要培训以及培训的内容。在具体操作中，可以通过360度考评的方法对员工的现状进行分析。

◎看一看

360度考评是一种绩效管理的新工具，已被越来越多的国际知名企业采用。根据《财富》杂志的调查，在全球1 000强企业中，有90%使用360度考评进行绩效考核。顾名思义，360度考评就是全方位、多角度地进行业绩评估。它突破了传统的自上而下的单一方面的评估模式，在考评时，充分考虑了与被考评者息息相关的各种群体，包括考评者自身、同事、上级、顾客等，从多方面、多角度了解一个人的真实业绩水平。

（4）方法分析。基于胜任力的培训模式有别于传统的学校教育模式。因为“内隐知识”依靠经验的积累而获得，所以找到适合的培训方法与确认胜任力结构同等重要。在对方法进行分析时，应充分考虑“内隐知识”的获取特点并比较各种方法的成本效益。一般而言，在进行胜任力培训时，应尽量采用师徒制、现场学习、情景模拟和角色扮演等仿真程度较高的方法。

三 基于胜任力的培训需求分析与一般培训需求分析的比较

基于胜任力的培训需求分析在传统培训需求分析的基础之上既有继承，又有扩充。一方面，它和传统培训需求分析一样，都是从组织、任务和人员三个层次展开分析，其目的都在于确定员工的现有能力和技能与理想能力和技能之间的差距，进而为培训计划的制订提供依据。另一方面，基于胜任力的培训需求分析在一般培训需求分析的基础上加入了“胜任力”的概念，它不仅关注员工应该具有哪些素质，还关注哪些素质可以使员工获得高绩效，建立起了培训与绩效的联系。如果说一般的培训需求分析是想塑造一个合格的员工，那么基于胜任力的培训需求分析就是要塑造一个优秀的员工。

具体而言，基于胜任力的培训需求分析具有以下几个特点：

（1）以组织分析统领其他层次的分析。基于胜任力的培训需求分析重视组织环境和组织变量对员工绩效的影响，充分考虑了组织所面对的内外部环境，培训的目的在于培育组织的核心能力。

（2）调整培训与组织的长期匹配，并与组织经营目标和战略紧密联系。胜任力是战略管理的核心概念，基于胜任力的培训需求分析能够增强培训与组织战略目标的契合，将员工个人发展和组织发展有效结合。

（3）充分关注胜任力等积极因素，改变以往的“缺点分析”。以往的培训需求分析更多关注员工的“绩效差距”和“能力缺陷”等消极因素，而基于胜任力的培训需求分析实现了从传统的“缺点分析”向关注胜任力的积极因素分析转变，可以有效地激励员工，使员工获得自信和动力。

（4）强调优秀员工的关键特征，具有较高的表面效度，易被培训对象接受。一般的培训需求分析仅仅建立在弥补员工能力不足上，并不能真正激发员工参与培训的热情。基于胜任力的培训需求分析可以让员工有更高的预期，因为参与培训意味着自己正迈向绩优员工的队伍，而绩优员工能够获得组织更多的认可和奖赏。因此，这种培训激励作用更大，更容易被培训对象接受。

（5）注重培训方法分析，提倡内隐学习模式。内隐学习强调通过个人的经验积累进行学习，与成人学习的特点相吻合，可能会产生更好的培训效果。此外，内隐学习倡导了一种观念，就是将培训孕育于工作中，在工作中学习，在学习中工作，将培训变成一种组织自觉学习、持续学习的过程，为建立学习型组织奠定基础。

第 5 节　培训需求分析的问题

培训需求分析有利于组织的培训活动指向战略目标，有利于充分利用有限资源获得最大的培训收益。但同时应该看到，培训需求分析是建立在组织“评估文化”基础上的，组织的支持程度、人员的专业水平以及与组织战略目标的联系程度是判断培训需求分析有效与否的重要指标。通常而言，培训需求分析的问题主要出现在以下几个环节。

一　培训需求沟通

进行培训需求分析需要动用大量的人力、物力、财力，上级的支持以及下级的配合是培训需求分析成功的关键。很多企业虽然获得了上级的批准，但忽视了需求分析过程中的员工沟通和宣传环节，直接导致员工不愿意合作或敷衍了事，以至于培训需求分析结果的可用性不强。此外，缺乏沟通还会使员工在回答问题时不知所措或偏离主题，难以获得培训需求分析想要的结果，事倍功半。

二 信息收集

信息收集是整个培训需求分析的基础，是培训计划制订的依据，它直接决定了培训计划制订的好坏。为了较快取得信息收集效果，很多企业都是应急式收集一些任务层次、人员层次的信息，如员工缺乏什么能力、需要哪方面的指导等，而忽视了组织层次的信息收集，导致培训偏离组织战略目标的方向。这就是有些企业培训过程很规范，却没能取得组织绩效提高的原因。

三 寻找绩效差距

在寻找绩效差距的环节上，企业最容易陷入“短视”的困境。只为了弥补目前的不足而进行培训，而没有考虑组织未来的发展；仅仅想把员工培养成合格的职员，而没有考虑将员工培养成优秀的合作伙伴；仅仅考虑组织短期的发展和员工短期的培养，而没有将员工的职业生涯发展与组织发展相结合。这种“短视”的现象致使企业的培训需求分析结果不能准确地反映企业长足发展的需要，以此为基础的培训与开发活动也相应地无法促进企业的长远发展。因此，期望绩效的设定不能仅考虑短期目标，还应与组织长远发展结合起来。

四 寻找差距原因

在寻找差距原因时，企业习惯于将其归结为个人原因，即员工能力不足，而忽视了组织结构、企业制度、企业文化对员工培训成果转化的影响和对促进员工发挥自身优势的阻碍作用。在进行培训时缺乏制度配合，结果就是员工培训收效甚微，难以达到企业目标。

五 培训需求分析

确定需求，根据需求制订培训计划，这是整个培训需求分析的核心环节。在培训需求分析中，应结合企业自身的特点，并充分利用企业拥有的资源，切勿盲目跟风学习或模仿其他企业的培训计划。同时，应注意培训需求分析并不是要面面俱到，为所有人提供所需课程，而是要经过筛选，保留那些与组织战略目标一致、有利于提高组织绩效的培训内容。

六 需求结果评估

培训计划不是一成不变的，很多企业将一次培训计划应用好几年而毫无改变。企业缺乏对培训的跟踪评估，就会导致有些已经无效的培训内容依然在进行，培训计划的修订总是滞后于企业的发展，跟不上时代的脚步，直到需求迫切时才提上日程。因此，企业需求结果评估做不好，就会导致企业始终追着“需求”跑，在快速变化的环境中打无准备之仗。

本章小结

1. 培训需求分析是整个培训过程的起始环节，这个环节奠定了之后的培训设计与培训实施。培训需求分析反映了员工和企业对培训的期望。培训需求源于绩效现状和期望绩效之间的差距。只有有效的培训需求分析才可以帮助企业改进绩效。

2. 不同层次的培训需求分析的侧重点不同。在组织层次的培训需求更多围绕战略展开，在任务层次的培训需求则是从工作的复杂程度、饱和程度、内容和形式等方面入手，而在个人层次的培训需求则强调员工的知识、专业、年龄结构、个性、能力和工作绩效等。

3. 培训需求分析的方法很多，主要有访谈法、问卷调查法、观察法、关键事件法、经验预计法和头脑风暴法等。培训需求分析要激发员工自主性，增强员工对培训需求的表达能力，从而让培训更加符合实际需要。

4. 基于胜任力模型的培训需求分析成为新的发展点，将工作胜任的实际需求与培训相结合，使培训更符合实际需要。此外，在培训需求分析的过程中也有很多问题值得注意，以提高培训需求分析的效用。

复习思考题

1. 什么是培训需求分析？请结合开篇案例思考培训需求分析在整个培训流程中的地位。

2. 培训需求分析有哪几个层次，每个层次都包含什么内容？

3. 培训需求分析的数据收集方法有哪些？确定培训需求的方法有哪些？

4. 培训需求分析应该注意哪些问题？

案例分析

“眼高手低”之新解——S百货的大学生培训

听说过无数的公司对大学生“眼高手低”的深恶痛绝，甚至有公司做出不要名牌大学毕业生的极端做法。其实，“眼高”不是坏事，“手低”也不是成不了好事，关键是如何寻求其中的平衡。眼看又一轮毕业生将开始找工作的竞争，探寻“眼高手低”中的平衡就显得更加紧迫。

“眼高手低”新解

一般来讲，“眼高手低”是说一个人好高骛远，总做超出自己能力的白日美梦，不能安心本职工作。这的确是求职的大忌。但是，在S百货的眼里，这个词并非只有贬义。该公司人力资源部的负责人告诉记者，其实“眼高”可以解释为有思想，有创新意识，“手低”也可以表示踏实完成任务，有更实际的操作执行能力。一般的理解是大学生重前者而轻后者，实际上重后者而轻前者同样不具备竞争力。只有找到“眼高”和“手低”两者间的平衡，做到“有思想地完成任务”，才是一个求职者最有效的竞争武器。

S百货成立于20世纪90年代末，是一家中外合作管理的企业，是当地首家引进

“特卖场”概念的百货商场。一直都以“青春、时尚、前卫”示人的他们今年大规模招入了应届毕业生。经过几轮筛选，最后留下了17名胜利者。商场人力资源负责人对他们的评价归结起来就是“眼高手低”四个字，当然此处这四个字的意思是S百货的理解，即“有思想地完成任务”。这17个新兵在经过了入职前长达两个月的培训和实习之后，显露出的活力和踏实不断得到S百货管理层的好评。

对“眼高手低”的培养

新入S百货的这17名应届生所学的专业可谓五花八门，但都属于经济类的范畴。在S百货的眼里，经济专业的不同范畴与商业之间都会有必要的联系，况且，现代商业的发展也迫切需要不同知识结构的相互支撑。同时，不同专业的毕业生之间相互的交流也有助于知识结构的完善。

小铮是17个幸运儿中的一员，原先学房地产的她现在在人力资源部工作，她向记者讲述了自己应聘S百货的故事。7月最热的两天，小铮和另外的16个人开始了军训。S百货是想磨炼他们的意志，培养他们的团队精神。小铮说他们17个人的确是从那两天开始熟悉的，这使得后来的工作方便了不少。之后几天是紧密的培训课程，主要有S百货的背景、企业文化、公司管理制度、销售技巧、物价合同管理、礼仪等商务知识的培训。小铮他们每天马不停蹄，还要按时交培训总结。据了解，S百货鼓励新人在培训和实习中主动发现商场和个人存在的问题，要求新人提出自己的处理办法，并在培训总结上加以体现。这种快节奏让毕业生逐渐习惯了工作的压力，很快就完成了从“学生”到“职业人”的转变。

之后是一个月的实习，整个实习过程分三个阶段。首先是让他们熟悉商场的各个部门的运作，让新人们快速进入角色；然后再把他们分散到商场的各个营业部门，熟悉商场的日常管理工作；最后再把他们分散到S百货的职能综合部门，熟悉更高一层的管理流程。S百货的用意很明显，每一个职位都让毕业生有所体验，熟悉商场的每个流程，为今后的工作奠定基础。

说起来小铮最难忘的是S百货的面试和每一阶段培训结束后的座谈。小铮自己学的不是商业而是房地产，在应聘之前略显紧张。不过没想到的是，她的试题居然都是房地产方面的问题，因此她通过了面试。S百货的解释是，商业是相对传统的行业，和高科技企业相比，它并不太需要多么专业的技能。考查应聘学生所学的专业知识，实际上就是在考查他们的学习能力，也就是考查他们是否踏实，是否能做到“手低”。另外，管理层还多次召开座谈会，和新员工交流，了解他们在培训中的问题和困惑，在解决问题的同时尽最大的努力鼓励新人。这种培训方式用小铮的话来说就是她能感受到S百货对她的重视，也同样感受到自己信心的逐步增长。现在，小铮已经是S百货人力资源部的骨干力量。

挖掘“眼高手低”者

选择应届大学生就是看中了他们的激情，看中了他们的思想活跃，也就是看中了他们的“眼高”。对于企业而言，它永远希望你做出比它期望的更多的事来，不会有任何一家公司希望员工安于现状，S百货更是如此。这样一来，虽然工作压力会很大，但也代表着广阔的发展空间，S百货目前就有从普通文员很快晋升成为中层领导的先例。这

17 名大学生全部是S百货为公司管理层培养的补充力量，都有各自相对广阔的事业发展空间，也许就是他们自身被发掘出来的能够“有思想地完成任务”的能力打动了S百货，从而成为它的一员。

目前，这 17 名大学生已经在S百货的各个部门开始了工作，在各个部门都有老员工指导。据了解，这 17 名新人进步神速，大都已经成为各个部门的骨干。

其实S百货一直很注意对年轻人能力的培养，不光是自己的职工，它还定期和高校组织社会实践，让实践学生置身于更高的层次，让他们短期地参与商场的管理，使他们获知商业的运作模式而不是让学生简单地参加商品促销。

看来“眼高”和“手低”之间并非存在着不可调和的矛盾，其实这是一个很简单的命题，关键是看求职者和招聘企业的处理能力。但愿眼下的毕业生和用人单位都能仔细体会一下“眼高手低”中的规律，不要再让这四个字成为求职用人的鸿沟。

资料来源：姚裕群．人力资源管理案例教程．北京：中国人民大学出版社，2006．有改动。

讨论：

1．对于“眼高手低”的特殊群体，S百货是如何展开培训的？

2．通过本章的学习，你能总结出S百货大学生培训的特点吗？

3．如果你是S百货的培训经理，你会怎样针对“眼高手低”者设计培训？

第 4 章

培训与开发项目的设计与实施

学习目标

- 掌握培训设计的基本流程。
- 掌握培训与开发课程设计的要点。
- 了解培训与开发项目准备工作的要点。
- 了解培训与开发项目实施的要点。

开篇案例

小王是刚毕业的学生，新到任的岗位是人力资源管理部培训助理。上班没多久，他就接到经理布置的工作任务：让他根据不久前做的培训需求分析报告拟订一个培训方案。小王第一次接手这样的工作，没有任何经验。为了在第一份工作任务上好好表现，他开始恶补相关的培训理论知识，了解培训工作的流程，并通过网络和书籍搜集培训设计的实例，试图寻找有借鉴价值的资料。经过一段时间的努力，小王找到了培训设计工作的大框架，培训设计包括 6W 和 2H，具体如下：

Why——培训目标

What——培训内容

Whom——培训对象

Who——培训讲师

When——培训时间

Where——培训地点及培训设施

How——培训方法

How much——培训预算

大的框架有了，但是小王还不了解具体的方案设计要点和注意事项，他的工作依然面临难题，他还没有把握写出可以让老板满意的培训项目方案。那么，如何帮助小王进行培训方案设计呢？本章内容就是帮助小王解决目前所面临的培训方案设计问题。通过本章学习，能够了解培训设计的要点和注意事项，从而保障培训工作的顺利进行。

第 1 节　培训设计概述

组织为了实现有效的人员培训，需要建立合理、健全的培训体系，具体包括培训需求分析、培训设计、培训与开发项目实施和培训评估四个部分。在经过培训需求分析，明确了员工和企业的需求后，即可确定培训目标并设计具体有效的培训方案来达成目标。培训设计主要包括确定培训目标、确定培训内容、选择培训参与者及培训方法等。一个好的培训设计应该同企业的发展目标相一致，立足于培训项目目标，并反映员工的发展需要。培训设计是培训管理的首要工作，是培训实施的依据。

培训设计是在培训需求分析的基础上，从企业总体发展战略出发，根据企业各种资源的配置状况，对计划期内的培训目标、培训对象和内容、培训的范围和规模、培训时间和地点、培训评估的标准、负责培训的机构和人员、培训讲师的指派、培训费用的预算等一系列工作所做出的统一安排。

一项完整的培训设计内容具体如表 4－1 所示。

表 4－1　培训设计内容

项目	具体内容
培训目标（why）	每个培训项目都要有明确的目标，即为什么培训？要达到什么样的培训效果？培训目标要简洁，具有可操作性，并且最好能够衡量，以便对培训效果进行评估
培训时间（when）	培训时间包括培训执行的计划期或有效期、培训计划中每一个培训项目的实施时间及课时等；培训计划的时间安排应具有前瞻性，时机选择要恰当，以尽量不与日常工作相冲突为原则，同时兼顾培训对象的时间
培训地点（where）	培训地点包括每个培训项目实施的地点和集合地点
培训内容（what）	培训内容涉及管理实践、行业发展、组织规章制度、工作流程、专项业务和企业文化等课程
培训讲师（who）	讲师在培训中起到了举足轻重的作用，一般分为内部讲师和外部讲师
培训对象（whom）	培训对象主要包括中高层管理人员、关键技术人员、营销人员以及业务骨干等。确定了培训对象就可以根据人员对培训内容进行分组或分类，把同样水平的人员放在一组进行培训，这样就可以避免培训浪费
培训方法（how）	培训方法大体可分为内部培训和外部培训两大类。内部培训包括集中培训、在职辅导、交流讨论和个人学习等；外部培训包括外部短训、专业进修和专业会议交流等

续表

项目	具体内容
培训预算 (how much)	培训预算包括整体设计的执行费用和每一个培训项目的执行费用或实施费用；可以根据销售收入或利润的百分比确定经费预算额，或者根据公司人均经费预算额进行计算等
培训课程	培训课程要遵循轻重缓急的原则，分为重点培训课程、常规培训课程和临时性培训课程三类。其中，重点培训课程是针对全组织的共性问题、未来发展大计进行的培训，或者是针对重点对象进行的培训
考评方式	考评方式采用笔试、面试、操作或是绩效考核等方式进行
调整方式	调整方式包括计划变更或调整程序及权限范围

资料来源：侯光明．人力资源管理．2 版．北京：高等教育出版社，2015：244.

在培训设计过程中，需要满足四项基本要求。

- 系统性：要求培训设计的各方面内容有机结合，相互平衡并互补地发挥作用，使培训设计成为系统性的整体。
- 标准化：要求对培训设计中的培训内容、材料以及活动主体、时间、地点等各方面都做出明确的规定，使培训具有执行标准。
- 有效性：要求员工培训设计的制定必须体现出可靠性、针对性、相关性和高效性等四个方面的基本特点。
- 普遍性：培训设计必须适应不同的工作任务、不同的培训对象和不同的培训需要。

◎读一读

纵观培训设计的全过程，大致分为以下七个步骤：

培训需求分析：主要为培训设计提供目标和方向。培训需求分析是培训与开发工作的起点和基础，为后续工作的开展提供指导。

工作分析：针对企业中需要接受培训的员工工作岗位进行总体和细节的描述，明确岗位职责和在岗人员所承担的工作内容等要素。

描述培训目标：根据培训需求分析和工作分析的结果，结合企业的战略目标，对培训所要达成的效果进行描述。

安排培训内容：以培训需求分析和工作分析的结果为依据，确定培训内容，并制定培训框架、进程和具体要素。

设计培训方法：基于培训内容以及受培训员工的特质，对各种培训方法进行可行性和使用效果的评估，选择最能促进培训效果的方法组合。

设计评估标准：根据培训目标制定评估标准。

实验验证：在实验环境下模拟培训设计的执行，评估其效果，针对问题对培训设计进行调整，直到培训设计基本得到验证后再投入大规模实施。

一 培训与开发项目目标

在培训与开发项目实施之前需要明确基本目标。培训与开发项目目标应该建立在培训需求分析的基础上，它是对一个或几个培训需求要点的细化，反映了组织对该培训与开发项目的意图和期望。

培训与开发项目目标对于整个培训与开发项目起到指引作用，具有重大的现实意义：

- 培训与开发项目目标是确定培训内容和培训方法的基本依据。
- 培训与开发项目目标是对培训与开发活动效果进行评估的主要标准。
- 明确的培训与开发项目目标有利于引导培训对象集中精力完成学习任务。

培训与开发项目目标是培训效果评估中培训目标达成度的标杆，因此这个目标必须是明确的、可实现的并且能被所有人理解。具体而言，培训与开发项目目标的编写应遵循的步骤如表 4-2 所示。

表 4-2　编写培训与开发项目目标的操作指南

1. 培训与开发项目目标是文字、符号、图画或图标的组合，它指出了培训对象应该从培训中取得的成果。

2. 培训与开发项目目标应该从三个方面来传达培训的意图：

- 培训对象在掌握了需要学习的东西后应该表现出什么样的行为。
- 培训对象学会的行为应该在哪些情况下表现出来。
- 评价学习成果的标准是什么。

3. 在编写培训与开发项目目标的时候，需要不断地修改初稿，直到以下问题都有了明确的答案：

- 组织希望培训对象能够做什么？
- 组织希望他们在哪些特定的情况下表现出这些行为？
- 组织希望他们的作业水平达到什么标准？

4. 逐条写出组织期望培训对象取得的每一个培训成果，直到充分表达了你的意图。

资料来源：Mager R F. Preparing instructional objectives. 3rd ed. Atlanta：Center for Effectiveness Performance，1997：136.

培训与开发项目目标反映了组织对于培训对象参与培训与开发活动的基本意图和期望。因此，项目目标要明确、清晰地阐述培训对象在接受培训后应该达到的效果——能够做什么、在什么条件下做以及做到什么程度。换句话说，项目目标就是关于培训对象在完成培训与开发活动之后应该表现出来的行为、行为发生的特定环境条件以及组织可以接受的业绩标准。这些要求与表 4-3 所示的“评价培训目标设定的标准”相一致。

表 4-3　评价培训目标设定的标准

项目	标准
作业表现	一个目标通常应该指出为了胜任某项工作，培训对象需要具备的能力或能够提供的产出。比如“为新产品撰写产品说明”
环境条件	一个培训项目目标应说明某项作业发生的重要环境条件。比如“在掌握了有关某个产品所有的工程信息的情况下，培训对象能够撰写一份产品说明书”
评价指标	如果可能的话，一个培训项目目标应指出可接受的培训对象的作业水平。比如“培训对象必须在产品说明中介绍该产品所有适应市场需要的商业特征，其中至少要说明它的三种用途”

资料来源：Mager R F. Preparing instructional objectives. 3rd ed. Atlanta：Center for Effectiveness Performance，1997：21.

◎读一读

培训与开发项目目标界定如下：

掌握并运用常见的培训需求分析方法，对部门员工的培训需求进行分析，参照人力资源部门提供的模板，撰写并提交规范、准确的部门员工培训需求分析报告。“规范”指格式符合人力资源部门的基本要求，“准确”指培训需求评估的准确率不低于 90%。

请使用培训与开发项目目标评估的三个标准来评价这个项目目标是否合格：

- 传达企业对培训对象的期望。
- 这一行为在什么条件下发生。
- 培训对象表现出来的行为在什么标准下是企业可以接受和认可的。

◎看一看

培训与开发项目目标应服务于员工的培训需求，但它又不同于培训需求。要特别注意以下事项：

一个培训与开发项目通常只能承担某一特定的培训需求工作，不要指望通过一次培训活动满足多个培训需求。

在确定培训与开发项目目标时，一方面要明确指出培训对象接受培训之后所应掌握的知识和技能，另一方面指明培训对象在接受培训之后，在特定的环境条件下，能够表现出某种特定的行为，产生组织期望的业绩。这样一来就便于员工明确组织期待，掌握相应的知识和技能，实施组织期待的行为。

二 培训与开发项目内容

在明确了培训与开发项目目标和期望达到的学习成果后，就需要确定培训与开发项目的内容。从培训内容来看，培训主要分为专业技术培训和管理类课程培训。规划培训内容就是根据需要解决的问题进行具体的培训课程设计，列出将要开展的培训项目内容，具体到细节。

培训内容千差万别，但一般来说，培训内容包括三个层次，即知识培训、技能培训和态度培训。

（1）知识培训。通过培训使员工具备完成本职工作所需要的基本知识，了解组织的基本情况，如组织的发展战略、业务规划、规章制度和专业知识等。作为培训的第一个层次，知识培训主要解决“知”的问题，对员工所拥有的知识进行更新，增强员工对新环境的适应能力。

（2）技能培训。目标是使员工掌握从事工作岗位所需的技能，包括通用技能和专业技能，如处理人际关系的技能、计算机运用技能、管理技能、业务操作技能、谈判技能等。作为培训的第二个层次，技能培训主要解决“会”的问题，对员工所具备的能力加以补充，帮助员工更好地胜任工作。

(3) 态度培训。主要包括价值观念、思维方式、职业道德、行为规范和工作态度等。观念培训使员工持有的与外界环境不相适应的观念得以改变，思维培训使员工固有的思维定式得以创新。同时，通过培养员工的责任意识、团队意识和组织意识，可以提高员工对组织的忠诚度。作为培训的第三个层次，态度培训主要解决“适”和“创”的问题，有助于建立起组织和员工间的相互信任关系，使员工更好地适应组织文化和职业发展的需要。

表 4-4 是培训与开发项目内容设计的一个示例。

表 4-4 培训与开发项目内容设计示例

项目	新员工培训内容
到职前培训 (部门经理负责)	到职前： ● 致新员工欢迎信（人力资源部负责） ● 让本部门其他员工知道新员工的到来 ● 准备好新员工办公场所、办公用品 ● 准备好给新员工培训的部门内训资料 ● 为新员工指定一位资深员工作为其导师 ● 准备好布置给新员工的第一项工作任务
部门岗位培训 (部门经理负责)	到职后第一天： ● 到人力资源部报到，进行新员工须知培训（人力资源部负责） ● 到部门报到，经理代表部门全体员工欢迎新员工到来 ● 介绍新员工认识本部门员工，参观工作场所 ● 部门结构与功能介绍、部门内的特殊规定 ● 新员工工作描述、职责要求 ● 讨论新员工的第一项工作任务 ● 派老员工陪新员工到公司餐厅吃第一顿午餐 到职后第五天： ● 一周内，部门经理与新员工进行非正式谈话，重申工作职责，谈论工作中出现的问题，回答新员工的提问 ● 对新员工一周的表现做出评估，并确定一些短期的绩效目标 ● 设定下次绩效考核的时间 到职后第 30 天： ● 部门经理与新员工面谈，讨论试用期一个月来的表现，填写评价表 到职后第 90 天： ● 人力资源部经理与部门经理一起讨论新员工表现，是否合适现在岗位，填写试用期考核表，并与新员工就试用期考核表现谈话，告之新员工公司绩效考核要求与体系
公司整体培训 (人力资源部负责——不定期)	● 公司历史与愿景，公司组织架构、主要业务 ● 公司政策与福利，公司相关程序、绩效考核 ● 公司各部门功能介绍、公司培训计划与程序 ● 公司整体培训资料的发放，回答新员工提出的问题

三 培训与开发项目方法

随着技术与知识的发展，培训方法日益增多。对于一个培训与开发项目来说，选择合适的培训方法尤为重要，因为培训方法是影响培训效果的重要因素。

那么影响培训方法选择的因素有哪些呢?

1. 培训目标

培训方法要立足于组织的培训目标。培训目标通常有更新知识、培养技能和改变态度等。当培训目标是让学员获取理论方面的知识时，通过专家讲授、让员工自学或者通过网上课程学习是比较合适的方式。当培训目标是改变学员的态度和提高人际交往能力时，比起单纯讲授的方式，参与性高的培训方法就更加有效。因此，培训方法的选择要与培训目标相匹配。表4－5列举了几种具体的培训方法与培训目标的对应关系。

表4－5　培训方法和培训目标的对应关系

培训目标	培训方法	原因
更新知识	课堂讲授法 视听教学 网络学习 自我培训	知识性培训涵盖内容较多，理论性强，课堂讲授法能体现其逻辑关联性。一些概念性内容、专业术语性内容，需要通过培训师的讲授以便于学员理解。视听教学能够增加直观的感受，便于深刻理解。网络学习和自我培训则可作为补充
培养技能	角色扮演法 案例研究法 头脑风暴法 研讨法 操作示范法 虚拟现实法	技能培训要求员工掌握实际操作能力，如销售技能、生产作业技能等。学员通过角色扮演法、操作示范法和虚拟现实法反复练习，能将技能运用自如。以培养企业中层以上经营管理人员的经营决策能力为培训目标时，则应选择案例研究法、研讨法、头脑风暴法，通过案例研究、事件讨论开拓思维，提高解决实际问题的能力
改变态度	角色扮演法 游戏法	态度培训如果采用课堂讲授会使学员感到空洞，而角色扮演法能体现员工的态度；采用游戏法培训可以使学员通过共同参与的游戏活动，在轻松愉快中得到启发

资料来源：金延平．人员培训与开发．3版．大连：东北财经大学出版社，2013：101.

2. 学员构成

学员的职务特征、心理成熟度和个性特征都会影响培训方法的选择。

就学员职务特征来看，分基层操作者、中层管理者和高层管理者。基层操作者的培训多与日常事务性工作有关，往往通过专业人士授课的方式进行培训；中层管理者要培养协调能力和分析解决问题的能力，案例研究、讨论等实战性的方式应用较多；高层管理者由于工作的不确定性大，且需做出战略决策，更适合采用研讨会的方式。如万科针对物业经理的培训结合员工职务特点采取分组讨论、模拟练习、案例讨论等方法。

就学员的技术、心理成熟度来讲，成熟型学员已经不太愿意接受别人的观点，对事物有自己的分析和理解，对他们的培训应更多采用视听的方式；对于不成熟型学员，讲授的方式效果更好，便于他们更快地掌握基本的技术和知识。

研究发现，学员的个性特征也是影响培训方式选择的一大因素。对于积极主动型学员，可以采用讨论、案例法等；反思型学员不适用参与性强的方法，采用讲授的方式比较好；理论型学员适合采用自学、研讨、案例分析和网络学习方法；应用型学员适合采用案例教学和角色扮演法等。

3. 工作条件

（1）工作可离性：如果学员工作可离性低，就难以进行集中培训，需要靠其自学、网上学习等；如果学员工作可离性高，则可以根据其他条件选择培训方式。

（2）工作压力：工作压力大、竞争激烈的时候，学员会自己主动学习，此时自学和网络学习比较合适；工作压力小时，学员的惰性会影响培训效果，需要选择能提高学习热情的培训方式。

表 4－6 列举了一些具体的培训方式。

表 4－6　培训方式的选择

培训方式	什么时候做	怎么做
演讲	宣布决定/介绍程序	演示做什么
讲授	填写表格 操作某些仪器 技巧演示	演示做什么 教别人怎么做 观察其他人做 辅导学员以提高能力
问与答	一些简单的问题 一些没有标准答案的问题 所问情况是非常普遍的 有讨论价值的问题 需要大家集中精力时	自问自答 问，然后鼓励其他人回答 某些人提问，鼓励其他人回答 问，然后点名回答
录像带	看，做记录，思考，讨论，解释	课前准备能够支持学习观点的录像带
案例讨论	练习运用学习要点 经验分享 从不同的角度解决问题	设计与课程相关的案例 安排时间进行讨论 介绍要达成的目的 每组要演示他们的讨论结果 回顾并讨论学习要点
角色扮演 技巧练习	运用学习要点，特别是一些技巧 分享经验 形成习惯	三个人一组 一个人观察并给出反馈 其他两人练习，轮换角色 要求发现 3～4 个优点和 3～4 个可以改进之处
问卷	理解或者分析自己或他人的状况 在某些问题或技巧上对自己进行测试	设计问卷 要求学员随机回答而不用过多思考
游戏	控制环境 使学习观点深入浅出	描述相关的细节 解释活动的目的 回顾学习要点
小组讨论	与学习的内容相关联的问题 一些复杂有争议的问题 有代表性的问题 每个人都会有自己观点的问题 可以从不同角度看的问题	根据讨论的观点进行分组 解释讨论的目的 控制讨论的时间 保证讨论的方向是一致的

每种培训方法都有自己的专注点和适合的培训目标及内容，在第 5 章中有关于培训方法的详细介绍，这里不赘述。

第 2 节　培训与开发课程设计

一　课程设计概述

1. 课程描述

课程描述是指有关培训项目的总体信息，包括课程名称、关于学员的描述、目的陈述、课程目标、时间、地点、预先准备的条件以及培训者名单等，它建立在培训需求评估的结果之上。

2. 课程设计

所谓课程设计，也叫教学计划，是实施培训计划，提高教学质量，确保教学工作顺利进行，实现培训总目标的具体的执行性和操作性计划。课程设计既是受训人员参与培训学习活动的主要依据，也是指导实施教学行为的行动方案。

课程设计可以针对为期一天、一周或仅仅几小时的培训项目来进行。如果培训需要若干天，那么每天都要准备一个独立的课程计划。

详细的课程计划是为培训者提供与培训有关活动内容和顺序的指南，包括培训期间将要进行的各项活动的先后次序及管理细节，简单表现为提供培训活动内容的一览表形式，正式形式一般为格式规范的文字材料。不论培训者是否发生变化，它都有助于保持培训活动的连贯性。

◎ 读一读

详细的课程计划示例

项目名称	员工职业安全培训
课程名称	厂房内作业的安全操作培训
课程时长	一下午
学习目的	1. 详细了解厂房作业可能存在的危险，树立厂房内作业的安全意识 2. 学会使用厂房内作业的安全工具，知道如何避免厂房内作业的危险
预先准备	学员方面： 告知培训时间、地点，强调本次培训的重要性 培训者方面： 熟悉厂房设置和危险因素，熟练应用规避危险的技能
场地布置	同厂房正常作业情况
所需材料和设备	安全操作必备用具（胶质鞋、粗布手套等），安全操作录像、放映机，厂房内安全作业宣传单
备注	在培训进行时发放宣传单，监督学员阅读

课程活动内容	培训者活动	学员角色	时间安排
课程介绍	主讲	倾听和阅读宣传材料	14：00—14：10
厂房内作业危险介绍	主讲和引导	紧随培训者，观看	14：10—14：40
休息和交流	关注学员互动状况	复习危险内容，相互交流	14：40—15：00
厂房内安全作业演示	主讲和实物演示	观看	15：00—15：20
厂房内安全作业演习	指导和纠正	实物演示	15：20—15：40
学员接受抽查	指导和纠正，有必要时再次演示	被抽查的学员进行实物演示，未被抽查者观看和发现不当之处	15：40—16：00
总结	总结陈述	倾听	16：00—16：10

3. 课程设计的意义

课程设计有助于确保培训者和学员了解课程和项目目标。

一般而言，课程计划须拟好书面材料存于培训部门电子数据库中，可以以文件形式分发，以便学员和培训部门客户（如支付培训费用的管理者）共同分享有关信息，进一步了解项目活动的目标和详细信息。

4. 课程设计的内容

根据不同方面所涉及的内容，可以将课程设计分为以下五个模块：

（1）课程目标。课程目标是指学习的方向和学习过程中各个阶段应达到的标准，应根据环境的需求来确定。这些目标应比项目目标在预期的行为、内容、条件和标准方面更加具体。

（2）课程设置。以课程目标为依据，培训负责团队对课程的内容进行选择和划分，设置课程的具体门类及每门的教授内容，并安排好各种课程的合理次序及授课工具（如教材、教学模具等）。课程内容可以是科学领域内的概念、原理、方法和技能技巧，也可以是过程、程序、步骤、规范和标准，要求具有相关性、有效性和价值性。另外，课程设置还应考虑企业不同发展时期的不同特点，选择匹配的课程内容。

（3）授课形式。指学习活动的安排和教学方法的选择。它与课程目标相关。针对所设置的课程和学员的特质，培训负责人对各种授课形式的可行性和使用效果进行评价，选择最能促进授课效果的方法组合。授课形式的选择与教学程序的选择以及教学资源的利用相关。

（4）教学环节。各个课程须根据本课程的目标、课程内容和学员的特质划分教学环节，使教学过程明朗有序，有助于学员对培训内容的吸收和内化。

（5）时间安排。培训负责人根据各个教学环节的负荷量以及学员的学习能力，对培训的总体时间进行分配，合理安排各个教学环节的开展时间，并确定时长。

也可以认为，课程设计包括以下 11 个要素：课程目标、课程内容、课程教材、教学模式、教学策略、课程评价、教学组织、课程时间、课程空间、培训者和学员。

5. 课程设计的基本原则

（1）培训课程设计要符合企业和学员的需求。培训的最终目的是提高企业绩效，实现组织的市场价值。一方面，作为培训项目的核心形式，培训课程在设计上要符合企业的绩效提升对学员技能和素质的要求；另一方面，由于培训课程是面向学员实施的，要达到培训项目指向企业目标的效果，培训课程还需满足学员的工作和事业需求，才能促使学员积极、主动且高效地吸收课程内容，进而实现企业目标。

（2）培训课程设计要符合成人学员的认知规律。如上一原则中所述，培训课程是对学员的指导和教育，只有符合成人学员的认知规律，才能保证培训课程与学员特质的有效匹配，在实际达成培训目标的同时避免资源的浪费。

（3）培训课程的设置应体现企业培训功能的基本目标，进行人力资源开发。培训并非简单地将职业技能、组织文化等工作相关内容灌输给学员，促使其被动地接受，而是要在培训过程中发挥学员的主观能动性，鼓励学员积极参与讨论和角色扮演，激发学员创新思维的产生和学习能力的提高，同时培训者和培训负责人可借培训之机发现学员的优势，以此为据进行企业的人力资源开发。

◎ 看一看

课程设计结果应反映为文字材料，课程设计文件一般依次包括六个部分：

封面

直接表明课程设计文件的角色。醒目的封面文字有利于表明课程设计的正式性和标准性，进而提高课程设计的执行力。

导言

导言部分简单介绍课程设计的内容及其依据、意义等，有利于培训参与者第一时间明了课程设计的大致情况。

内容大纲

内容大纲列明课程内容的框架，使培训参与者一目了然。同时，内容大纲还可作为教材、培训者等选择培训资源时的依据，指导培训负责人对培训资源进行合理的选择。

开发要求

开发要求是课程系统对学员的能力素质开发过程中需要做到的关键事项的具体描述，是开发工作的指导意见。

交付要求

交付要求是培训课程中所涉及的费用的预算及给付的相关要求，包括交付的时间、形式和具体数额等。

产出要求

培训产出是对依照课程设计执行培训后需要达到的结果的具体描述，如学员单项或多项职业技能的提升、组织承诺的提高等直接指向企业培训目标的具体结果。

6. 课程设计的程序

培训课程设计的程序依次为确定课程目标、培训课程分析、信息和资料的收集、课程模块设计、课程内容的确定、课程演练与实验，最后需进行信息反馈与课程修订。

（1）确定课程目标。课程目标是有效实施培训课程的基础，包含三个层次：企业培训计划，是指根据培训需求分析的结果，对培训项目的目标、对象、内容、要求、期限和实施方法等主要工作事项所做出的统一安排；课程系列计划，是指按一定的顺序组合起来的目标一致的课程组合；培训课程计划，是指对某一课程的详细描述。

（2）培训课程分析。培训课程分析是培训项目的调查与研究阶段，主要包括课程目标分析和培训环境分析。

课程目标分析有操作目标、条件和标准三个要素，具体包括培训对象分析、任务分析、目标分析。培训对象分析是指通过采访学员、现场观察等方法来了解培训前学员的知识、技能和能力水平的过程。任务分析是指分析学员所在岗位或目标岗位对就职人员的知识、技能和能力水平的要求的过程。课程目标分析是指在培训课程结束时，期望学员通过课程学习能达到的知识、技能和能力水平。

培训环境分析是指对开展培训的环境与条件进行的分析，包括八个主要内容，即实际环境分析、限制条件分析、引进与整合、器材与媒体可用性、先决条件、报名条件、课程报名与结业程序、评估与证明。

（3）信息和资料的收集。信息和资料的收集将为课程设计提供可行性参照依据，其来源包括两种：其一，咨询客户、学员和有关专家；其二，借鉴其他相关培训课程。

（4）课程模块设计。包括课程内容设计、课程教材设计、教学模式设计、教学活动设计、课程实施设计以及课程评估设计等。

（5）课程内容的确定。课程内容的确定主要包括选择、制作和安排三个环节。课程内容的选择是课程设计的核心问题，它以"缺少什么培训什么，需要什么培训什么"为原则。课程内容的制作主要是指课程教材的制作，教材制作的方法主要有三种：购买现成教材、改编教材和自编教材。课程内容的安排是指课程教授的具体内容、先后次序及时间分配情况等。

（6）课程演练与实验。本步骤需收集学员、同事、专家的意见，常用的方式包括头脑风暴法和问卷调查法等。也可以在小范围内模拟执行所设计的课程，评估其效果，以发现可能存在的问题。

（7）信息反馈与课程修订。信息反馈与课程修订作为课程设计程序中的完善性步骤，需展开四项工作，即检查课程目标并修改、课程内容修改、核查资料以及调整培训风格。

◎读一读

有效课程设计的一般特征

项目	内容
学习目标或成果	课程设计需要达到什么效果？ 学习成功的标准是什么？
目标听众	谁需要上课？听众具备什么特征？
先决条件（学员和培训者两方面）	参加培训之前，学员应该具备什么样的能力？谁有资格设计培训项目？谁有资格担任培训者？
时间	课程的每部分应分配多长时间？
课程提纲	要讲哪些专题？按什么次序讲？
活动	在每个专题中，培训者和学员扮演的角色是什么？
支持性材料	哪些材料或设备是课程传授所必备的，或有助于课程教授？
物理环境	教室是否需要特定的大小和布置？
准备事项	在课程开始前，培训对象是否需要完成一定的作业？指导者需要做些什么？
课程专题	课程将要涉及什么专题？
评估	用什么方法和指标来评估学习？（测试或角色扮演等）
转化和保持	该做些什么来保证培训内容能够被运用到实际工作中？

因为课程的目标是让学员正确阐述关键行为，所以这一目标的实现就要求学员理解关键行为并进行练习。而培训者要向学员演示关键行为、为讨论提供便利并监督学员进行角色扮演的练习。另外，学员在培训期间既需要倾听培训者教授的内容，也需要发挥主动性，积极参与讨论和角色扮演，这样才能使培训效果达到最优。

二　教材的选择

课程教材是将学习的内容呈现给学员的载体。除了教材，课程教授的辅助印刷材料还包括精心编写的教学大纲和辅助教学的其他印刷材料，如工作任务表、岗位指南、学员手册、培训指南和测验试卷等。课程教材是呈现给学员的最基本、最常用的培训实物材料。下面重点介绍培训教材的选择。

1. 教材选择的要求

（1）教材的内容不能多而杂，要有系统性，内容简明扼要，只对必要的部分进行具体阐述，以免培训中出现主次不分的情况，造成效果贬损和资源浪费。

（2）对于培训师讲授的内容，教材不必重复描述。教材是课程教授过程中的辅助工具，应与培训师讲授的内容形成互补，必要时可作区分对比，但无须重复。

（3）教材以提示重点、要点，强化学员认知为重要功能。

（4）应将课外阅读资料与课堂教材分开。课外阅读材料是发散课程内容的辅助性材料，而教材紧靠课程内容本身，二者有实质性区别，应该分开发放给学员。

（5）教材应简洁直观，按照统一的格式和版式制作，以体现课程的标准化。

（6）用教材制作清单进行控制和核对，使教材形成和选择的过程有计划、有标准地顺利执行。

2. 开发培训教材的方法

（1）培训课程教材应契合学员的实际需要，而且必须是能够反映该领域最新信息的材料。选择教材时要强调教材内容与课程目标、课程内容相吻合，同时还要考虑教材对于学员的难度以及与实践的联系程度等。只有选择内容和观点与时俱进的教材，才能使培训最终指向企业当前的生产目标。

（2）使用资料包。资料包是与课程相配套的纸质或电子材料。常用的资料有工作任务表、岗位指南、学员手册、培训指南和测验试卷等。这里具体介绍一下工作任务表和岗位指南。工作任务表描述了学员所从事工作的主要任务，具有三个重要作用：强调课程的重点、提高学习的效果以及关注信息反馈。岗位指南描述了最常用、最关键的任务，使包含许多复杂步骤的任务简单化。岗位指南在培训中具有三方面作用：使有关专家对理想的操作做出界定，进一步明确培训目标；帮助记忆在培训中学到的操作规程，也便于工作中随时查阅；有时可以代替培训或减少培训时间，节约成本。

（3）利用一切可开发的学习资源，发挥活教材的作用。这里主要指培训师、优秀模范等相关人员对培训过程的作用，他们的课程教授、指导和示范将促使学员更直接、清楚地理解课程内容，提升培训效果。

（4）尽可能地开发一切能利用的信息资源，打破传统的教材体系。在培训过程中，培训者除了教授学员以教材为核心的内容，还可以与培训主导人员一起领导、发动学员将搜集到的与课程内容相关的其他信息带入培训中进行分享，丰富课程内容和形式，打破僵化的教材体系，促进学员更为主动、更为有效地将培训所学内化。

（5）视听材料作为丰富课程形式的手段，具有直接呈现培训内容的作用，被现代企业培训广泛采用。

三 培训者的选择

培训者即指导学员参与培训的主体，一般指教授课程的培训讲师，主要有企业外部聘请和企业内部开发两大来源。外部聘请师资主要有五个途径：从高等院校聘请学者；聘请专职培训讲师；从顾问公司聘请培训顾问；聘请本行业的专家、企业高管；在网络上寻找并联系培训讲师。表 4－7 给出了外部聘请师资和企业内部开发培训者的优劣势对比情况。

表 4－7 外部聘请师资与企业内部开发培训者优劣势对比

外部聘请师资	企业内部开发
优点 1. 选择范围大，可获取到高质量的培训教师资源 2. 可带来全新的理念 3. 对学员有较大的吸引力 4. 可提高培训档次，引起企业各方面的重视 5. 容易营造气氛，获得良好的培训效果	**优点** 1. 对企业各方面比较了解，使培训更具有针对性，有利于增强培训效果 2. 与学员相互熟悉，能保证培训时交流顺畅 3. 培训相对易于控制 4. 内部开发教师资源成本低 5. 内部讲师制度是对员工进行激励的一种有效方式
缺点 1. 企业对培训教师缺乏了解，加大了培训风险 2. 外部教师对企业以及学员缺乏了解，可能使培训适用性降低 3. 学校教师可能会由于缺乏实际工作经验，导致培训只是“纸上谈兵” 4. 外部聘请教师成本较高	**缺点** 1. 内部人员不易在学员中树立威望，可能影响学员在培训中的参与度 2. 内部选择范围小，不易开发出高质量的教师队伍 3. 内部教师看待问题受环境局限性的影响，不易上升到新的高度 4. 内部讲师在课程设计、授课方法、课堂技巧性方面比较欠缺

1. 培训者的选配标准

培训者作为培训课程实施的主体之一，肩负着教授课程内容、指导学员的重大任务，为确保培训课程顺利进行并具有实际效果，对培训者的选配一般要制定特别的标准，符合标准的专业人员才有资格对学员进行授课和指导。表 4－8 列出了培训者的一般选配标准。

表4-8　培训者的选配标准

1. 具备经济管理类和培训内容方面的专业理论知识
2. 对培训内容所涉及的问题应有实际工作经验
3. 具有培训授课经验和技巧
4. 能够熟练运用培训中所需要的培训教材与工具
5. 具有良好的交流与沟通能力
6. 具有引导学员自我学习的能力
7. 善于在课堂上发现问题并解决问题
8. 对与培训内容相关的案例和资料有一定的积累
9. 掌握培训内容所涉及的一些相关前沿问题
10. 拥有培训热情和教学愿望

2. 对培训者的培训

为完善培训者的培训技能，尤其是在企业内部进行培训者开发时，需要由课程设计人员、培训负责人及企业内外其他专业人员对培训者进行岗前培训。对培训者的培训也要求制定课程目标，确定课程时间和制作大纲。具体而言，对培训者的培训内容一般包括以下方面：

（1）分析学习效率和学习方法。以头脑风暴等方式促使培训者思考其在培训中遇到的难题，将这些难题作为案例在课程中穿插、分析和演练，以解决培训者的实际难题。

（2）课程开发设计。通过案例分析、图片展示、短片观看、示范指导、模拟演练、头脑风暴等各种方式对培训者关于课程开发设计工作予以指导，一般包括课程设计的步骤与技巧、有效挖掘真实的培训需求的方法、需求与需要的衡量、培训目标的确立、培训素材的收集与整理、内容的选择与组织、教材的编写、训练方法大类介绍等方面。

（3）课件制作方法。通过多种方式，对培训者授课和指导过程中用到的课件的制作技巧进行培训，包括模板、封面、内容、文字、图片、链接、动画等，核心在于理清课件所呈现的逻辑思路。

（4）教学形式的运用。就培训者教学过程中可能运用的各种方法进行操作上的细节性指导，一般包括角色扮演、头脑风暴、分组讨论、游戏互动、短片教学和分享引导。

（5）辅助工具的运用。就培训者授课和指导过程中可能用到的辅助工具的使用技巧进行简单指导，一般包括投影仪、投影幕的使用，音响设备的使用，激光笔的使用，白板的使用，板书的技巧等。

（6）演讲基本功训练。培训者的演讲技巧对于培训课程的效果非常重要，将直接影响学员的卷入度和积极性。对培训者演讲基本功的训练一般包括怯场原因与化解、压力舒缓与分散、登台恐惧的处理、感染力和亲和力培养、肢体语言训练、表达训练、互动气氛营造、激发及吸引技巧、标准的服装搭配、课堂禁忌及课堂布置等。

（7）控场技巧。培训者面对众多的学员，在授课和指导工作中需要全面控制课程局面，因此培训者的控场技巧就很重要。对培训者控场技巧的培训一般包括以下方面：声情并茂、提问与应答技巧、时间把控、开场与结尾、紧急事件和其他意外处理、场地问题解决、学员异议的解答、点评学员的技巧、巧妙引导和吸引眼球等。

（8）案例分析和模拟练习。为考查并提高培训者的实际技能，在对培训者进行培训的最后环节，需将培训者带入模拟情境，参与假想模拟的案例分析和角色扮演式的模拟练习。另外，需就培训者提出的难题进行分析、讨论、模拟演练和点评，彻底解决培训者工作中的难题，将培训理论带入实践中。

最后，培训者在专业人员的指导下进行自身的学习总结并制订即将进行的培训课程行动计划，将培训技巧实际带入培训课程，力图达到企业培训项目的目标。

四 培训成本及费用估算

在计算培训项目成本时，培训与开发人员需要考虑五种支出，分别为直接成本、间接成本、设计与开发成本、一般管理费用、培训课酬。

（1）直接成本是指与培训实施直接相关的成本。包括课程资料开支（印刷和购买）、教学辅助费用、仪器租赁费用、旅行费用、食品和其他餐点开支、培训者的工资和福利。

（2）间接成本是指发生在培训的辅助工作中的成本。主要包括对培训者进行培训的成本、耗费在后勤文秘和行政工作上的成本、培训人员筹备培训的时间投入等。在宣传推广该培训项目时发生的成本也是间接成本。

（3）设计与开发成本包括所有的培训课程开发成本。通常包括录像的制作成本、计算机教学程序的开发成本、项目材料的设计成本以及任何必要的重新设计所带来的成本。这项成本还包括前期课程分析成本，或前期分析中与项目直接相关的部分成本，以及项目评估和跟踪成本。

（4）一般管理费用与培训项目没有直接的关系，但是对培训部门的顺利运转却是必不可少的。如果培训部门有自己的视听设备以及专用教室，那么设备维护和场地维护费用都应该计入该项成本。

（5）培训课酬由培训期间支付给培训对象的工资和福利构成。通常人力资源开发人员并不知道每个培训对象的薪酬待遇，但是他们可以要求负责员工薪酬管理的部门提供各级培训对象的平均工资。在估计这项成本时，只需将平均工资水平乘以培训对象人数即可。

组织者要做好整个培训项目的项目预算，项目结束之后，还应撰写专门的项目实施报告。

培训预算的制定可以分为两种情况：

（1）广义培训预算。根据费用总额按照一定比例提取，如按照每年人事费用的3%～8%、每年营业额的0.5%～3%、每年利润的5%～10%等，这种提取方法如果延续下来就很有参考价值。当然，实际提取时还要根据公司的业绩情况进行适当的调整。

（2）狭义培训预算。根据年度培训计划逐项做出每项培训活动的费用预算。这种方式工作量稍大，更适用于培训工作开展较熟练的公司。另外，合理利用市场课程的报价和建立供应商资料库能够帮助这项工作顺利实施。

制定培训费用预算应与财务沟通好科目问题，一般培训费用包括讲师费、教材费、差旅费、场地费、器材费、茶水餐饮费等，一项培训课程应全面考虑这些费用，做出大致预算，可在总数基础上上浮10%～20%，留些弹性的空间。

在制定培训预算时要考虑多种因素，如公司业绩发展情况，上年度培训总费用、人均培训费用等，在上年度基础上根据培训工作的进展情况考虑有比例地增加或缩减培训预算。

◎读一读

培训与开发课程设计示例

课程名称：高效能人士的七个习惯

课程信息

价格：××元

持续期间：3天

最小/最大人数：20/25

课程负责人：××

语言：中文

培训类型：室内

课程描述

课程是斯蒂芬·科维（Stephen Covey）博士对美国200年历史的研究及对持续成功的百年老店管理者的思维方式和行为方式的经验总结。“高效能人士的七个习惯”全面准确地反映了人际关系高效能的途径。其精髓不仅仅体现在每一个习惯，更蕴藏于各习惯之间的相互依赖关系及先后顺序上。

课程目标

本课程帮助学员：

（1）发展以原则为基础，以价值观和使命感为导向的领导行为。

（2）平衡短期和长期的发展，保持整体效能。

（3）提高对自身德、行的要求，与他人建立相互的信任，发挥团队的创新精神。

（4）改变处理个人和人际问题的思维模式。

课程内容

（1）主动积极。当你运用这一原则时，你将正确面对新的挑战，承担责任并提高实现目标的能力。

（2）以终为始。在你开始做任何事情时，先考虑最终结果。确保自己方向正确，才能最终实现目标。

（3）要事第一。这一习惯鼓励你对要完成的任务按照轻重缓急排出优先顺序。拒绝不重要的事情，完成最重要的事情。

(4) 双赢思维。解决冲突并为双方寻求共同利益。这一习惯将帮助培养更为健康和轻松的人际关系。

(5) 知彼解己。运用倾听的习惯将实现更为深刻的理解和沟通。由此，信任将得到提高，任务可以更迅速地完成。

(6) 统合综效。利用多样性，创造出好过“你的”或“我的”的解决办法。

(7) 不断更新。通过生理、心灵、情感和心智四个方面的不断提高，保持持久的竞争力。

目标对象

有发展潜力的人员。

培训方式

案例分析，录像教学，小组讨论，使用工具。

第 3 节　培训与开发项目实施

一　培训对象的确定

在培训课程开发设计好之后，项目的有效实施首先要保证有合适的学员参与。根据培训需求分析确定哪类员工需要何种知识或技能方面的培训，从培训内容和培训对象两方面综合考虑并最终确定培训对象。具体可以通过两种方式来确定培训对象：一是员工通过浏览公司的培训课程计划自主选择课程，这类课程计划是面向全体员工的公开课，员工可以根据自己的实际情况，选择参加感兴趣且适合自己的课程，以提高自身技术或管理等方面的能力。二是量身定做。主要是由部门或小组的领导者与培训经理协商制定适合本部门或小组的课程，这样的课程针对性更强，更能及时满足员工需求。当开展新员工入职培训以及开设企业要求每位员工必修的培训课程时，培训对象就非常明确。

二　培训准备工作

1. 培训资料的准备

(1) 阅读材料。对于阅读材料的要求：

1) 与幻灯片保持一致。

2) 提供给学员可以帮助他们做笔记的材料。

3) 参考材料——不需要做笔记，可以在培训后参考阅读。

(2) 视觉材料。一个好的视觉材料需要具备三个基本规则，也就是 3B 原则：

1) 原则一：字体足够大（big）。

- 在电脑中一般选择 24～28 号的字。
- 在白板上写字的时候，也要足够大，保证在场的人都能看清。

2）原则二：醒目（bold）。

- 视觉材料要简单，每张幻灯片不超过 4 个内容，并尽量安排在 6 行内。
- 每张幻灯片尽量有标题和要点。
- 尽量用黑色和蓝色的字。
- 图表简洁明了。如果学员不能在 5～10 秒内理解图表，那它就是太复杂了。

3）原则三：美观（beautiful）。

- 图表要形象生动，简洁明了。
- 图片和卡通动画可以增强喜剧效果。
- 幻灯片的颜色选择和搭配很重要。

（3）听觉材料。准备听觉材料时应注意：

1）音调要有变化。

2）保持一定的节奏，有速度地进行调整。

3）有足够的音量但不要大喊。

4）发音清晰。

（4）感觉材料。包括情绪，可以实践的活动，可以嗅的、品尝的、触摸的或者令人感觉痛苦的/舒适的材料。

2. 培训场地的选择与布置

在培训项目实施前的准备阶段，除了要选择适宜的培训场地，还需要合理安排和布置座位。因为它会在培训者与培训对象之间形成一种空间关系。如按一定的角度摆放椅子，或者排成三角形或半圆，这样在课堂讨论中培训对象就可以看到对方，这种安排可以促进培训者和培训对象相互间的交流和反馈。一般来说，有扇形、U 形、方桌和圆桌型等座位摆放方式，目的是双向沟通与交流。另外，培训对象在生理上的舒适程度对学习效果的影响也很大。如室温就会严重影响个体的感受和注意力。最后，要注意减少噪声、灯光昏暗等物理障碍，并考虑墙壁和地板的颜色及覆盖物。一般来说，为了安静可以选择铺地毯的房间进行授课。此外，培训者还要注意室内的反光问题、投影仪和音响效果，以及电源插座是否备齐等细节。

◎看一看

培训场地布置应考虑的细节

白板笔和纸	准备足够用的白板笔和纸
噪声	检查空调系统以及临近房间、走廊及建筑物之外的噪声
色彩	轻淡柔和的色彩
房间结构	使用近于方形的房间。过长或过窄的房间会使培训对象彼此难以看见、听见和参与讨论
照明	光源应主要是日光灯。白炽灯应分布于房间的四周，在需要投影时用作弱光源

续表

墙与地面	会议室应铺地毯，使用相同的色调，避免分散注意力。只有与会议有关的资料才可以贴在墙上
会议室的椅子	椅子应有轮子，可旋转，并有靠背来支撑腰部
反光	检查并消除金属表面、电视屏幕和镜子的反光
天花板	天花板距地面高度至少 3 米
电源插座	房间里每间隔 2 米左右设置一个电源插座，电源插座旁边还应放一个电话插头，培训者和培训对象应能够方便地使用电源插座
音响	检查墙面、天花板、地面和家具的反射或吸音情况，与三四个人共同调试音响，调节其清晰度和音量
网络	某些培训开发活动可能会用到网络，需要事前做好准备

3. 其他需注意的准备事项

（1）培训项目通告。用来告知目标受众有关培训项目的各项事宜，包括培训项目的目的、项目进行的时间和地点、参加项目需要具备的资格等。从发出项目通告到项目正式开始，要留出足够的时间，以便员工可以调整工作安排，并提交相关的申请表。这一点非常重要，如果培训通告难以在较短的时间传到员工手中，培训项目的开启就会面临很多问题。现在企业发布项目通告的手段和渠道非常多样化，可以选择通过局域网发布培训信息，也可以通过电话通知，或者在企业的培训专刊上登文。

（2）制作和分发培训项目手册。制作好培训项目手册后，关键是要在合适的时机发放至培训对象手中。无论是利用内部讲师还是外部讲师，最迟要在培训正式开始前 2～3 天将培训手册发放至所有培训对象手中。

（3）员工报名登记注册。培训组织者应该重视学员的报名情况。首先，从成本角度考虑这门课程是否达到了最低开课人数；其次，这也是培训过程中纪律考查的内容，可以视为员工绩效考核指标之一，也是企业对员工培训档案管理的前期工作。

（4）培训档案的管理。在人力资源管理系统中构建员工培训模块，对员工参加的培训开发活动实施追踪，员工的培训档案可以作为职务晋升、岗位变动的重要资料。

三 培训与开发项目启动

1. 邀请函确认

将培训项目的邀请函发放给参加培训项目的学员，通知其课程的基本信息，以保证培训活动如期顺利进行。主要包括课程名称、时间、地点等基本信息。

◎ **读一读**

各位：

现在通知大家，你们已经成功注册了“驻足思考”这门培训课程。该课程将于 2020 年 11 月 24—25 日在北京进行。

具体信息如下：

日期：2020 年 11 月 24 日至 2020 年 11 月 25 日

时间：09：00—17：30

教室：××厅

地址：××酒店×层

其他：住宿和午餐需要自行安排

为了更好地了解您的需求和对此课程的期望，请仔细填写附件中的预调查并在××月××日前发给××。

为了更好地了解学员的实际情况，保证课程开设得更加顺利，一些培训师会做相应的准备，尤其是企业外聘的培训讲师，他们需要了解学员的现有水平、对培训内容的期待、对培训方法的偏好等。因此，很多培训项目会在邀请函（通知）发送的同时附上预调查。下面是一个课前调查问卷。

◎ 读一读

尊敬的学员：

您好！为了使“驻足思考——清晰、简练而有力地组织并呈现思想”的培训课程顺利进行，特设计此问卷，目的是了解您的实际工作情况，以便讲师在课堂上解答这些真实的问题。如果您希望得到讲师的具体帮助，请将问卷填写得越详细越好。为了使培训更有效果，真正地帮助到您的实际工作，希望您在百忙之中抽出时间完成并交给贵公司培训组织部门。

在此先表示特别的感谢！

姓名：________ 性别：________ 年龄：________ 岗位：____________

工作职责：____

在工作中，当需要对某些话题表达您的看法时，您可能遇到的困难是以下哪一种？

1. 信息量太大，不知从何说起
2. 时间太短，没有时间整理思路
3. 对方问题有挑战性，难以应对

最经常遇到的是（可以多选）____________

请列出您需要经常沟通的三类场合和对象。

场合：1. ______________ 2. ______________ 3. ______________

对象：1. ______________ 2. ______________ 3. ______________

请罗列您曾被问到的至少三个不太容易回答（被挑战、有敌意或者难以马上说清楚的）的问题。

1. ____
2. ____
3. ____

请罗列您最近经常讲到的至少三个工作话题（或生活话题）。

1. ____________________

2. ____________________

3. ____________________

请列出您在工作中经常使用的三个术语（行话）。

1. ____________________

2. ____________________

3. ____________________

谢谢您的支持！

2. 课程的日程安排

培训的日程安排无外乎是在工作时间内和工作时间外。企业在安排培训日程时，除了要考虑成本，还要考虑培训的效果，因为培训项目的效益是评估培训项目开展成功与否的关键要素。一味将培训活动安排在工作时间之外，会让员工产生抵触心理，缺勤率高，参与程度低，培训活动过于被动；而如果经常将培训活动安排在工作时间以内，则势必会影响企业正常工作的开展，延迟工作进度，造成企业整体运营成本的增加。因此，具体的培训时间要视具体的培训活动和工作情况予以安排。另外，培训日程在公布之后，要避免随意更改。

表 4－9 即是一般的培训日程表示例。

表 4－9　某公司新员工培训日程表

时间 2020 年××月××日	培训项目内容	演讲人
09：00—09：10	欢迎词	谭丽
09：10—09：50	公司业务概况	张明
09：50—10：10	茶歇	
10：10—10：50	公司文化和组织结构	王伟
10：50—11：30	研发	丁力
11：30—12：00	经验分享	姚佳
12：00—13：00	午餐	
13：00—13：40	薪酬福利介绍	李强
13：40—14：10	人力资源部门服务介绍	杨光
14：10—14：30	提问时间	
14：30—14：45	茶歇	
14：45—15：45	财务部门服务介绍	白路
15：45—16：25	IT 部门介绍	李清

3.“破冰”小练习

很多培训在开始时都会有一些“破冰”练习，让大家相互熟悉并建立起和谐的人际关系。这项工作的重要性不容忽视，原因主要有两点：其一，培训的一个重要副产品就是可以让来自不同部门的员工相互结识，增强交流与合作，形成良好的人际关系，为日后有效的协同工作建立基础。而“破冰”活动能够帮助人们更迅速地相互了解，并可以有效地促进彼此之间关系的建立，有助于达到上述目的。其二，对于培训者来说，“破冰”活动可以活跃现场气氛，增强学员的兴趣和注意力，以达到更好的培训效果。很多“破冰”都是从学员自我介绍开始的，有的培训还会伴有一些游戏性的活动。培训师在“破冰”活动中起着重要的引导作用。

◎读一读

培训讲师正在培训教室里等待学员的到来。第一个学员来了，培训讲师跟他打招呼，问道：“你认识今天参加培训项目的人吗?”学员回答“不认识”。这时第二个学员进来，培训讲师同样跟他打招呼，培训讲师建议他们可以先交流一下。这样，陆续很多人到来了。大家随机找位子坐下，都在与周围的人交流。这时，培训讲师开始做自我介绍，并留出时间让学员做自我介绍。

之后，培训讲师发给每人一个信封，他说：“在信封里，是一个拼图的一部分，我希望你们从在场其他人那里找到拼图的另一部分，并将各部分组合起来，你们会发现它包含有关项目的思考问题。我希望你们试着一起回答这些问题。”

参加者开始寻找比照拼图的各部分，培训室立刻变成了一个充满谈话声的海洋。当他们制作各自的拼图并回答相关的问题时，培训室就安静了下来。

每个拼图都附有一个有关参加者及其背景的问题，这样与会者不得不向新的小组的其他人重新介绍自己。

大约 10 分钟后，培训讲师开始和整个小组讨论这些问题。他知道了学员对公司的了解情况，对某些人来说，他们对公司知之甚少。培训讲师鼓励每个人针对小组面对的问题进行回答。培训讲师成功地活跃了整个小组的“气氛”，并且在他以及其他人之间建立了一种和谐的关系。

培训讲师成功地实施了“破冰”活动。

四　培训信息管理系统的建立

一个完整的培训体系包括培训课程体系、培训讲师管理制度、培训效果评估和培训管理系统。作为培训体系的重要组成部分，培训管理系统的建立与完善是必不可少的。随着信息技术的发展，现在很多企业都在使用面向员工的教育和培训信息管理系统。该系统使用数据库管理技术，能为使用者提供准确、快速、安全的信息服务，同时具备功能强大、方便管理和易于使用的特点。使用培训信息管理系统不仅能极大地提高培训项目组织部门的工作效率，而且增加了员工的自主选择权和主动参与度。

培训信息管理系统不仅可以向全体员工发布培训课程信息，如课程的内容介绍、时间和地点安排以及培训费用等信息，而且能够记录和管理员工的培训内容、出勤状况、培训计划等参与情况。此外，培训信息管理系统也可以记录员工在外部培训机构所接受的培训。具体来说，利用培训信息管理系统能够实现以下操作：

- 员工在线完成课程信息的查询和浏览以及注册、登记报名、学费支付等操作。
- 员工自助查询内部培训以及外部培训机构的培训项目及课程信息。
- 员工主管可在线批示和回复意见。
- 参考相关的路径图和胜任力模型，员工主管可以协助下属分析并为其制订培训计划。
- 员工可以查询已参加的培训记录及长期培训计划。

五 培训与开发项目管理中需要注意的问题

作为培训管理工作中重要的组成部分，培训与开发项目管理由项目计划、项目实施、项目督导、项目评估组成。要成功地实施培训与开发项目，还必须给予其全过程应有的关注。

对于培训与开发项目，其实施工作具体包括培训计划书的提交与审批、预通知下发、培训硬件设施准备、讲师课程开发推动与跟踪、培训通知下发、教学管理等。培训项目负责人或培训助理完全可以按既定计划实施，同时及时关注培训的质量控制。对于培训项目负责人，有几点应该注意：

1. 项目负责人的项目管理培训或责任确定

第一，培训项目负责人必须清楚项目计划制订者应具备的条件。具体如下：清楚月度培训计划、人力资源策略、企业文化；清楚培训项目的目的、定位；熟悉讲师、课程等资源；掌握员工需求，并熟悉培训调查专业技能和工具。相关职能部门或机构提出项目需求意向后，培训部门必须给予相关的支持和督导。

第二，项目负责人要做好培训项目计划制订的辅导和支持，督促计划制订者认真思考而不是抱着只为完成任务的思想，要让计划制订者充分了解企业内部环境。同时，项目负责人也要督促讲师、学员全力参与和配合，而且要提供一些需求调查的工具。

2. 培训计划的有效性保证

如何开展培训与开发项目策划或保证项目计划的有效性？这是培训职能管理者应该回答和思考的问题。管理者必须督促项目负责人时刻自省。

◎ **读一读**

学员是否清楚自己将得到什么，以及什么时候、在哪里参加？

讲师是否清楚自身责任，如教材开发、授课准备？

相关领导（非项目参与者）是否被告知项目计划质量可控性？

培训项目负责人是否已充分考虑成本降低措施、质量控制措施？

所有项目相关人员是否清楚项目定位、地点、日程？是否明确项目流程、自身责任与义务、质量控制关键环节？

3. 培训指引工作

培训管理部对职能机构的培训与开发项目管理建议以培训项目指引书的形式呈现。培训项目指引书具有策略指导、宏观控制等功能。它的主要内容是做出培训定位、对项目策划提出要求、确定项目计划书提交的日程及相关规则和事项。可以由直接管理部门或项目负责人进行操作指引，具体包括项目策划、定位分析、资源组织策略、实施方式建议、相应工具准备等。那么，如何理解培训项目计划书和培训项目指引书的区别呢？

培训项目计划由项目组织主体完成、提交培训项目计划书给上级主管部门。培训项目指引由上级主管部门组织，并形成培训项目指引书下发给项目组织者。

4. 培训实施过程控制

职能部门的培训项目负责人对课程开发、讲师确认、培训硬件资源准备、教学环节控制手段、项目评估工具准备等工作开展的质量，主要取决于培训部门的领导、监督与支持是否到位。

◎ **读一读**

首先，如何选聘合适的内外部讲师？选聘讲师的主要条件有哪些？培训项目负责人是否清楚？项目负责人与讲师沟通中出现的问题是否能有效解决？

其次，如何了解教材的品质？是否清楚教材内容的系统架构？培训项目负责人对教材的重点、教学目标、道具、教学配合等需求是否清晰？也就是说是否对教材的针对性、多元化、实用性、启发性、系统化进行了全面的评估？

培训管理者必须保证培训项目负责人对教师的教学活动也有所了解，只有如此，项目负责人才能在教学过程中充分发挥教学助理的角色。

5. 培训控制点记录

在培训现场管理中，项目负责人除了要配合讲师、服务学员，还有一个重要的管理职能，就是信息管理。通俗地讲，培训记录中的教学记录必须完备，包括学员考勤、讲师授课实际课时、现场片段采集、学员现场反映记录、即时建议等。这些都将作为日后培训评估的重要依据。

本章小结

1. 培训设计是在培训需求分析的基础上，从企业总体发展战略出发，根据企业各种资源的配置状况，对计划期内的一系列相关工作做出的统一安排。需要满足系统性、标准化、有效性和普遍性四项基本要求。

2. 培训与开发项目设计需要依据培训需求分析确定项目目标，并根据培训目标，结合学员构成和工作条件选择相应的培训与开发项目方法。课程设计是实现培训总目标的具体的执行性和操作性计划，其内容一般包括课程目标、课程设置、授课形式、教学环节和时间安排。原则上，课程设计需要符合企业和学员需求以及学员认知规律。课程教材和培训者是培训项目的两个重要载体，要按要求进行选择，并对培训者进行专业培训。培训前需要做好成本及费用计算，包括直接成本、间接成本、设计与开发成本、一般管理费用和培训课酬等。

3. 培训与开发项目实施过程中需要先确定培训对象，做好准备工作，准时启动并进行预调查。同时还要建立培训信息管理系统，随时把握培训中可能遇到的问题，并及时采取调整对策。

复习思考题

1. 什么是培训设计？请帮助开篇案例中的小王拟订一份培训设计大纲，并尽可能丰富其中的要点。

2. 培训准备工作主要包括哪几部分内容？

3. 简述培训与开发项目管理中需注意的问题，并思考解决问题的途径。

4. 试论述培训信息管理系统在未来的发展以及应用前景。

案例分析

五月花制造公司的培训计划

五月花制造公司是美国印第安纳州一家生产橱柜和壁炉设备的小型企业，大约有150名员工。这个行业竞争激烈，五月花公司努力使成本保持在最低的水平以提高竞争力。

在过去的几个月里，公司因为产品不合格已经失去了三个主要客户。经过深入调查发现，五月花公司的产品次品率为12%，远高于行业平均水平的6%。总裁提米和副总经理博比讨论后认为，次品率高的问题不是出在工程技术上，而是因为操作员工缺乏应有的质量控制能力。博比认为，只要对负责的员工进行质量控制的培训就可以使次品率降低到一个可以接受的水平。提米接受了博比的提议，并授权其负责设计和实施这个培训项目。但是同时提米担心培训课程可能会引起生产进度问题，不过博比强调说培训项目花费的时间不会超过8小时，并且分解为4个单元，每个单元2小时，每周只实施1个单元。

在确定进行培训项目之后，博比向所有一线主管发出通知，要求他们检查工作记录，确定哪些员工在生产质量方面存在问题，安排他们参加培训项目。通知还附有一份培训课程的提纲。在培训设计方案的最后，博比为培训项目设定了如下目标：将次品率在6个月内降低到行业标准水平6%。

培训计划具体包括讲授、课堂讨论、案例研讨和电影分享。在准备课程时，教员把他讲义中的很多内容印发给每个学员，便于学员了解每一章的学习内容及培训安排。在培训过程中，学员花费了相当多的时间来讨论教材后面的案例。

由于缺少场地，培训被安排到公司的餐厅中举办，时间安排在早餐与午餐之间，这也正是餐厅工作人员清洗早餐餐具和准备午餐的时间段。

本来应该有大约50名员工参加每个培训单元，但是平均只有30名左右出席。在培训检查过程中，很多主管人员向博比强调生产的重要性。有些学员对博比抱怨说，那些真正需要在这里参加培训的人已经回到车间里去了。

博比认为评价这次培训最好的办法是看在培训项目结束后是否能够达到培训的目标。结果，产品的次品率在培训前后没有发生明显的变化。培训结束 6 个月后，次品率水平也同以前一样，没有降低。博比对培训非常失望，感到压力很大，不愿意与提米一起检查培训评估的结果。

资料来源：培训案例——五月花公司的培训．(2011－04－06)．百度文库.

讨论：

1. 博比的培训项目设计有哪些缺点？培训项目的各个阶段存在哪些问题？
2. 请你重新为该培训项目设定目标。
3. 你认为在这个培训项目中可以使用哪些其他的培训方法和技术？
4. 质量控制中的问题总是可以通过培训来解决吗？为什么？

第5章
培训方法

学习目标

- 掌握传统培训方法的主要类别、特点、实施方法。
- 掌握新型培训方法的主要类别、特点、实施方法。
- 了解选择培训方法的主要考虑因素。

开篇案例

优创数据技术有限公司成立于2003年。作为一家业务流程外包公司，优创一直致力于为保险企业提供集成和创新运作解决方案。公司极为重视人才发展，请来顶尖培训发展专家，运用最佳企业教学实践，逐步培育了一支超过20人、由中外专家构成的专业教学设计师团队。在团队的努力下，优创建立起企业大学。从无到有发展至今，优创大学已经可以满足公司各个级别、各个方面的培训需求。

随着业务的增长，公司需要将招聘流程标准化，并协助一线主管加速团队新员工的入职进程。为此公司要求培训与学习发展部门提供质量优秀、所需时间较短的岗前培训。为了能更准确地认识面临的挑战和找出可行的解决方案，主管柯克带领他的团队开展了深入的需求分析调查，并运用调查获得的数据和信息，创建了一套涵盖讲师授课、工作模拟、网络学习平台等的“预科学校”培训体系，从而解决了公司当前以及部分未来可预见的岗前培训需求。这一项目曾在2011年获得人才发展协会（ATD）颁发的最佳引用奖。其具体内容如表5-1所示。

表5-1　优创“预科学校”培训项目

项目	内容
需求分析调查方式	1. 工作现场操作观察 2. 讨论小组（参与者有一线主管、新入职员工以及他们的“师傅”） 3. 经理和高层领导访谈 4. 工作团队组长问卷调查 5. 历史数据及其他相关数据的回顾（离职调查报告、问卷调查和测试结果等）

续表

项目	内容
培训内容和方法	1. 将整个"预科学校"课程体系的时间缩短至五天，时间缩短的同时保证学习质量不变，精简招聘流程 2. 在学习过程中加入技能实战演练活动，缩短学员将理论转换成实践的时间 3. 在培训内容中向学员介绍实际的工作任务和范围，端正新员工对工作的认知和期望，降低新员工在最初三个月因落差感而离职的可能性 4. 通过课堂中充满趣味的互动学习体验，激发新员工对公司和工作的兴趣
项目成果	1. 学员满意度：问卷调查显示，学员普遍认为培训内容引人入胜且容易理解 2. 行为改变：阶段性调查结果表明，尽管培训时间减半，但是高达 78%的新员工小组组长认为新的培训项目比之前更加有效 3. 经济成果：通过将培训时间从两周缩短为一周，公司每年可节省 30 000 美元的培训费。同时，新员工离职率降低和预备上岗时间的缩短也为公司增加了经济收益

优创的"预科学校"培训作为岗前培训的一种，运用了讲授法、视听法、网络和多媒体教学、情景模拟等多种培训方法，同时还建立了企业大学进行教学培训。不同的培训方法适用于不同的对象，培训内容和培训目的也不尽相同。谨慎地选择和组合使用培训方法能够提高培训的效率。本章主要介绍培训的技术与方法，以及企业如何高效地选择最合适的方法。

第 1 节　传统的培训技术与方法

一　面向个人的培训法

企业对员工进行培训的目的主要在于提高员工个人的基本能力与专业素养，使其能更好地完成本职工作，服务于企业发展。以下介绍的几种培训方法就是针对个人能力提高、素质提升而设计的。

1. 讲授法

讲授法是众多培训方法中非常受欢迎且应用较为广泛的方法，这种方法主要是由培训讲师将所要传达的培训信息用语言传达给培训对象。一般而言，讲授法所传达的培训信息主要是与职业相关的基础知识和专业知识，还包括一部分可以口头传授的工作经验等。讲授法与其他培训方法最大的区别在于，讲授法在培训过程中的培训信息主要为单向传递，即只由培训讲师将培训信息传递到培训对象，而培训对象与培训讲师之间的信息交换较少。

讲授法可以在短时间内以有效的形式传递大量信息，因此成本最低，也最节省时间；而且培训讲师还可以根据不同的培训对象来选择不同的讲授内容，针对性较强。

讲授法的缺点在于，在培训过程中，培训对象很少能够参与进来，无法针对培训的内容及时给予培训讲师反馈。这一方面会导致培训对象的兴趣与热情很难被激发，另一方面也致使培训讲师无法根据培训对象对讲授内容的接受和理解程度而及时调整培训内容和节奏，无法保证培训效果。

讲授法的优缺点具体见表 5-2。

表 5-2 讲授法的优缺点

优点	缺点
● 在固定时间内传授内容更多，有利于深入理解难度较大的内容，知识覆盖比较系统和全面 ● 对培训环境要求不高 ● 利于培训讲师自由发挥并掌握和控制学习进度 ● 可以同时对许多受训人员进行培训 ● 平均而言，培训费用较低	● 学习效果易受培训讲师讲授水平的影响 ● 传授内容较多，学员难以完全消化和吸收，学过的知识不易巩固 ● 单向传授不利于教学双方互动，无法满足培训对象的个性需求 ● 容易导致理论与实践脱节 ● 传授方式较为枯燥、单一

2. 视听法

视听法主要是通过使用投影、幻灯片和录像等媒介向培训对象传达培训信息的一种方法。培训信息主要包括沟通技能、客户服务技能和谈话技能等。在实际培训中，很少单独采用视听法，一般都是配合讲授法使用，向培训对象展示课程相关的案例。

视听法具有灵活、生动的特点，培训讲师可以根据培训对象的实际水平调整培训内容，并且可以运用有效的媒介来展示单纯依靠讲授无法阐述清楚的具体事例和过程。需要注意的是，在使用幻灯片、录像等工具时必须对内容进行仔细准备和检查，以免由于图像不清、声音过大等干扰到培训对象对于培训内容的关注，影响培训效果。

视听法的优缺点具体见表 5-3。

表 5-3 视听法的优缺点

优点	缺点
● 培训讲师可以根据培训对象的实际水平来调整培训的内容 ● 可运用有效的媒介来展示单纯依靠讲授无法阐述清楚的具体事例和过程	● 容易由于图像不清等干扰培训对象的注意力，使得培训对象忽略培训的重点内容，影响培训效果

3. 案例研究法

案例研究法是指为达到一定的培训目的，将现实中的情形加以典型化处理，之后提供给培训对象进行思考、分析和判断，使培训对象在对案例的独立研究和相互讨论中提高分析与解决问题能力的一种方法。在案例研究中，培训对象要分析和评价案例中的人物采取的行动是否正确，并给出其他可行的处理方式。

案例研究法的优缺点具体见表 5-4。

表 5-4 案例研究法的优缺点

优点	缺点
● 提供了一个系统的思考模式，通过思考、讨论和反馈能够加深培训对象对培训内容的理解 ● 填补理论与实践之间的空白，有利于培训对象学习到解决企业实际问题的方法 ● 学习者能够通过表达观点，锻炼表达及沟通能力；通过思考与研讨，加速从内容学习到行为改变的过程 ● 激发创造力，寻求多种解决方式 ● 有助于打破成见和僵化的态度	● 案例的模板化往往不能满足培训的个性化需求 ● 现有案例过于概念化并带有明显的倾向性，针对性不强 ● 自己设计和编写合适的案例，需要的时间较长，且对培训对象和培训讲师都有较高要求 ● 引导和组织讨论需要较高的技巧，对培训讲师提出了挑战

◎看一看

案例研究法的具体实施步骤如下：

● 培训讲师向培训对象简单介绍案例研究法的相关信息（背景、特色等），以及本次案例研究的具体计划安排。

● 培训对象进行自我介绍，使得参与者之间相互熟悉，创造良好、轻松的合作氛围，为接下来的案例分析奠定基础。

● 将培训对象分组，每组人数一般控制在8～10人，并确定每组的组长。

● 分发案例资料，让培训对象分别熟悉案例内容。在此过程中，培训讲师要及时解答培训对象对有关案例内容的疑问。

● 各组分别讨论案例，找出问题的症结所在，并列出可能的解决策略，再从中挑选出最理想的策略。

● 各组将各自的策略分享，全体一起讨论解决问题的策略。

● 培讲训师对以上的讨论和分享进行整理以及总结。

4. 情景模拟法

情景模拟法就是尽可能地模拟真实的工作环境，让培训对象在模拟情景下所做决策产生的后果等同于在真实工作中所做同类决策产生的后果，以此让培训对象在无风险的情况下看清他们所做决策的真实结果，并在决策后对整个决策过程进行理性分析，从中提炼出有益于实际工作的经验与方法。

随着情景模拟法的应用范围逐渐扩大，其应用形式也愈加丰富，并分别形成较为固定的内容与程序。下面就对情景模拟法的两种主要应用形式——角色扮演法和商业游戏法进行简要介绍。

（1）角色扮演法。角色扮演法要求培训对象在特定的情景和环境中扮演培训讲师分配给他们的具体角色。角色扮演法使用情景模拟，要求培训对象扮演指定行为角色，并对培训对象的行为表现进行评定和反馈，以此来帮助培训对象发展和提高行为技能。角色扮演法很注重在情景中的人际关系反应，比如培训对象如何解决问题、化解冲突等。

因为参与性强，并有较高的互动体验，角色扮演法除了能提高培训对象的专门技能，还对提高培训对象的沟通配合能力，以及加深培训对象之间的互相学习有所帮助。但是角色扮演法对场景设计要求较高，同时培训效果也在很大程度上取决于培训对象的融入程度和参与意识，因而也有一定的局限性。

角色扮演法具体的优缺点如表 5-5 所示。

表 5-5 角色扮演法的优缺点

优点	缺点
● 有助于训练基本动作和技能，提高个体的观察能力和解决问题的能力 ● 有利于培训专门技能，且能在一个安全的学习环境中练习技巧 ● 培训对象参与性强，可以提高其培训积极性 ● 特定的模拟环境和主题可以增强培训效果 ● 促进培训对象互相学习和交流，提高沟通、表达、配合等综合能力 ● 既可提高培训对象的业务能力，又能加强其反应能力和心理素质 ● 灵活性较高，可根据培训需要改变培训对象的角色，调整培训内容	● 场景是人为设计的，如果设计者没有精湛的设计能力，设计出来的场景可能会过于简单，使培训对象无法真正得到锻炼、提高能力 ● 实际工作环境复杂多变，而模拟环境却是静态的、不变的，场景设计有局限性 ● 角色扮演中的问题分析限于个人，不具有普遍性 ● 有时培训对象由于自身原因，参与意识不强，角色表现漫不经心，影响培训效果

◎ **看一看**

角色扮演法在实施之前的准备是否充分，直接影响培训的实际效果。一般来说，角色扮演法的事前准备包括以下几个步骤：

（1）明确目的。运用角色扮演法时必须要明确培训的目的。培训讲师在实施该方法前，必须要清楚地知道需要设计何种情境、希望反映出什么样的问题以及希望提高学员哪些技能等。

（2）场景设计。根据已确定的目的设计场景。一方面要求设计出的场景应该是在现实组织中经常出现的能反映真实问题的场景，另一方面也应该避免使用培训学员所在企业的实际事件来扮演，以免侵犯个人隐私或者泄露重要的商业信息。

（3）角色设计。角色的设置一般要与所设计情景中的真实情况相吻合，以保证角色扮演的情节和人物符合现实中的情况，增加真实感。这样才能为培训对象融入和体验角色并做出真实的反应奠定基础。

（4）准备剧本。剧本只对扮演规定一个大体的框架，但是也必须与设定的场景相吻合。角色扮演法要求各相关角色根据剧本的要求进行扮演，但是同时也要给各角色留出自由发挥的空间。如果剧本设置过于详细，将束缚表演者的真实反应，无法如实反映问题；过于简略则有可能使扮演者的表演偏离方向，不能达到预期目的。

（5）时间设定。角色扮演的时间要根据设计的场景做出安排，时间过长或过短都不利于扮演者的发挥。角色扮演者要在规定的时间内完成相关任务。

（6）设定重点。为了确保角色扮演能够按照预定的轨迹发展，达到教学目的，培训讲师要对整个过程加以控制。为了不过分影响角色扮演者的表演，控制不能过于严格。一般可以根据核心主题，选取几个关键点作为控制点，以保证角色扮演能够顺利进行。

（2）商业游戏法。商业游戏也叫管理游戏（management game），主要是让培训对象在培训过程中以不同的方法收集各类信息，然后通过对信息的整合与分析做出决策，并与其他游戏参与者展开竞争，以此来锻炼培训对象的特定能力。通常采用计算机模拟经营的方式。

商业游戏法是一种很好的人力资源开发手段，它可以帮助培训对象挖掘解决问题的技能，帮助他们将注意力集中在制定公司规划上，而非应付临时事务上。公司有时会选择开发适合本公司情况的管理游戏，以开发领导力、培养团队精神等。除此之外，商业游戏法能够突破实际工作情境下时间与空间的限制，帮助参与者了解组织内部各部门之间的关系。同时，参与者在游戏过程中可以及时获得客观的反馈信息，帮助其对已有的决策和行为进行反思和改进。

商业游戏法也存在一些缺点。首先，商业游戏的设计及实施费用可能很昂贵，如果想达到良好的模拟及培训效果，需要有足够的前期投入；同时，这种游戏往往迫使决策者从既定的决策表中选择决策，但是在实际工作中，公司往往希望管理人员能提出富有新意的、具有革新精神的方案，因此这样的既定选择会限制对管理人员创新能力的培养。

商业游戏法的优缺点如表 5－6 所示。

表 5－6 商业游戏法的优缺点

优点	缺点
● 具有趣味性的游戏能培养培训对象对学科内容本身的兴趣 ● 改善受训集体的人际关系 ● 游戏所呈现的内容非常直观，易于理解，且能让参与者感受深刻 ● 培训对象可以直接在游戏中看到其所做决策产生的后果，而不必像在现实生活中那样经受代价高昂甚至是不可挽回的后果	● 游戏可能将现实过分简化，这会影响培训对象对现实的理解 ● 游戏会使人缺少责任心，容易让参与者将在游戏中对于决策的轻视和随意代入现实 ● 个别游戏材料价格高昂 ● 游戏需要的时间较长，并且规则要经常变更 ● 游戏法的有效性并未得到实证研究的证实

5. 师带徒法

师带徒法是一种较为传统的培训方法，它的主要形式是由一名经验丰富、技术水平较高的员工作为师傅，带领一名或若干名新进员工。师傅在工作的过程中主要是通过口头传授和亲身示范将工作所需的知识技能以及主要经验传授给新员工。

师带徒法一般而言会持续较长的一段时间，甚至是几个月或更长时间。在这一过程中，学习对象依然可以获得收入，并且收入会随着技能水平的提高相应增长，这也是师带徒法的一个主要优点。但是师带徒法的一个弊端就是它无法保证在培训结束后还能有职务空缺，而且一般而言，师带徒项目只能对培训对象进行一种技艺或者工作的培训，无法使培训对象的综合能力得到提高。

师带徒法的优缺点如表 5－7 所示。

表 5－7　师带徒法的优缺点

优点	缺点
● 新员工在师傅指导下开始工作，可以避免盲目探索，且有利于新员工尽快融入团队 ● 新员工可以从师傅处获取丰富的经验，有利于企业优良工作作风的传承 ● 通常能在培训者和培训对象之间形成良好的关系，有助于工作的开展 ● 在因师傅退休、辞职、调动或提升而离开工作岗位而致使相应的技能出现短缺时，企业能有训练有素的员工顶上，不影响工作效率和效果	● 易受“带会徒弟饿死师傅”这种消极观念的影响。为防止新员工对自己构成威胁，指导者可能会有意保留自己的经验、技术，从而使指导浮于形式 ● 指导者本身水平对新员工的学习效果有极大影响，不良的工作习惯也会影响新员工 ● 不利于新员工的工作创新 ● 仅对培训对象进行特定技能的培训，不利于其长远发展

◎看一看

导师制员工培养是华为特有的育才机制，是员工在职培训的一种方式和有助于员工技能螺旋上升的一项长期工作；导师制将伴随员工度过在华为的整个职业生涯。

导师在华为员工培养中扮演以下角色：(1) 教师、教练和辅导员；(2) 榜样；(3) 能力与潜质的开发者；(4) 值得员工信赖的保护人；(5) 技术带头人、提携者；(6) 提供机会和纠正错误者；(7) 思想引导者。

导师的任职资格要求：

(1) 公司各级主管、部门主管、基层主管和部门业务骨干，有能力对培养对象进行业务方面的指导。

(2) 认同华为文化，有能力对培养对象进行思想引导，愿意听取意见，并为他人解决思想问题。

(3) 责任心强，有较强的计划、组织、管理、沟通能力，有能力为培养对象制订合理的学习计划，安排相应的任务。

(4) 为人正直公正，有能力对培养对象的工作进行客观评价，能利用各种激励方法，引导培养对象进步。

导师的主要责任：

(1) 定期与培养对象沟通，帮助解决其思想上的疑难。

(2) 根据资格认证标准，针对培养对象的弱点、不足以及共同制定的发展目标和培养计划，在日常工作中开展业务指导和经验传授，促使培养对象达到任职资格的要求或预计的目标。

(3) 创造和提供机会让培养对象参加各种培训。

(4) 维护培养手册。

新员工导师工作流程：

(1) 新员工进业务部门定岗的第一天，由所在部门领导为其指定导师（导师必须是预先申报获准的）。通过新员工报到反馈单报各系统干部处备案。导师任期为三个月，期满后师生关系结束，任期内新员工所犯的错误，其思想导师应承担一定的连带责任。

(2) 导师应主动向新员工介绍部门的组织结构、工作环境、工作流程、相关业务进度及周边同事。应在一周内与新员工认真沟通，了解其专业知识结构，明确转正标准，并根据本部门需要和新员工实际情况为其制订详细的月度培养计划。培养计划一式三份，导师、新员工和干部处各存一份。各系统干部处负责督促培养计划的及时完成，并不定期抽查。

(3) 导师除在技术上给予新员工指导，还应在思想上给予帮助，引导新员工严格遵守公司各项规章制度，不妄加评论，对不应该知道的事项不随意打听。

(4) 在三个月培养期间，导师应根据实际情况，及时对培养计划做出修正，并对新员工的学习和工作情况进行检查。

(5) 三个月培养期满后，思想导师填写“培训工作总结”，要求思想导师对自己的培养工作和新员工的工作进展做出书面评价，并对是否能上岗转正提出意见，提交干部处，作为对导师和新员工工作考核评价的依据之一。

新员工每月填写“月度工作总结”提交导师、干部处；三个月培养期满后填写“工作总结”，要求对三个月来的学习、工作做出书面总结，对导师工作做出评价，提交干部处，也作为对导师和新员工工作考核评价的依据之一。

6. 行为示范法

行为示范法是通过让培训对象观看以录像、幻灯片或者其他形式展现的关键行为标准样例来学习工作所需技能与方法，并进行实际操作演练的一种培训方法。行为示范法更适用于让培训对象学习一种技能或者行为。

行为示范法的优缺点如表5－8所示。

表5－8　行为示范法的优缺点

优点	缺点
● 能帮助培训对象较深入地了解流程 ● 培训对象能够参与实践，切身体会培训内容 ● 对于操作技巧等类似技能的培训效果好	● 目前的行为示范模式比较简单，理想化的行为示范模式比较复杂且难以实现 ● 行为示范模式比较单一，难以吸引培训对象 ● 人际技能和管理技能的行为示范培训效果不佳

◎看一看

行为示范法的一般实施步骤如下：

（1）引入。

- 用视频的形式展示该项技能的关键行为，即完成这项技能必需的行为。
- 培训讲师讲解该技能的理论基础。
- 培训对象就应用这些技能的经历进行讨论。

（2）技能准备和开发。

- 培训对象观看培训讲师或示范员的行为演示。
- 培训对象参与技能实践。
- 培训讲师倾听培训对象的执行效果反馈。

（3）计划实施。

- 对实际工作的改进目标进行设定。
- 具体指出关键行为的应用情境。
- 对关键行为在实际工作中的应用做出承诺。

7. 自我指导学习

自我指导学习是由培训对象自己完全掌握主动权的学习方法。个体可以自己决定学习的时间、地点、内容，以及让谁来帮助自己学习等。培训讲师也可以参与培训对象的自我指导学习过程，但是起到的作用通常只是辅助培训对象而已，例如帮助培训对象评估学习状况或者回答培训对象所提出的问题。

自我指导学习的优点很明显，它可以使培训对象按照自己适应的节奏进行学习，同时能够及时得到学习效果的反馈。除此之外，自我指导学习不受场地和时间的限制，而且由于自我指导学习不需要培训讲师提供太多帮助，培训成本也会降低。

自我指导学习这种方法也有一定的局限性，最主要的就是整个培训的实施效果依赖于培训对象是否有学习的主观愿望以及进行自我指导学习的能力。如果培训对象的学习意愿不高或者是学习能力不强，那么这种培训方法就很难达到预期的效果，还可能比其他类型的培训耗费更长的培训时间。

自我指导学习的优缺点如表 5-9 所示。

表 5-9 自我指导学习的优缺点

优点	缺点
● 培训对象可以按照自己适合的节奏进行学习 ● 可培养员工自学能力 ● 及时得到学习效果的反馈 ● 培训的实施不受场地和时间的限制，不影响工作 ● 不需要培训师提供太多帮助，培训成本低	● 整个培训的实施效果依赖于培训对象是否有学习的主观愿望以及进行自我指导学习的能力 ● 自学者容易感觉单调枯燥 ● 学习的内容受到限制 ● 学习效果可能存在很大差异 ● 学习中遇到疑问和难题时得不到解答

◎ 想一想

你是否接触过上述培训方法？你认为这些培训方法在具体应用中应该如何选择？

二　面向团队的培训法

在组织里，培训的对象除了个人，还包括像研发小组和服务团队这样的团体。针对团队采取培训的主要目的是通过提高团队成员独立完成任务的工作技能和团队工作技能，来保证有效的团队合作和绩效。

1. 冒险性学习法

冒险性学习法特别适用于提高团队效率，它主要是指利用有组织的户外活动来开发团队协作和领导技能。冒险性学习又称野外培训或者户外培训，培训内容包括有挑战性的体育运动项目和有组织的个人或者小组的户外运动，例如户外破冰游戏、登山、攀岩、拓展训练、信任感练习等。

冒险性学习法的雏形是 1942 年英国阿伯德威海上训练学校的训练模式，它通过强度大且有一定危险性的海上集训来培养水手的勇气和毅力。后来这种培训模式逐渐被运用到军队、学校和企业当中，内容也由最初相对简单的侧重体力的培训扩展到包括身体素质、心理素质、人际交往素质、管理素质等全方位的培训。

冒险性学习法有两个重要的特点：第一，学习环境多为大自然，学习模式一般采用团体模式。每个成员都能在特别的氛围中获得充分的、个性化的体验，在团队氛围建设、人际关系优化、心理素质开发等方面的培训效果较好。第二，冒险性学习涉及的培训内容一般具有挑战性、协作性、竞争性和一定的危险性，由于很多活动都是在户外进行，因而对培训对象的身体素质有一定的要求，同时也要求企业充分做好安全防护措施和医疗资源的准备；另外部分活动可能难度较高或强度较大，分组竞赛或协作项目会对培训对象应对挫折、处理人际冲突、调整竞争心态的能力带来挑战。

冒险性学习法的优缺点如表 5－10 所示。

表 5－10　冒险性学习法的优缺点

优点	缺点
● 最适用于开发与团队效率有关的技能，如冲突管理 ● 冒险性学习允许培训对象在没有正式商业准则的情况下进行人际交往，这种环境可以让员工快速融入团队，并提高团队的凝聚力 ● 冒险性学习的实践让培训对象共享一段具有感情色彩的经历，能帮助培训对象打破原有行为方式，而且自愿改变自己的行为 ● 培训对象能通过此类实践感知工作中什么是无效行为，什么是有效行为	● 冒险性学习对身体素质要求较高，将给企业带来一定的风险

◎读一读

拓展训练（outward development），又称外展训练（outward bound），原是指小船驶离平静的港湾，义无反顾地投向未知的旅程，去迎接新的挑战和困难。拓展训练通常利用山川等自然环境，通过精心设计的活动达到“磨炼意志、陶冶情操、完善人格、熔炼团队”的培训目的。目前拓展训练是比较流行的冒险性学习法之一，许多企业通过拓展训练来提高组织凝聚力，增强组织成员对彼此的了解，同时达到磨炼员工意志、传达企业理念的目的。

拓展训练最初起源于军事领域，包括团队热身、个人项目、团队项目、回顾总结几个部分。拓展训练关注“体验—分享—交流—整合—应用”的循环往复，通过拓展训练，员工可以增进对彼此的了解，并体验到团队的力量。

2. 行动学习法

行动学习法，就是通过行动实践进行学习。通常是在一个专门以学习为目标的背景环境中，以团队面临的重要问题作载体，让接受培训的团队共同解决问题并且制订行动计划，然后再由他们自己负责实施该计划，从而达到开发人力资源和促进组织发展的目的。

行动学习法培训是由英国管理学思想家雷格·瑞文斯（Reg Ravens）提出的，1971年他在《发展高效管理者》一书中正式提出了行动学习的理论与方法。瑞文斯使用学习方程式“L＝P＋Q”说明行动学习法的含义。式中，“L（learning）”为学习；“P（programmed knowledge）”为结构化的知识，是指人们通过接受指导，学习到的那些存储于书本中的知识；“Q（questioning insight）”为在不确定的条件下提出深刻问题的能力。

“P”是行动学习的基础。在开展行动学习前，人们需要吸收必要的知识。但是仅靠专家教授的结构化的知识“P”并不能帮助人们解决在现实中遇到的问题与挑战。只有提高在不确定条件下提出深刻问题的能力“Q”时，才能灵活有效地应对现实中的复杂情境。只有将“结构化知识”与“质疑”结合起来，才是完整有效的学习。当人们不知道答案，但又面临必须解决问题的压力时，学习才真正开始。

行动学习系统包含12项基本要素：发起者、战略目标、学习过程、参与者、建设学习小组、指导、问题导向、资料搜集、资料分析、起草陈述、陈述和反思。行动学习法的重点在于实践，学习标的为真实的商业案例，一般与角色扮演和团体决策的方式相结合。培训对象在实践中学习，分析案例并且与团队成员充分研讨形成解决方案，最后通过陈述和反思来完成行动学习。

行动学习法常用于经理人员培训或者团队文化建设当中。行动学习法侧重实践，解决的是在学习工作或商业环境中的现实问题，可避免培训不接地气的问题。此外，由于企业、团队或个人面临的问题可能具有颠覆性和交叉性，因而行动学习法有利于在部门间、员工间营造相互理解的氛围并且提出具有变革性的系统解决方案。

行动学习法的优缺点如表5-11所示。

表5-11　行动学习法的优缺点

优点	缺点
● 减少了由学习到应用的时间 ● 降低成本 ● 可对团队成员的表现进行及时反馈 ● 产生富有创意的解决方案 ● 增加组织凝聚力 ● 加强组织学习能力，真正成就一个学习型组织	● 要求组织一系列的学习活动，项目设计及其内容至关重要 ● 参与者有时会把重点放在结果上，而忽视过程，缺乏充分反馈、反思 ● 可能会出现某一小组成员或是某一专业领域形成主导的局面，整个学习小组所产生的任何成果缺乏创造性、深刻性 ● 需要一个优秀客观的监督者 ● 有虎头蛇尾的风险

◎看一看

行动学习法培训不仅是使员工接受新思想的过程，也是对自身行动的自主观察与反思。具体来说，行动学习法培训过程由以下四个步骤构成：

第一步，由发起人发起行动学习培训项目，包括确定培训的方式、指派具体负责人员或机构。

第二步，由行动学习的具体负责人（机构）制订实施方案、选择参加人员、寻找外部支持专家、落实经费。

第三步，严格按照计划实施。

第四步，按计划由发起人组织成果验收，对行动学习法培训的结果进行科学评估。

3. 交叉培训法

交叉培训法是指让团队成员了解并实践所有人的工作，以便在有人暂时或者永久离开团队之后，其他成员可以在短时间内接替。具体而言，就是一个部门的员工到其他部门进行学习和接受培训。交叉培训是否成功，主要取决于采用这种培训方法的效率，而影响交叉培训效率的主要因素包括下列几种：

(1) 前期准备。这是影响交叉培训效率的前提因素。前期的准备工作做得好，可以促使交叉培训有章可循，按照计划进行，并达到理想的效果。前期的准备工作主要包括两点：一是提供培训部门的培训计划；二是准备接受培训部门所要考查的问题。

(2) 培训对象的意识与能力。这是影响交叉培训效率的主观因素。交叉培训实施过程中要求被培训者有足够的发现问题的意识和能力，结合培训目标，保持对问题的敏感度。培训者需要主动发现问题，而不能只是单纯地被动接受培训。

(3) 培训总结与跟进工作总结。这是整个交叉培训的升华。通过培训，结合最初确定的计划或目标，既可以发现自己部门的问题，又可以发现其他部门的问题，以此为基础寻找解决问题的办法，并在以后的工作中改进。培训结束之后部门之间仍要进行必要的沟通，对于发现的问题要及时解决，完善运作机制，这样可以促进部门之间的协调。

交叉培训法的优缺点见表 5－12。

表 5－12 交叉培训法的优缺点

优点	缺点
● 能丰富培训对象的工作经历，培训对象在短时间内可以从事不同的工作 ● 能识别培训对象的长处和短处，帮助企业更好地开发员工所长，帮助培训对象找到适合自己的位置 ● 能增进培训对象对各部门管理工作的了解，改进各部门之间的合作，同时有助于员工完成跨部门的、合作性的任务	● 培训对象认识到他们目前的环境是临时的，不久就会换到别的岗位上，从而在工作中敷衍了事、所学不精 ● 培训对象的工作水平不高，影响整个工作小组的效率 ● 新人加入，可能会使原有的员工产生不满，而培训对象将来可能会成为他们的上司，也许会影响将来的工作关系

第 2 节 新型的培训技术与方法

一 基于计算机的培训方法

随着个人电脑和智能手机的普及，以及互联网技术的高速发展，基于计算机的培训成为组织培训和个人自我学习的重要途径之一。作为新型培训技术中最基本的一种方法，它主要是指通过设计软件、课程以及借助网络信息共享平台来帮助培训对象进行自主学习。采用这种方法进行培训，培训对象可以基于自身的知识水平及时自主地调整学习进度以及侧重点。

1. 网络学习法

随着互联网技术的发展和对传统培训形式的不断反思，自 20 世纪末，网络学习培训技术逐渐成为席卷全球的革新浪潮。网络学习被界定为用互联网技术来实施一系列学习解决方案，用以传播知识、提高效率。人才发展协会（ATD）对网络学习的定义是：网络学习是指由网络电子技术支撑或主导实施的教学内容或学习体验。

网络学习有以下三个基本特点：第一，基于互联网的学习。这是网络学习最主要的特征，正是有这样的技术背景，才极大地方便了资料的即时更新、数据的分发和共享、学员之间的即时交流。第二，运用标准的网络技术，通过计算机把知识传输给最终用户。这里的关键在于运用标准的网络技术，如 TCP/IP 协议、网页浏览技术等组成的平台。第三，不局限于信息和技能的传授。网络学习的学习方式、内容及结果早已超越了传统学习或培训的内涵与外延，是学习理念的革命。

在云计算和大数据技术的影响下，企业网络学习的应用又表现出一些新的发展趋势，主要体现在以下方面：

（1）个性化定制。基于大数据技术，我们可以从纷繁复杂的数据中快速获得有价值的信息，从而将正确的信息在正确的时间交付给正确的对象。对于培训而言，大数据技术可以挖掘培训对象的习惯和偏好，借助培训对象的社交网络服务数据乃至网上支付数据找到符合其兴趣和需求的培训工具及服务，从而提供定制化的培训方案。

（2）成本。基于云计算技术，企业培训机构只需支付少量资金购买软件服务商提供的系统，有时甚至可以免费下载一些通用工具。此外，利用云存储等功能，企业非机密的培训资源可以放置在云端服务器，因而节省了设备的购置、维护与保养成本；而对于致力于搭建海量信息平台、开发自有培训系统甚至提供云端服务的企业而言，可能面临信息管理人员、隐私安全保护、存储技术等方面的成本挑战。

（3）绩效技术。绩效技术指研究员工或组织的绩效数据，寻找绩效下降或者未达到预期绩效的原因，进而寻求干预方法。一些绩效低下的原因是员工的知识技能掌握不足，因此企业网络学习项目的开发应当基于绩效导向，让培训成为提高员工绩效的帮手，同时使企业网络学习项目更有可能获得员工和管理层的支持进而顺利推广。

（4）移动培训。移动培训指借助个人计算机或移动端，人们可以在碎片时间或非正式环境中随时开展自我学习。由于经济的快速发展、商业竞争加剧，企业很难在员工的正常工作时间和正式工作环境中组织频繁的培训，然而员工的能力和职业生涯发展是企业培训部门的重要责任，因此移动培训将成为企业培训的重要组成部分。目前各类组织及个人运用微信、微博等平台进行信息共享和学习已经成为潮流，社会化学习在这样的环境中逐步成为常态。

（5）慕课。慕课（massive open online course，MOOC）是近年来出现的一种在线课程开发模式，即大规模在线开放课程。它是一种基于开放教育学和网络学习理论的线上课程，将分布于全球的讲师和学习者联系起来，参与人数经常超过万人甚至达到十几万人；课程的材料和信息散布在互联网上，绝大部分课程可免费或者少量付费学习。由于慕课具有兴趣导向、学习自由、不受时空限制的特点，因而在全球掀起了一场学习革命。企业培训部门可充分挖掘慕课资源，汲取全球各学科大师的智慧，帮助员工实现自我发展。

◎读一读

Coursera是免费大型公开在线课程项目，由美国斯坦福大学两名计算机科学教授创办，目前已经与另外12所大学达成合作协议，课程报名学生突破了150万，来自全球190多个国家和地区，而网站注册学生为68万，有124门注册课程。Coursera期待在未来所有人都可以获得世界最高水平教育。

edX是麻省理工学院和哈佛大学于2012年4月联手创建的大规模开放在线课堂平台。它免费给大众提供大学教育水平的在线课堂。该计划基于麻省理工学院的MITx计划和哈佛大学的网络在线教学计划，主要目的是配合校内教学，提高教学质量和推广网络在线教育。截至2013年10月，edX共有29所教育机构参与，包括我国的清华大学、北京大学、香港大学、香港科技大学等。

可汗学院（Khan Academy），是由孟加拉裔美国人萨尔曼·可汗创立的一家教育性非营利组织，旨在利用网络视频进行免费授课，现有关于数学、历史、金融、物理、化学、生物、天文学等科目的内容，教学影片超过 2 000 部，机构的使命是提高各年龄学生的学习速度。可汗学院通过在线图书馆收藏了 3 500 多部可汗老师的教学视频，向世界各地的人们提供免费的高品质教育。该项目由萨尔曼·可汗给亲戚的孩子讲授的在线视频课程开始，迅速向周围蔓延，并从家庭走进了学校，甚至正在“翻转课堂”，被认为是打开“未来教育”的曙光。

MOOC 学院是果壳网旗下的一个讨论 MOOC 课程的学习社区。MOOC 学院收录了主流的三大课程提供商 Coursera、Udacity、edX 的所有课程，并将大部分课程的课程简介翻译成中文。用户可以在 MOOC 学院给上过的 MOOC 课程点评打分，在学习的过程中和同学讨论课程问题，记录自己的上课笔记。

图 5－1 给出了一般员工参与网络学习的主要流程，表 5－13 罗列了网络学习的一些优缺点。

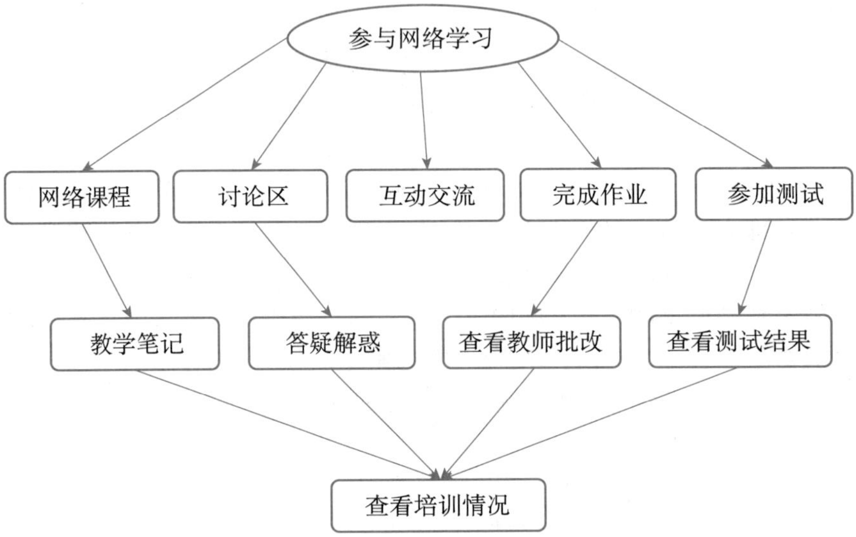

图 5－1　参与网络学习的流程示例

表 5－13　网络学习法的优缺点

优点	缺点
● 共享资料，教育平等 ● 提高学习效率 ● 资源广，可增强课堂的趣味性，提高效率 ● 降低培训成本 ● 灵活、快速、便捷，易于管理	● 一次性投入的成本较高 ● 对企业的网络培训系统要求高，中小型企业不适用 ● 实践功能薄弱 ● 学习效果难以衡量

◎ 想一想

我国企业使用网络学习的现状怎样？你认为我国企业应该如何使用网络学习？

2. 虚拟现实法

虚拟现实法是由培训讲师为培训对象提供三维立体的学习环境和学习体验，在培训过程中，培训对象可以通过观看计算机屏幕中的虚拟模型和操作专业的设备来感受虚拟的环境，并在模拟环境的互动体验中习得知识、掌握技能。

虚拟现实技术有三个最基本的特征：沉浸（immersion）、交互（interaction）和想象（imagination）。实际上发展到今天，虚拟现实技术的概念已超过了戴头盔以及数据手套等技术，所有具有自然模拟、逼真体验的技术与方法都可以称为虚拟现实技术。它创建的是一个酷似客观环境且超越客观时空、能沉浸其中又能驾驭其上的和谐人机环境。

但是在虚拟现实技术的应用过程中也出现了一些问题，例如，如果设备达不到基本标准，可能影响培训对象体验身临其境的感觉；更有甚者，如果设备出现严重的质量问题，培训对象可能会在体验虚拟现实的过程中出现恶心、眩晕、头痛等不良反应。

虚拟现实法的优缺点见表5-14。

表5-14 虚拟现实法的优缺点

优点	缺点
● 模拟现实，体验逼真 ● 培训对象有高参与度和积极性	● 若设备不达标，可能影响培训体验，甚至可能导致不良生理反应

二 多媒体培训法

多媒体培训是一种把视听方法与基于计算机的培训结合在一起的培训手段。应用此种培训方法，培训对象可以以互动形式，并结合多媒体手段展现的文本、图标、视频等具体信息学习新的知识与技能。同时，借助计算机及互联网技术的支持，培训对象可以在各自办公地点的专门教室里接受远在外地的专业培训师的培训，并且可以借助互联网实现培训对象之间以及与培训师之间的多方互动。

多媒体培训法有很多优点，它不仅可以由培训对象自我控制学习进度，而且可以为培训对象提供及时的反馈和指导。又由于它可以调动人的多种知觉对信息进行感应，学习的内容就更具有连续性，也容易达到更好的培训效果。

但是，多媒体培训系统的开发费用较为昂贵，一般还需要较长的开发周期，因而培训内容的更新速度往往会受到限制。也正因为如此，目前对于这种培训方法所能达到的实际效果仍然存在一定的争议。

美国的众多企业开设了利用多媒体培训方法进行培训的跨区域培训课程，内容包括营销原理、服务营销、消费者行为研究、战略营销、基础会计、财务管理、人力资源管理等核心企业管理知识与技能。而从我国的应用状况来看，利用多媒体方法进行的跨区域培训是以广播电视教学在20世纪80年代的广泛应用为开端的。在这种形式中，培训的重点在于向培训对象播放培训讲师授课的录像，以使其在短时期内接受尽量多的专业知识和技能。进入90年代之后，随着计算机和互联网技术的迅速发展，多媒体培训的形式和内容逐渐丰富起来。

多媒体培训法的优缺点如表5-15所示。

表5-15 多媒体培训法的优缺点

优点	缺点
● 可以由培训对象自己控制学习进度 ● 为培训对象提供及时的反馈和指导 ● 学习内容更具有连续性，容易达到更好的培训效果	● 媒体培训系统的开发费用较为昂贵 ● 较长的开发周期 ● 内容的更新速度受到限制

第3节 选择合适的培训方法

一 为什么要选择合适的培训方法

不同的培训方法适配于不同的培训内容和培训目的。只有找到合适的方法，才能将培训内容有效地传授给培训对象，达到最好的培训效果。对于实际工作来说，应根据公司的培训目的、培训内容以及培训对象，选择适当的培训方法，只有这样才能够有针对性地进行培训，才能切实达到企业培训的目标，收到较好的培训效果。如果选择的培训方法与培训内容不匹配，无法达成企业想要的目标，不适用于企业的培训对象或者企业环境，那样只会造成企业时间、资本等的浪费。

目前，培训市场发展迅速，各种培训方法让人眼花缭乱，那么企业该如何选择合适的培训方法呢？培训作为提升员工素质的重要途径和促进企业健康发展的源泉，需要在思维和观念上与时俱进，既不能"缺位"（缺乏对员工的培训），也不能"越位"（脱离企业的实际），需要"对位"，因为最适合的才是最好的。

◎ **读一读**

企业内部培训方法的比较

培训方法	比较内容					
	师资投入	培训投入	交互性	培训时间	对培训对象的要求	培训效果
讲授法	高	较少	一般	可长可短	水平一致为好	较好
视听法	低	较少	差	可长可短	无特别要求	较好

续表

培训方法	比较内容					
	师资投入	培训投入	交互性	培训时间	对培训对象的要求	培训效果
案例研究法	较高	较少	较好	较长	有较高的管理决策水平	不易见效
角色扮演法	不高	少	好	较长	能积极参与，有创新意识	一般
商业游戏法	不高	较少	好	较短	无特别要求	较好
师带徒法	高	较多	好	较长	无特别要求	较好
行为示范法	较高	较少	好	较长	无特别要求	较好
自我指导学习	低	少	差	可长可短	对培训内容有一定基础	较好
冒险性学习法	不高	较多	较好	可长可短	能积极参与，有一定培训基础，身体素质较好	好
行动学习法	高	较多	好	可长可短	对培训内容有一定基础	较好
交叉培训法	低	较少	一般	长	有较多的工作经验	较好
网络学习法	不高	多	较好	较长	无特别要求	较好
虚拟现实法	不高	多	好	较长	无工作经验或有初步工作经验	好
多媒体培训法	低	较少	差	可长可短	无特别要求	较好

二 如何选择培训方法

1. 确定培训活动的领域

在具体实施培训活动时需要划定培训的领域。培训活动应当在划定的领域中开展，并且选择恰当的技巧和方法，这样才能保证培训活动不偏离最初的培训目标，有较强的针对性。培训部门在构建培训体系时，应当对企业培训的领域进行整理和分类，并把它们与培训课程相对照，研究选择适当的培训方法和技巧，以适应不同培训目标所设定的领域。

2. 分析培训方法的适用性

培训方法是为了有效地实现培训目标而挑选出的手段。它必须与教育培训需求、培训课程、培训目标相适应，同时，它的选择必须符合培训对象的特点、习惯和偏好。

从培训方法与培训内容、培训目标的关系出发，对企业培训中的培训方法可做如图5-2所示的分类。

通常企业的培训目标有传递信息、更新知识、改变态度、培养能力（包括工作技巧、工作技能和经营决策能力等内容）。对于要传递信息的，可以选择讲授法、视听法等方法；对于以更新培训对象的知识为培训目标的可以选择讲授法、情景模拟法、视听法、交叉培训法和行动学习法等方法；对于以改变培训对象的工作态度为培训目的的可以选择讲授法、案例研究法、视听法、角色扮演法、交叉培训法和行动学习法等方法；

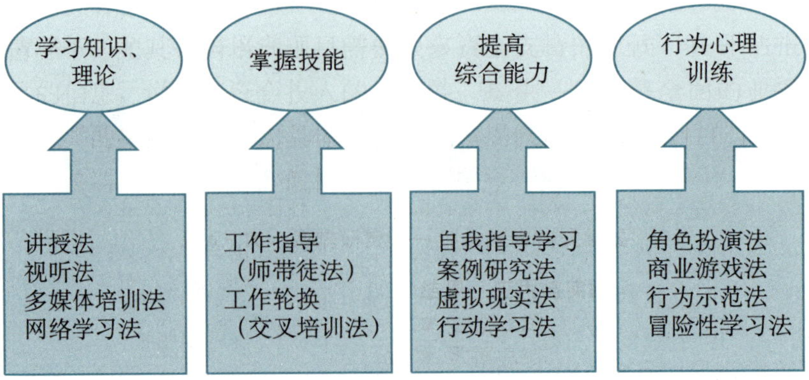

图 5-2 培训方法分类

对于以培养培训对象工作技巧和工作技能为培训目的的可以选择讲授法、行为示范法、视听法、角色扮演法、交叉培训法、行动学习法等方法；对于以培养企业中级以上经营管理人员的经营决策能力为培训目的的可以选择讲授法、案例研究法、视听法、角色扮演法、交叉培训法和商业游戏法等方法。

3. 根据培训要求优选培训方法

每一种培训方法都有它的长处与短处，有一定的适用领域。优选培训方法，即选择最优的培训方法，也就是要选最合适的培训方法，如图 5-3 所示。优选培训方法应考虑以下几点要求：

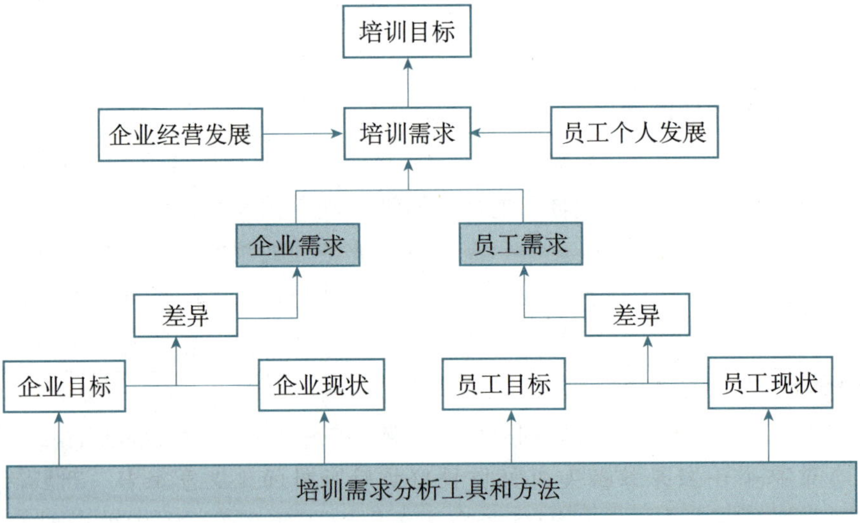

图 5-3 优选培训方法示意

（1）保证培训方法的选择要有针对性，即针对具体的工作任务来选择。

（2）保证培训方法与培训目的、课程目标相适应。

（3）保证选用的培训方法与培训对象群体特征相适应。

（4）培训方法要与企业的培训文化相适应。

（5）培训方法的选择还取决于培训的资源可用性（设备、花销、场地、时间等）。

◎看一看

在人力资源开发中，究竟选用何种培训方式与方法，主要应考虑以下因素：

(1) 学习的目标。学习目标对培训方法的选择有着直接的影响。一般说来，学习目标若为认识或了解一般的知识，程序化的教学、多媒体教学、演讲、讨论、案例分析等多种方法均能采用；若学习目标为掌握某种应用技能或特殊技能，则示范、实习、模拟等方法应列为首选。

(2) 所需的时间。因为各种培训方式所需要的时间长短不一样，所以培训方式的选择还受时间因素的影响。有的培训方式需要较长的准备时间，如多媒体教学、视听教学；有的培训实施起来则时间较长，如自我学习。这就需要根据企业组织、学习者以及培训讲师个人所能投入的时间来选择适当的培训方式。

(3) 所需的经费。有的培训方式需要的经费较少，而有的则花费较大。如演讲、角色扮演、小组讨论等方法，所需的经费一般不会太高，主要集中在差旅费和食宿费上；而影音互动学习和多媒体教学则花费惊人，购买各种配套设备等需要投入大量资金。因此，需要考虑到企业与学员的承受能力。

(4) 学员的数量。学员人数的多少还影响培训方式的选择。当学员人数不多时，小组讨论或角色扮演是不错的培训方式；当学员人数众多时，演讲、多媒体教学、大型研讨会可能比较适当。学员人数的多少不仅仅影响培训方式，而且影响培训效果。

(5) 学员的特点。学习者所具备的基本知识和技能的多少，也影响培训方式的选择。例如，当学员没有电脑知识时，电脑化训练或多媒体教学就不太适用；当学员的教育水准较低时，自我学习的效果就不会很好；当学员大多数分析能力欠佳并不善于表达时，辩论或小组讨论的方式难以取得预期的效果。因此，培训方式的选择还应考虑到学员本身的知识状况和应对能力。

(6) 相关科技的支持。有的培训方式需要相关的科技知识或技术工具予以支持。如电脑化训练自然需要电脑的配合，影音互动学习至少需要会用电脑，多媒体教学则需要更多的声光器材的支持。因此，培训单位或组织能否提供相关的技术和器材，将直接影响高科技训练方式的采用。

4. 培训强度与培训方法选择

选择培训方法应当考虑到培训的强度，当培训方法与培训强度相匹配时，才能够减少培训对象的疲劳感，保证培训对象有足够的注意力，进而获得更好的培训效果。

图5-4展示了不同培训强度下可选的培训方法。具体而言，当培训强度要求比较低的时候，培训对象的注意力相对集中，不易疲倦，因而可以采取纪实性的培训方法，既节省培训费用又能传授更多知识，如讲授法等；当培训强度处于中等时，如果培训对象一直比较被动地接收信息，就会感觉到缺乏兴趣从而影响培训效果，对此可以采用分析性培训方法提高培训对象的主动性，如案例研究法、多媒体培训法等；而当培训强度要求很高时，培训对象很难全程集中注意力，如果培训对象的参与性不足将会导致培训对

象产生“学习饱和感”而丧失学习兴趣，因而必须采用经验性培训方法保证培训对象的参与度，如角色扮演法、商业游戏法、冒险性学习法、拓展训练等。

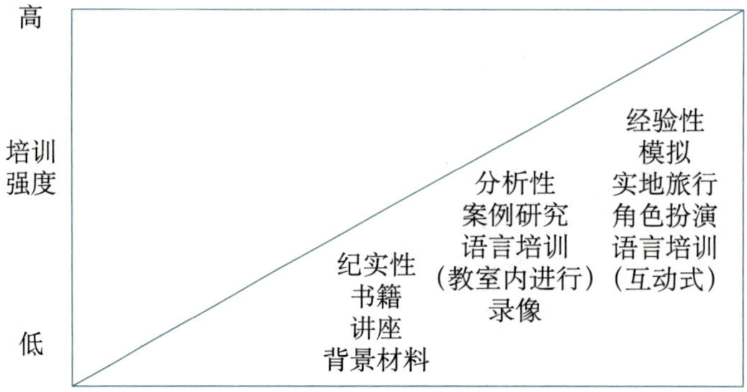

图 5-4　培训强度与培训方法选择

5. 培训层次与培训方法选择

针对不同层次的培训对象及其不同的工作性质，我们分析得出其培训的重点，进而选择对应的培训方法，如图 5-5 所示。

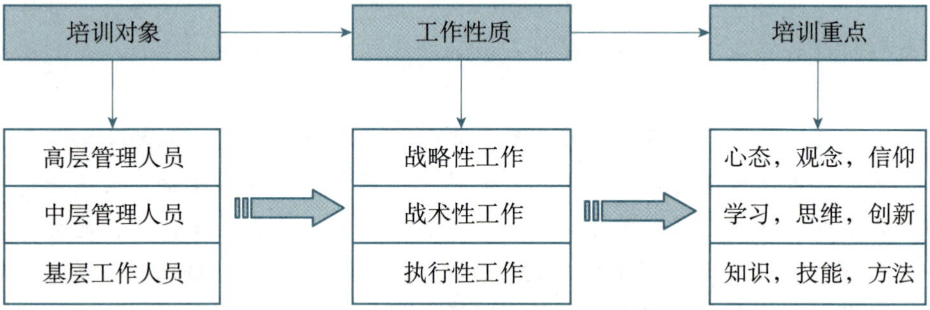

图 5-5　不同培训层次的培训重点

针对公司高层可采用高级研修班、研讨会、报告会、论坛、自学、企业间高层交流、实地考察、专业进修等培训方法，这些方法利于培养高层管理人员的战略思维，对心态、观念和信仰的完善效果更好。针对中层员工可采用论坛讲座、案例分析、参与高层管理、工作轮换、在职辅导、脱岗培训、系列培训班、户外拓展训练等，这些方法能够培养中层管理者的管理战术，帮助他们提高学习、思维和创新的能力。针对基层员工则适用课程培训、行业学习、竞赛活动、专业测评、现场答疑、户外拓展训练等方法，这些方法能够帮助他们尽快掌握完成工作所需的知识、技能和方法。

◎看一看

广义上来说，培训方法的选择不仅仅是对特定的方式方法的选择，还包括选择培训机构和培训讲师。只有讲师、机构和方法相互匹配，才能实现培训的有效性。

培训机构的选择

企业筛选培训供应商时应考虑以下问题：

- 与企业的培训需求是否契合？
- 详尽的培训机构调查结果如何？
- 客户的评价如何？

培训讲师的选择

企业可以通过以下五大原则选择培训讲师：

- 根据企业培训需求确定合适的培训讲师。
- 根据企业的培训目的选择培训讲师。
- 根据培训对象确定培训讲师的层次。
- 以培训内容作为选择培训讲师的基本原则。
- 根据培训经费选择合适的培训讲师。

判断培训讲师是否合格的标准：

- 是否符合培训矩阵的分析结果？
- 是否落实学习成果？
- 内容、风格和课程设计是否与课程的目标一致？
- 所需技能和知识是否在课程中得到充分体现，并且和企业经营目标挂钩？

本章小结

1. 传统的培训方法按照培训对象的不同主要可以分为针对个人和针对团体的培训方法两大类。针对个人的培训方法主要有讲授法、案例研究法、情景模拟法、师带徒法等七种方法；针对团队的培训方法主要有冒险性学习法、行动学习法和交叉培训法三种方法。每种方法都有鲜明特点，适用于不同的培训内容和目标。每种方法也各有优点和缺点，需要根据具体情况进行合理选择。

2. 新型的培训方法主要以计算机和互联网技术作为依托，包括网络学习法、虚拟现实法和多媒体培训法。与传统的培训方法相比，它们提供信息的形式更为丰富、生动，学习过程中的互动性也更强，同时也对如何应用提出了更高的要求。

3. 随着云计算、大数据、仿真模拟等计算机技术的高速发展，用于培训的工具和渠道不断升级更迭、培训信息的负载程度快速地刷新着人们的想象，培训方法和模式也日新月异。绩效技术、移动培训和慕课等新兴培训方式的出现丰富着企业培训的内涵，也为企业培训带来人才、技术、成本和观念等多方面的考验。

4. 根据企业自身的发展水平和具体的培训需求选择合适的培训方法是相当重要的。企业要综合比较各种培训方法的优缺点，综合考虑影响培训方法选择的各因素，按照合理的流程来选择具体的培训方法、培训机构和专业的培训讲师。

复习思考题

1. 试评价开篇案例中优创公司的“预科学校”培训方法。你认为优创公司还可以尝试使用哪些培训方法？

2. 针对个人进行培训的各种传统培训方法各自的优缺点是什么？

3. 针对团队进行培训的各种传统培训方法在现实中有怎样的应用？试举例说明。

4. 新型培训方法有哪些，对企业的要求和挑战是什么？

5. 影响培训方法选择的因素有哪些？影响如何？

案例分析

康佳集团新员工的入职培训

康佳集团自成立之始就相当重视新员工的入职培训，一直把它作为集团培训体系的重中之重，甚至专门成立康佳学院来统筹安排并规划新员工的入职培训。多年积累下来的新员工入职培训的实践经验，使得康佳学院针对企业用工的特点摸索出了一套行之有效的新员工入职培训方案，最大限度地发挥了新员工培训的作用。新入职的员工通过康佳学院的系统培训，能够迅速转变为具有康佳企业文化特色的企业人，敬业爱岗，积极为企业做出贡献。

康佳集团新员工入职培训的最大特色是能够针对不同类型的新员工，规划出不同的培训方案，而且运用多种培训手段和培训方式来实施新员工培训。比如，康佳集团针对新员工的学历、岗位及工作经验的不同，将新入职的员工分成一线员工入职培训、有经验的专业技术人员入职培训和应届毕业生入职培训三种类型，不同类型员工的培训内容和培训重点也各有不同。针对一线员工的入职培训，除了共同性的企业文化、人事福利制度、基本安全常识、环境与质量体系等内容，还规划了一线优秀员工座谈、生产岗位介绍、生产流程讲解、消防安全演练等课程，同时采用师带徒的方式，指定专人对新员工进行生活和工作方面的指导；对于有经验的专业技术人员的入职培训，除了共同性的必修内容，更多地增加了企业环境与生产线参观、企业历史实物陈列室讲解，集团未来发展规划、团队建设与组织理解演练、团队与沟通技能训练、销售与开发技巧介绍及公司产品销售实践等课程；而对于应届毕业生的入职培训，除了一些共同的课程，还针对其特点，安排有校友座谈、公司各部门负责人讨论、极限挑战、野外培训等活动，同时还规划有为期三个月的生产线各岗位轮流实习、专业岗位技术实习等内容，采取导师制的方式，派资深员工辅导新员工进行个人生涯规划设计，并对整个一年的工作实习期进行工作指导与考核，使其能尽快熟悉企业，成为真正的企业人。

另外，针对企业用工的特点，康佳还配合人力资源部，对不定期招聘的单个新员工采取报到教育的方式，每一个新招聘的员工，不管是从何时进入企业，在办理入职手续之前，必须经过康佳学院的报到教育，由康佳学院指派专人进行个别的单独培训，培训时间安排为三小时，培训内容为一个新入职的员工必须掌握的内容，如上下班时间与规定、公司基本礼仪、办公室规定、公司基本组织架构等。等新员工人数达到康佳学院规定的培训人数后，再针对新员工的类型组织实施新员工入职培训。

康佳通过实施不同形式、不同内容的新员工入职培训方案，有效地贯彻了集团公司选才、用才、留才的人力资源宗旨，缩短了新入职人员在公司的实习过程，部分有能力、有才干的员工能够很快脱颖而出成为公司的骨干，这降低了招聘成本，规避了选才风险。

以下为具体的新员工入职培训规划，培训时间为六天，全部项目由三部分组成。

1. 相见仪式

（1）破冰术："我的画像"。康佳学院通过精心设计的游戏，让新员工自我介绍、相互认识，使相互间有一个初步的了解。

（2）组织团队：建立高绩效团队的准备。把新员工分成若干个小组，每组人数三至七名（最好是五名），每个小组成员要求搭配合理（性别搭配、学校搭配、体能搭配等），每个小组民主选出一名组长，带领全组成员完成本小组团队建设的内容，包括组名、组徽、口号、组歌及其他等。

（3）举行进入公司的仪式：培养对公司的热爱。在康佳集团司歌的伴奏下，新员工代表带领大家向公司总裁庄严宣誓（宣誓词为公司晨读内容）。

2. 培训内容展开

（1）人事福利制度介绍。由人力资源部负责人介绍公司在劳动用工合同、工资、奖金、福利、休假等人事方面的相关制度，使学员清楚地了解自己能享受的权利和应承担的义务。

（2）康佳发展历史、组织架构、发展规划等介绍。该项内容使学员对企业有一个较清晰的了解，帮助新员工发现企业的优势、特点，从而树立起对企业的崇敬之情，培养作为一名康佳人的自豪感。由企业文化中心、发展中心负责人讲授。

（3）通信及电视的开发管理课程。由通信与家电开发中心负责人带领新员工参观开发中心，并在参观中逐项介绍公司新产品在投产前产品开发的主要流程及各个阶段，使新员工初步了解新产品开发过程中各个流程的重要作用。

（4）营销管理课程。由营销公司负责人介绍公司产品的营销战略、市场定位、销售策略及竞争对手分析，使新员工能够迅速了解公司产品的营销方式和面临的竞争压力。

（5）安全、健康、纪纲教育课程。由安全委员会负责讲授，主要介绍公司基本的规章制度和违规处罚标准。目的是培养新员工的安全意识，养成良好的生活与工作习惯，同时提醒学员在日后的工作中注意遵守，共同创造文明有序的工作环境。

（6）岗位礼仪及公司礼节、5S教育课程。由康佳学院讲师讲授，主要涉及集团公司在问候、着装、汇报工作等方面商务礼仪的培训和个人办公中应注意的礼节问题，目的是创造公司内部文明的工作环境，维护公司对外文明的企业形象，推行企业5S观念。

（7）生产流程，进一步加深对公司的感性认识。

（8）角色转变课程，由康佳学院讲师讲授，主要包括以下几个课程：

1）组织理解游戏。让学员通过游戏，认识到组织中不同的成员对目标理解存在的差异，初步认识个体与组织间的关系。

2）团队、沟通展能培训。通过科学设置的系列课程项目，体悟团队的作用，以增进对集团的参与意识，消除抱怨与负面冲突。同时，还可以培养自我授权的团队领导力。

3）企业模拟挑战赛。运用相关软件，通过挑战赛形式达到培养学员正确面对竞争的观念，培养学员既要勇于冒险，也要有勇于承担责任的精神，同时培养小组成员的团队意识和团队成员间的合作能力。

3. 室外活动（选择实施）

（1）极限能力（自我挑战）培训。通过一次长途拉练（如爬山）来锻炼学员的意志力和团队合作精神。

（2）野外郊游。通常安排在深圳的海滨。全部培训结束，学员们在大海边放松自己，体会生活的美好。同时，对培训进行最后的总结，提交书面的培训总结报告，并评选出本次培训的各种奖项（如最有成就的小组、最富有合作精神的小组、康佳之歌唱得最好的小组、最潇洒先生、最靓小姐、最有前途的组长等），由康佳学院予以表彰。

讨论：

1. 康佳集团新员工培训的成功之处主要是什么？
2. 康佳集团是如何针对不同的员工应用不同的培训方法的？试举例分析。
3. 康佳集团的新员工培训还可以进行怎样的改进？

第6章 培训评估

学习目标

- 了解培训评估的目的、原则和流程。
- 了解培训评估模型。
- 掌握培训评估流程的各个环节是如何实施的。

开篇案例

培训与开发专家卢克与一家大型银行的培训经理马特谈起培训时，请马特针对所在部门的培训评估状况提供一份评估案例，马特说："除了让学员填写一份反映培训项目的'笑脸表格'，我们从未做过任何其他形式的培训评估。"

马特公司的培训评估方式并非个例，许多企业都处在这样一种状况，它们通常只会使用各式各样的培训意见反馈表格来进行培训评估，而缺乏更深层次、更有效的评估方式。很多企业虽然也想在培训评估方面付出更多的努力，但总是出于一种或多种因素的影响，并没有取得大的进展。让企业培训评估效果停滞不前的原因主要有以下几种：

- 培训负责人员并不认为培训评估是一件非常重要和迫切的事情。
- 培训负责人员不知道应该怎样进行培训评估以及对哪些方面进行评估。
- 高层管理人员没有向培训负责人员施加太多的压力，也没有要求他们在培训评估中做出更多努力。
- 培训负责人员认为自己的工作非常稳定和安适，没有必要多做工作。
- 培训负责人员要做的其他事情很多，这些事情要么非常重要，要么就是喜欢做的。

上面列出了当前培训评估面临的主要问题。这些都是阻碍培训工作进一步发展的重要原因。对培训项目进行有效评估，可以让我们了解到现有培训发挥的作用和存在的问题，确定一个培训项目应该继续推进还是选择放弃；思考怎样才能对以后的培训进行改善和提高；借助培训评估可以证明培训部门（公司大学）存在的理由，说明培训预算安排的合理性，促进培训管理水平的提升。此外，通过培训评估和汇报可以得到组织中的其他部门以及高级管理人员的认可、信任和支持，让人觉得培训是有必要的。本章将具体介绍培训评估的流程、模型以及评估的研究设计。

第 1 节 培训评估概述

一 培训评估概述

培训评估是系统地搜集有关培训与开发项目的描述性和评判性信息的过程，主要包括对培训的全过程进行系统回顾并对培训的效果进行测评。通俗地讲，就是确定培训活动或流程是否值得做、产生了多少价值和是否有意义。传统意义上的培训评估仅针对培训实施效果这一个环节，但一个完整、有效的培训评估应该涵盖培训流程中的全部过程，从培训需求分析开始，直至培训实施完毕，并且不同的环节培训评估的侧重点也应有所不同。总体来说，培训评估旨在改进培训项目和指导未来培训规划，是对整个培训活动的评价和总结。

1. 培训评估的目的

（1）展示培训部门为组织发展所做的贡献，获得更多的资源支持。培训部门要让高层管理人员认识到培训的效果和价值。如果培训部门想要成为组织中的一个重要职能部门，让企业即使是在经营业绩下滑时依然保障培训部门的工作，就需要培训人员赢得企业高层管理人员及其他人员的信任和尊重。换句话说，培训人员必须证明他们存在的价值和意义，不然，当经营业绩下滑时他们就很容易成为第一批被裁减的员工。而培训评估的结果为展示培训部门对组织的贡献提供了重要依据。

（2）决定培训项目是继续执行还是彻底终止。随着经济和社会的发展，部分培训项目会逐渐变得过时，最终无法再满足企业需求。例如，在过去几年中，工作简化、沟通分析和目标管理等是热门培训内容。而现在重要的培训主题是工作多样化、授权和团队建设。培训内容需要随着时代发展而不断更新，因此要对过去的培训项目进行评估，以确定项目是否仍然能够满足企业需求。如果项目依旧适用，则培训项目应该继续进行。如果培训项目的成本超过了培训所能带来的效益，就应该终止此类培训或是做出相应的调整。

◎ 看一看

评估的结论可能是以下几种：

- 放弃培训；
- 重新设计培训——采用新的方法、新的内容或新的培训讲师；
- 重新设计准备工作——新的简介资料，新的课前准备工作；

● 重新考虑培训的时间——考虑实施培训的时间安排以及在员工职业生涯中哪个阶段进行培训；

● 培训完成得不错。

（3）获得提升培训项目质量的信息。进行培训评估最常见的原因是确定培训项目的效果以及改进的方式。通常这是在已经决定要继续推进培训的前提下进行的。在这种情况下，主要问题就是在了解培训效果的基础之上如何才能改进培训。要回答这个问题，需要考虑以下八个方面的因素：

● 培训内容能够在多大程度上满足参训学员的需求？

● 首席培训讲师是不是培训的最佳人选？

● 首席培训讲师是否用了最有效的方法来保持学员的学习兴趣，向学员传授了预期的态度、知识和技能？

● 培训设施令人满意吗？

● 培训日程安排对参训学员来说是否合适？

● 辅助资料能否有效促进学员学习、保持学员的学习兴趣？

● 是否围绕培训项目的满意情况做过相应的调整工作？

● 为了改进并提高培训项目的效果，还可以在哪些方面做出努力？

回答上述问题，并对答案仔细分析，就能从中找出相应的改进方法，从而为以后的培训项目做出改进和提升。

（4）提升培训管理水平。通过培训评估获取有关培训成果的信息，进而决定培训是否继续以及如何改进，这些工作的最终目的是为了提升培训管理水平，为公司员工持续提供高质量的培训，使得培训成为实现组织战略和目标的重要途径。

◎看一看

评估目的是所有评估决策的根本驱动力，比如基于评估目的决定收集什么数据、谁可以提供相关信息、数据应该在什么时候进行收集、培训项目的影响如何界定等。广义的评估目的可以分为以下十类：

● 评估完成培训目标的状况。

● 确定培训过程的优点和缺点。

● 对培训项目的成本和收益进行比较。

● 决定谁应该参加未来的培训项目。

● 检验考试、案例和练习的清楚程度和有效性。

● 识别哪些学员在培训中获得了最大的成功。

● 再次强调对学员来说重要的内容。

● 收集数据用以帮助推广将来的项目。

● 决定培训是不是满足某项具体需求的最佳解决方案。

● 建立一个可以帮助管理者进行决策的数据库。

根据对于培训项目的描述，有学者提出了培训评估的三个目的：

● 反馈：帮助参训者了解他们实现了怎样的目标以及确定学习活动的有效性，保持他们学习的动力。

● 控制：确保培训的政策和实施与组织的目标相一致，并采用成本效益的方法控制培训流程。

● 干预：从培训开始到培训结束，让管理者和监督者积极参与整个培训过程。

可以通过回答三个关键的问题来确定培训项目是否具有价值：

● 培训目标达到了吗？

● 对组织重要吗？

● 所有花费值得吗？

2. 培训评估的原则

（1）培训评估要贯穿培训全过程，坚持过程评估与结果评估相结合。培训评估要检验与促进培训目标的达成，从制订培训计划开始到培训过程结束，培训评估一直发挥着不可或缺的作用。

（2）关注培训评估与人力资源其他业务模块的有序联动。促进培训与绩效、薪酬等人力资源其他业务模块的相互联系，使培训可以提高员工个人或组织的绩效，同时绩效管理也为确定培训内容和培训方式提供重要依据。

（3）关注培训效果的实践转化力。培训的最终目标应当是提高生产力，进而实现组织的目标和战略。因此，培训评估应当关注培训效果在实践中的转化和体现。

（4）依据培训目标，选择相应的培训评估方法组合。保证培训持续有效开展的关键环节之一在于培训评估的方法系统。具体而言，包括根据培训目标、培训对象确定评估层面以及相应的培训工具等。

（5）营造评估文化。培训管理者要对培训评估的整个环节负责；学员要对培训应取得的成果负责；各级直线管理者要参与培训评估的各个阶段，为培训效果的实践转化提供支持。因此，培训评估应当是全员参与、全过程管理的活动。

同时，培训评估还要考虑培训的效度问题。培训的效度就是培训达到的效果是不是其所要实现的目标。衡量培训整体的效度主要有四种效度类型：

● 培训效度：培训对象达到培训方案建立的标准的程度。

● 迁移效度：培训对象回到工作岗位达到工作标准的程度。

● 组织内效度：组织内部新的一群培训对象实行原培训项目的效度，即培训效果在企业内部的普遍性。在此情形下，要根据前面一组被试的表现来预测新一组被试的表现。

● 组织间效度：在一个组织中证实有效的培训项目在其他组织中实施时是否仍然有效。

二 培训评估流程

组织投入了大量的人力、物力来进行培训，如果对培训的结果缺乏有效的评估，人们就无法对培训的价值和意义做出判断。评估活动必须考虑到组织中的利益相关者。从根本上看，培训部门必须成为组织中的业务伙伴才能成功地投放培训产品。这个领域的大多数观察家都曾表明，从事绩效改进工作的从业人员如果想要成为企业真正的业务伙伴，必须具备下列三个条件：

- 培训和绩效改进的举措必须和组织的整体战略和运营框架融为一体，它们不应该是孤立的、就事论事的以及与业务的主体毫无关系的活动。
- 一定要有一个全面的衡量和评估流程来体现人力资源开发工作的贡献，并使所有的评估参与者对自己的工作负责。这个流程必须是全面且实用的，能够在组织中发挥正常的功能。
- 一定要和关键业务经理建立起伙伴关系，这些组织内的重要客户对于培训部门的成功至关重要。

设计一个全面的衡量和评估流程还会使得另外两个问题迎刃而解：对培训实施全面的衡量将使得培训本身与组织的战略目标和重大举措紧密联系在一起；对培训的衡量还将使一线经理能够看到培训的结果和潜在的长期成效，而这本身将有助于增强培训部门与其他部门之间的伙伴关系。下面介绍的就是一个培训评估的流程，是基于投资回报率计算的评估流程。

1. 制定培训目标

这是整个流程的第一步，旨在了解培训项目的范围和被影响的业务指标。如果要评估的培训项目是原有的项目，就应该对该项目的目标和内容进行审核以指导评估策略的制定。如果是一个新的培训目标，就应该根据需求分析的数据来制定其培训目标。培训目标为培训评估提供了有效的依据，通过对培训目标的完成情况进行评估，可以直观地了解培训效果。

2. 制订评估计划和数据收集计划

在这个阶段，可以制订数据收集计划，确定衡量范围、数据收集方法、数据来源和数据收集时间，以便收集基础数据和跟进数据。在这个阶段，可以制订投资回报分析计划。培训项目本身的特点和培训项目推出的时间进度将决定数据收集的时机。在整个流程开始运作之前，应该认真研究项目的目的和适当的评估策略。

3. 培训期间的数据收集以及培训后的跟进数据收集

根据数据类型的差异以及数据收集的便利性，不同的数据应在不同的时间段内收集，主要分为培训期间的数据收集以及培训后的跟进数据收集。由于所选评估项目存在差异，可以根据不同的项目，使用问卷、访谈、公司记录中的数据或其他适合的方式来收集需要的数据。培训的成本要根据投资回报分析计划列出，以便在以后的投资回报率计算中使用。

4. 培训效果鉴别

可以采用一个或多个策略来评估培训的效果。例如，可以使用控制组、趋势分析、学员估计、经理估计以及内部专家估计等方法。如果采用控制组方法，一方面要收集受训组人员的绩效数据，另一方面也要收集一组与受训组人员构成相似但是未接受培训的小组绩效数据，然后将两组的绩效数据进行对比，以确定培训对绩效改善的影响程度。

5. 将数据转化为货币价值

将某些受培训影响的业务结果数据转换成货币价值，对于将培训的收益和培训的成本进行比较以确定投资回报率（ROI）是非常必要的工作。为了完成计算，必须将全部成本都计算在内。如果这些数据不能转化成货币成本，则有些可以用业务影响的形式来汇报（如顾客或员工满意度），有些可以用无形收益的形式来汇报。

6. 实施影响研究

研究结束时，通常会产生两个报告：一个报告简单一些，用来给管理层进行宣讲；另一个报告比较详细，适合给其他的利益相关者查阅。

培训评估流程如图 6－1 所示。

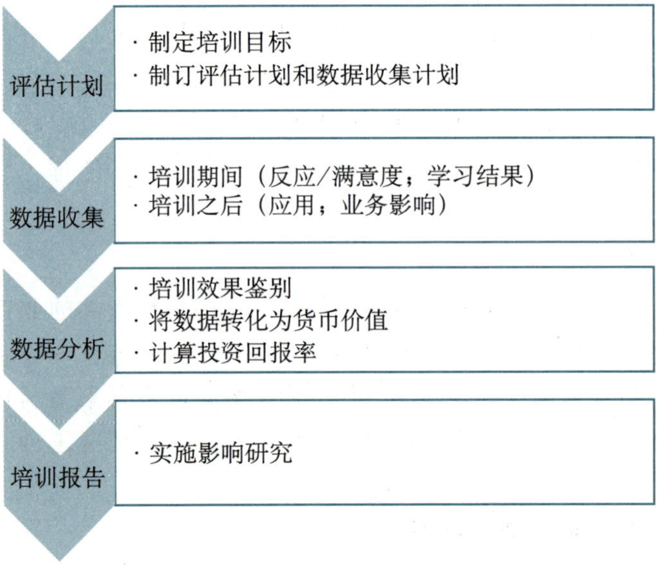

图 6－1 培训评估流程

第 2 节 培训评估模型

一 柯克帕特里克培训评估模型

柯克帕特里克培训效果评估模型（Kirkpatrick Model）是由唐纳德·L. 柯克帕特里克（Donald L. Kirkpatrick）于 1976 年提出的评估模型，也叫柯氏评估模型或四级评估模型，是目前使用最为广泛的评估模型之一。该模型将培训效果分为反应层、学习层、行为层和效果层四个递进的层次，并提出在这四个层次上对培训效果进行评估。

1. 反应

正如“反应”这个词的本义，评估师衡量参与培训项目的学员对培训所做出的反应，可以称为对“顾客满意度”的测量。反应层面的评估主要限定在培训的表面效果，是最基本、最直观的培训效果评估。

对很多企业内部的培训项目来说，参训学员无论内心是否希望，都必须参加这类活动，他们无法做出其他选择。然而即便他们根本不需要为参加此类活动付出任何费用，他们仍旧处在顾客的位置上。而且，他们对培训项目的反应往往决定了培训项目的成败。他们对上司就培训提出的意见，经常会传达到高层管理人员，高层管理人员则会根据参训学员的反应对培训项目的未来发展做出相应的决策。因此，像那些提供公众培训项目的培训人员一样，主持企业内部培训的人员赢得学员积极、肯定的培训反应也是非常重要的。

学员的反应将决定培训项目以后是否会得到发展和重视。同时，如果学员对培训的反应不是很好，那么他们在以后的学习中就不会受到激励，不会表现出旺盛的学习热情，很难在培训中取得良好效果。虽然积极而肯定的反应并不能完全保证学员在学习方面取得成功，但毫无疑问，负面而否定的反应会使学习成功的概率更小。

培训反应评估的指导原则：

- 确定希望评估的有关培训效果的事项。
- 设计一份能够量化学员反应的表格。
- 鼓励学员提交书面的意见和建议。
- 即时得到学员 100%的意见反馈。
- 得到真诚的回答。
- 确定大家认可的评估标准。
- 根据标准衡量培训反应，并采取相应措施。
- 对培训反应进行恰当充分的沟通。

培训反应评估表如表 6－1 所示。

表 6－1　培训反应评估表

请您抽出时间填写本表格，这样我们可以知道您对本次培训的反应。您提供的信息将有助于对我们所做的工作进行评估，您提出的建议和意见将有助于我们在以后规划培训项目时做出充分考虑，以便对您的需求和兴趣给予充分关注。

请在每项后面选择适当的答案	高				低
1. 您对此次培训的主题如何评价？ （从是否感兴趣，是否有收获方面考虑） 意见和建议：	5	4	3	2	1
2. 您对本培训项目的培训师如何评价？ （从其对培训的准备情况及其沟通能力等方面考虑） 意见和建议：	5	4	3	2	1
3. 您对此次培训的设施条件如何评价？ （从舒适性、便利性等方面考虑） 意见和建议：	5	4	3	2	1

续表

请在每项后面选择适当的答案	高				低
4. 您对此次培训的日程安排如何评价？ （从具体的时间安排和长短等方面考虑） 意见和建议：	5	4	3	2	1
5. 本次培训作为您所接受的一次教育培训，是否有助于您将工作做得更好？从这个角度来说，您如何评价本次培训？	5	4	3	2	1
6. 本次培训涉及的哪些内容对您最有用？					
7. 采取哪些措施会对该培训项目起到改进和完善作用？					

2. 学习

在培训项目中，培训讲师可以传授如下三个方面的内容：知识、技能和态度。因此，就培训学习的评估来说，其主要任务是确定以下事项：

- 学员学到了哪些知识？
- 学员掌握或提升了哪些技能？
- 学员在哪些态度上发生了转变？

只有实现了上述一项或多项学习目标，学员才能在行为（第三级评估）上发生改变。因此，学习层面的评估和衡量是非常重要的。相对于培训反应的评估来说，学习的评估要复杂一些，需要投入更多的时间。学习评估的指导原则如下：

（1）如果可能，借助对照组进行分析。所谓对照组，是指没有接受相关培训的一组人员。接受培训的一组人员就是所谓的实验组。“如果可能”是一个非常重要的限定词。如果组织规模较小，仅仅需要一个培训项目就可以对所有的主管进行培训；相反，规模较大的组织，主管人员很多，进行培训时就可以划分出没有接受培训的对照组和接受培训的实验组。在这种情况下，必须使得划分出的对照组和实验组在主要特征方面具有相同的特点，否则，二者之间的对比就毫无意义。

（2）在培训项目结束后对学员的知识、技能和态度进行评估。在培训之前，企业应该对学员的知识、技能和态度有一个了解，然后在培训项目结束后，对学员进行评估。如果培训前后学员在知识、技能和态度方面存在差异，就说明学员在学习环节取得了突破，培训起到了一定的效果。

（3）通过笔试对学员学习的知识或技能做出测试。对学员知识技能的增长和态度的转变做出衡量，可以借助笔试的方式。表 6－2 反映了参加培训人员培训前后变革管理测试的得分情况。

表 6－2　参加培训人员培训前后变革管理测试得分一览表

项目		试验组得分	对照组得分
实例 1	培训前	45.5	46.7
	培训后	55.4	48.2
	培训前后分值增幅	＋9.9	＋1.5

续表

项目		试验组得分	对照组得分
	净增分值		9.9−1.5＝8.4
实例2	培训前	45.5	46.7
	培训后	55.4	54.4
	培训前后分值增幅	＋9.9	＋7.7
	净增分值		9.9−7.7＝2.2

这种对培训前后的测试总分进行对比的做法是衡量知识增长和态度转变的一种重要方式。还有一种方式，是将学员测试题中各个题目的答案进行对比，找出培训对学员的作用和影响，如表6-3所示。

表6-3 参加培训人员对变革管理测试题库某一问题回答情况一览表

第4题："如果变革不能赢得下属人员的支持，那么在进行变革时，行动一定要慎之又慎，以赢得下属人员的接受和认可。"

项目	试验组得分		对照组得分	
	赞同	反对	赞同	反对
培训前	7	18	6	19
培训后	20	5	7	18
培训前后分值增幅	＋13		＋1	
净增分值	13−1＝12			

（4）通过绩效测评衡量学员学习的技能。如果培训的目的是提升参训人员的技能，这时，就需要对参训人员的实际操作能力进行测试。比如说，有些培训项目旨在提高参训人员的口头沟通能力。在培训开始前，培训讲师可以要求参加测试的每个人发表一个简短的演讲，随后，根据各人的演讲情况，给出成绩。在培训开展过程中，培训讲师就如何开展高效谈话的原则和技巧进行讲解，并通过让学员进行多次演讲练习的方式，促使学员的口头沟通技能不断得到提升。评估演讲技能、写作技能、会议主持技能和绩效评估结果沟通技能可以运用同样的方法。评估类似于计算机操作、表格填写和销售等技术类技能时，也可以运用这些原则和技巧。

（5）让学员全部参加测试。培训评估可以针对所有参训的学员，检测每个人的学习成效，这样得出的结果会更加客观和具有说服力，但同时也会费时费力。当不能对学员进行100%的测试，获得所有学员对问题的回答时，就需要精心选择样本组，对数据进行适当的统计分析。

（6）当培训效果不理想时应及时采取措施。如果学员没有学会培训内容，一定程度上说明了培训讲师的工作有所不足。培训讲师要对自身的培训过程进行评估，了解在哪些方面做得不够好，发现差距并寻找对策，从而改进培训效果。培训讲师可以通过更加精心的准备，并借助培训辅助设施和资料提高学员学习的兴趣，同时与学员保持有效沟通，通过学员的反馈及时调整培训内容和方式等。如果培训效果与设定目标存在很大差距，且培训讲师所负责任较大，又难以改进时，可以考虑替换培训讲师。

3. 行为

参训人员参加完培训，离开教室，回到工作岗位上，结果会怎样呢？培训中所学到的知识、技能和态度有没有应用到具体实践中呢？这就是第三级评估所要面临的任务，即弄清学员参加完培训后在工作行为上会发生怎样的变化。这个层次的评估面临的挑战更为复杂。

首先，参训人员要有机会改变自己的行为。例如培训项目是讲授如何进行绩效评估结果沟通的，那么只有当学员拥有参加绩效评估结果沟通的机会，他才能将学到的知识应用到实践中去。其次，预测参训人员的行为改变是非常困难的，因为即使参训人员有机会运用所学内容，也很难将学到的东西马上用于实践，而且行为可能会随时发生变化，也可能永远不会发生转变。再次，参训人员将所学内容应用于实践时，可能会形成如下三种结论："我对出现的结果很满意，我将继续采用这种新行为。""我对出现的结果不满意，我还是采用自己原来的做法。""我对出现的结果满意，但是由于老板或时间等方面的因素限制，我很难继续这样做。"因此，当参训人员从培训课程回到工作岗位时，为他们提供帮助、鼓励和条件是极为重要的。

就培训反应和学习层面的评估而言，能够并且应该立即进行评估。而在对参训人员的行为转变进行评估时，因为行为的转变需要一定的时间才能有所体现，且不同的行为类型可能需要的时间也有所差异，所以对行为层面的评估需要就以下三点做出决策：何时评估，多长时间评估一次，怎样进行评估。这就使得培训行为层面的评估要比第一级和第二级的评估付出更多的时间和努力。进行第三级评估时，应遵循如下原则：

- 如果可能，借助对照组进行分析。
- 留出充足的时间，促使行为发生改变。
- 如果可能，在培训项目前后都要进行评估。
- 对下列一类或多类人员进行调查或访谈以了解参训人员的行为变化：参训人员及其直接主管和下属人员，经常观察参训人员行为的其他人员。
- 对所有参训人员进行评估或选择部分人员作为调查样本进行评估。
- 在适当的时间范围内进行多次评估。

4. 结果

整个培训评估程序中最重要、最难处理的一个环节就是对培训项目结束后取得的最终结果进行评估。培训人员需要考虑下面的问题：

- 由于我们向所有主管人员和经理人员提供了全面质量改进方面的培训，他们在质量改进方面取得了哪些进展？这对利润的贡献有多大？
- 由于我们对所有管理人员和经理人员提供了团队成员构成多样化方面的培训，他们的生产率提高了多少？
- 由于我们向班组和主管人员进行了新员工引导和培训等知识的传授，员工离职和打架斗殴的比率下降了多少？

- 由于我们向销售人员进行了诸如市场调查、目标完成和交易达成方面的培训，他们的销售业绩提高了多少？
- 我们在培训方面花费了资金，取得了哪些回报？

在培训评估过程中，上述问题总是难以得到有效回答，原因主要有两点：第一，培训人员不知道应该如何对培训结果进行测量，也不知道应该怎样将培训取得的结果与培训项目花费的成本进行比较。第二，即使培训人员知道应该怎样做，而且也找到了工作结果发生变化的证据，但他们并没有充足的理由证明这些积极有效的结果变化是通过培训项目取得的。

所有培训项目都会把培训目标设定为实现一些对组织而言有价值的结果上。这些目标通常是提高质量、提高效率或确保安全，还有提高员工士气、提高团队合作能力等。为了实现此类结果，培训人员要对参训人员需要做什么形成清晰的认识，然后通过培训项目的设计，运用合适的方法教会学员做什么以及如何去做，也就是向学员传递相应的知识、技能和态度，并促使学员将培训所学运用于实践，以实现期待的结果。那么，如何知道通过培训项目，我们最终实现了哪些结果呢？下面列出的指导原则对准确地评估通过培训实现的最终结果非常有用：

- 如果可能，借助对照组进行分析。
- 如果可能，在培训项目前后进行评估。
- 提前设定结果层面的考查指标，指标应基于组织的战略和目标设定。
- 比较评估成本和评估收益。

二 菲利普斯五级培训评估模型

传统的培训评估经常缺少财务指标的分析，绝大多数公司只关注培训的费用和时间等。然而培训作为一项企业投入，不能只关注表面的费用，而是应当重视培训的投资回报率。杰克·菲利普斯（Jack J. Philips）的五级培训评估模型是目前为止最为全面的培训投资回报评估方法。五级评估是在柯氏评估模型的四级评估基础上增加了一个评估级别，即投资回报率的评估。

1. 五级评估

（1）反应和既定的活动。

1）数据的重点：培训项目、培训人员以及培训结果将如何得到应用。

2）数据的用途：有关反应的数据揭示的是目标群体对培训项目的看法，即学员对于培训项目和培训人员的反应和满意度。还可以衡量另一个维度：学员参加培训后所制订的行动计划，即学员将如何落实新的要求、项目或流程，或者他们将如何发挥所掌握的新能力。制订行动计划的过程有助于将培训的结果转移到工作环境中去。有关行动计划的数据还可以用来决定后续评估的重点，并用来比较实际的结果和计划的结果的异同。总的来说，有关反应的数据应该被用来调整或优化培训的内容、设计或讲授方法，以帮助改进培训项目。

（2）学习结果。

1）数据的重点：学员以及各种有助于学习的支持性机制。

2）数据的用途：有关学习的评估，关注的是衡量学员在多大程度上掌握了培训中所展示的期望学员掌握的态度、原则、知识、事实、流程、程序、技术或技能。对学习的衡量要比仅仅获得反应数据困难得多。它要求使用可以量化的指标来判断培训内容被学员理解和吸收的程度。这种数据可以用来确认学员是否从培训中学到了东西，还可以用来调整培训项目的内容、设计和实施方法。

（3）在工作中的运用。

1）数据的重点：学员、工作环境和有助于学习内容得以应用的支持性机制。

2）数据的用途：这一级评估衡量的是学员在工作中行为的变化，包括培训中所学知识和技能在实际工作中的应用。评估通常发生在培训内容在工作环境里得以应用之后，它可以提供有关培训内容在工作环境中得到应用的频率和效果，并分析培训内容的应用有效或无效的原因。具体而言，如果有效的话，需要思考为什么有效，以便能够在其他情况下重复这种有益的影响。如果无效，则需要思考是什么原因阻碍了培训的应用效果，以便有针对性地对培训加以改进，并且促进其他培训项目的实施。

（4）业务结果。

1）数据的重点：培训流程对具体的组织结果所产生的影响。

2）数据的用途：一个培训项目的启动，通常是因为一个或多个业务指标低于期望值，或者因为某些因素威胁到组织运作能力和组织目标的达成。本级评估的目的在于确定培训对于改进组织绩效作用的大小。它常常可以产生一些客观的数据，比如，成本的节省、产出的增加、时间的节省或质量的改进等。也可以产生一些主观的数据，比如，顾客或员工满意度的增加、顾客保留率的提高、对顾客需求做出反应的时间缩短等。可以通过下列方法来获得有关业务效果的数据：在培训开始前和结束后收集数据，通过对培训所引起的业务绩效的改进情况进行分析，将培训结果和适当的业务指标联系起来。

（5）投资回报率。

1）数据的重点：培训所产生的用货币形式来体现的收益。

2）数据的用途：此类评估所关注的是与培训成本相比较，培训产生的业务效果所带来的用货币形式体现的价值。具体而言，就是将业务效果的数据转换成用货币形式来体现的价值，以便于将它放入公式里计算投资回报率。投资回报率体现了培训项目对组织的贡献和培训项目的价值，通常由投资回报比率或者成本收益比率体现，用百分比表示。需要注意的是，基于培训产生的业务指标改进所计算的投资回报率的值并不一定都是正值。

2. 确定评估的级别

当需要对一个具体的培训项目设计评估策略时，培训负责人必须尽早决定使用哪一级评估，并将这一决策告知利益相关者，以得到他们的建议和指导。评估是有成本的，因此进行评估时要审慎。因为第四级和第五级评估最耗费资源，一般情况下只有当培训项目达到下列一项或多项标准时才使用这些高级别的评估。

- 项目生命周期的有效期达到12～18个月。
- 项目对于落实组织的战略或达到组织的目标很重要。
- 项目的成本占培训总预算的20%以上。
- 项目的目标受众数量很大。
- 项目受到广泛关注。
- 管理层表达了对项目的兴趣。

表6-4是选择合适的项目确定评估级别的一个范例。

表6-4　选择合适的项目进行评估

工作表（1）：选择项目进行第四级和第五级评估

评估项目包括A～F；

使用1～5分的等级量表对每个项目进行第四级和第五级评估，其中评估标准等级量表的具体评估标准如下所示：

评估标准等级量表

A. 项目的生命周期	5＝生命周期为12～18个月甚至更长久；1＝非常短的生命周期
B. 战略目标	5＝与公司战略目标的实施密切联系；1＝与战略目标没有联系
C. 项目成本（包括学员的薪资和福利）	5＝很贵，项目成本占培训预算的20%以上；1＝不贵
D. 学员的数量与生命周期比	5＝很大的目标受众群；1＝很小的目标受众群
E. 项目的认知度	5＝重要的利益相关者对项目的认知度很高；1＝重要的利益相关者对项目的认知度很低
F. 管理层对项目的关注度	5＝管理层对该项目很感兴趣；1＝管理层对该项目的兴趣很低

明晰评估标准之后，在下表中对具体项目进行评分，并根据总分来确定哪个项目进行第四级和第五级评估。

	培训项目					
第四级和第五级评估标准	1	2	3	4	5	6
A. 项目的生命周期						
B. 战略目标						
C. 项目成本（包括学员的薪资和福利）						
D. 学员的数量与生命周期比						
E. 项目的认知度						
F. 管理层对项目的关注度						
总分						

工作表（2）：选择项目进行第三级评估

请选择“是”或“否”。

列出你的项目名称						
第三级评估标准	项目 1	项目 2	项目 3	项目 4	项目 5	项目 6
必修服务	是 否	是 否	是 否	是 否	是 否	是 否
客户服务项目	是 否	是 否	是 否	是 否	是 否	是 否
销售项目	是 否	是 否	是 否	是 否	是 否	是 否
呼叫中心或其他客户交易项目	是 否	是 否	是 否	是 否	是 否	是 否
公司赞助的认证项目	是 否	是 否	是 否	是 否	是 否	是 否

资料来源：McGraw-Hill © 2002.

通过上表的指导可以审查和决定对哪一个项目做哪一个级别的评估。由于评估资源有限，这种做法将有助于缩小选择范围。

工作表（1）所列内容可以用来缩小被评估项目的评估级别选择范围，以便具体确定哪些项目适合做第四级和第五级评估。将可能性进行排序后，仍然需要根据预算和其他资源来做最后的决定。最好有专门的团队能利用此表对项目所需的评估级别做出判断，设计师、讲师和对项目熟悉的经理都可能是这个负责团队适合的人选。

工作表（2）所列内容用来指导决定哪些项目适合做第三级评估。第三级评估标准不像第四级和第五级评估标准那样严格。对于应该对哪些项目实施第三级评估，更多地取决于对客户收入所能产生的看得见的影响，以及推测具体培训项目所应该带来的恰当的员工行为。

不符合第三级、第四级和第五级评估标准的项目应该考虑用第一级或第二级评估方法来衡量，这取决于评估的预期成本、评估的难易程度，以及从评估中获得数据的价值。例如，第一级评估花费少，容易实施并能生成可以改进项目的有用数据。而第二级评估可能主要是认证项目、针对安全问题的项目或针对客户服务问题的项目所需要的。

用培训预算的5%来确定其他95%的费用所带来的贡献大小，如果你是培训负责人，你认为这件事是否值得呢？无论在何种情况下你都要明白的一点是，肯定有别人在评估你的项目，无论是用口头表达的方式还是仅在心中做出判断。除非你希望用主观的方式和道听途说的方式让他人对你的培训项目做出评价，否则你就必须做好由自己来完成评估工作的准备。因此，用一部分预算来做好培训评估工作是非常有必要的。

三 其他评估模型

1. CIRO 评估模型

CIRO 评估模型是 1970 年由伯德（M. Bird）等人开发出的一套模型，这套方法最初在欧洲广泛采用。相比于一般的培训评估方法，其涵盖范围和应用范围更广。

（1）背景评估（context evaluation）：主要是依据目前的环境背景决定培训需求及目标。在这一评估中必须建立三种目标：短期目标、中期目标以及最终目标。

（2）投入评估（input evaluation）：主要搜集有关培训资源方面的资料并据此决定人

力资源开发的投入。

（3）反应评估（reaction evaluation）：主要是依据受训学员对方案的反应资料以便改进人力资源开发方案。

（4）结果评估（outcome evaluation）：主要是取得人力资源开发结果的资料以便和短期目标、中期目标、最终目标作比较并作为下次方案实施的参考。

2. CIPP 评估模型

它是丹尼尔·斯塔弗尔比姆（Daniel L. Stufflebeam）在教育领域研究结果的基础之上提出的，它的架构如下：

（1）背景评估（context evaluation）：确定培训需求、机会和目标等。

（2）投入评估（input evaluation）：决定资源使用的方式、制定培训规划与选择培训方案。

（3）过程评估（process evaluation）：培训方案的监督、控制与反馈等。

（4）产出评估（product evaluation）：衡量培训目标所达到的程度。

投入—过程—产出（input-process-output，IPO）的培训评估模式，最大的效用在于帮助决策者在众多方案中选出可取得最大成效的方案。

3. 布林克霍夫培训评估模型

布林克霍夫（Robert O. Brinkerhoff）将培训评估模型扩展为六个阶段。在该模型里，评估是一个相互连接的圆环，前一个阶段为后一个阶段的工作提出了需要解决的问题。

（1）目标设定：培训需求是什么？

（2）项目策划：怎样做才能满足培训需求？

（3）项目实施：项目运作得好吗？

（4）即时的结果：培训对象学到东西了吗？

（5）中间产出或使用结果：培训对象是否在工作中运用了他们所学的东西？

（6）影响和价值：培训是否对组织的运作做出了有价值的贡献？

4. 霍尔顿培训评估模型

霍尔顿（Elwood F. Holton）将学习成果细分为三个方面，即学习、个人绩效、组织绩效。该模型还包含了影响学习成果的个人变量和环境变量。其中，个人变量包括学习的动机、学习成果转化的动机、能力和工作态度等；环境变量包括组织的培训成果转化氛围、外部事件等。

第3节 培训评估研究设计

一 确定培训评估指标

培训评估的指标体系可以从定量和定性两个方面来看：定量的指标主要是指劳动生产率、人均利润贡献率、员工满意度、员工忠诚度等；定性的指标范围要广一些，可以包含企业的战略实施程度、企业文化建设、企业的环境适应性等。所有这些数据可以归为硬性数据和软性数据两类。硬性数据指那些客观的、理性的、无争论的事实，一般有如下特点：定量化的数据，容易测量，是衡量组织绩效的常用标准，比较客观，比较容易转化为货币价值，衡量管理业绩的可信度较高。硬性数据需要一段时间后才能获得，因此有时需要借助软性数据。软性数据具有如下特点：有时难以量化，相对较难测量，作为绩效指标可信度较差，多数情况下是主观的，不容易转化为货币价值，一般是行为导向。两类数据的主要内容如表 6-5 所示。

表 6-5 评估指标体系设计

项目		指标
硬性数据	产量	生产的数量、装配的件数、售出件数、销售额、窗体加工数量、贷款批准数量、存货的流动量、探视病人的次数、对申请的处理数量、毕业的学员数量、任务的完成数量、工作的订货量、发货量、新建的账目数量
	质量	废品数、次品数、退货数、出错比率、返工率、缺货率、与标准的差距、产品瑕疵数、生产故障、存货的调整、工作顺利完成的比例、事故数量、客户投诉数量
	成本	预算的变化、单位成本、财务成本、流动成本、固定成本、间接营业成本、运营成本、延期成本、罚款、项目成本节约、事故成本、规划成本、销售费用、管理成本、平均成本节约
	时间	运转周期、对投诉的应答时间/次数、设备的停工时间/次数、加班时间、每日平均工作时间、完成所需时间、贷款的处理时间、管理时间、培训时间、开会时间、修理时间、效率（以时间为基础）、工作的中断时间、对订货的回应时间、晚报告时间、损失时间
软性数据	工作习惯	旷工次数、消极怠工次数、看病次数、违反安全规定、沟通破裂次数、过多的休息
	新技能	决策、问题的解决、冲突的避免、倾听与理解能力、阅读速度加快、对新技能的运用、对新技能的运用意图、对新技能的运用频率、新技能的重要性
	氛围	不满的数量、歧视次数、员工的投诉、工作满意度、组织的承诺、员工的离职比率
	发展	升迁的数量、工资的增加数量、参加的培训项目数量、岗位轮调的请求次数、业绩评估的打分情况、工作效率的提高程度
	满意度	赞成性反应、工作满意度、态度的变化、对工作职责的理解、可观察到的业绩变化、员工的忠诚度、信心的增加、客户/顾客的满意度
	主动性	新想法的实施、项目的成功完成、对建议的实施量、设定目标

在上面用于衡量培训的效果的硬性数据和软性数据之外，还有一些常见的评估培训活动指标，如表 6-6 所示。

表 6-6　常见的评估培训活动指标分类

等级	正向指标	负向指标
反应和既定活动	上课准时，课程中点头、微笑，参与度高，笑声多，精神集中，手机干扰少	打瞌睡、缺席、迟到、早退、借故不参加、无精打采、干扰多、私下讲话、抱怨连连
学习	上课后对内容有清晰的记忆，能明确说出重点与收获，能说出主要的观念与技巧	记忆内容模糊，说不出所以然，观念不清晰，忘记重要内容，看教材依然说不出重点
行为	感觉课程很实用，与工作配套，与行业或公司情况类似，可以立即使用	与现实脱节，与现状不符，无法运用，太抽象，缺乏必要的技巧和细节，案例不符合实际
业务	回到工作现场后，改变工作态度、行为或工作方式	依然故我，我行我素，没有任何变化
投资回报率	培训带来的效果或解决的问题大于所付出的直接与间接成本，即回报大于投资	回报小于投资，严重者甚至没有回报，或出现负面效果

◎ 看一看

世界著名企业对培训效果评估指标的运用

著名企业	评估标准
萨拉托加研究所	1. 学员满意度 2. 学习的变化 3. 行为的变化 4. 组织的变化
美国电报电话公司	1. 反应结果 2. 能力结果 3. 应用结果 4. 价值结果
IBM	1. 反应 2. 测验 3. 应用 4. 企业结果
施乐	1. 进入能力 2. 课后绩效 3. 熟练绩效 4. 组织绩效
摩托罗拉	1. 学员反应 2. 学员学习 3. 学员运用 4. 成果与影响

二 收集培训数据

1. 数据源

评估人员首先面对的问题是能否获得相关的数据。因此，需要确定评估的数据源，这些数据可以为培训项目的成功与否提供证据。

（1）组织的业绩记录。最可信的数据应该是组织的记录和报告。然而组织关于某个部门、地区或公司的业绩情况记录可能会以个体为单位，也可能会以小组为单位，这就导致培训的单位与业绩记录的单位不一致。例如，想要评估员工个人接受培训之后绩效的改善情况，却只能收集到员工所在团队的业绩记录。除此之外，有些组织保存的记录往往不准确或不一致，这就很难收集到可用的信息。

（2）学员。学员是最广泛的信息来源，并且他们往往能够提供非常丰富的信息。学员要回答的问题是，他们从培训课程中所学习的技能和知识是如何被运用到实际工作中的。但是有时很难从学员那里获得一致的信息。

（3）学员的主管。参与培训项目的学员的直接管理者或者领导者往往是某些信息的最好来源。在许多情况下，他们都可以观察到学员是如何试图使用从培训项目中所获得的知识和技能的。最终，他们就可以报告与培训项目有关的成功之处，以及在工作当中运用这些知识与技能时面临的困难。

（4）学员的下属。如果主管和经理人员参加了诸如领导力的培训，他们的下属就可以提供相关的信息来证明参加了培训之后的经理们是否在行为方面发生了变化。不过有两点需要注意：一是下属虽然可以观察到业绩方面的变化，但是他们很难判断引起变化的原因是什么，因而评估人员无法从下属的反馈信息确定经理的行为变化是培训的效果。二是下属的反馈可能会带有偏见，一般情况下很难从下属那里获得有关经理人员行为变化的准确信息。

（5）团队/同事小组。对于某些培训项目来讲，可以从学员的团队成员或者承担同样工作的同事那里获得相关的信息。在这些情况下，学员的同事就可以提供有关学员行为变化的信息反馈。如果所有的团队成员都参加了培训，并且汇报整个团队的贡献或者具体个人的行为变化的时候，那么从这个渠道收集的信息就更加恰当。但是这种流程所具有的主观性质，以及不能对技能的应用情况做出全面的评估，使得这类渠道所获得的信息有一定的局限性。

（6）内部/外部小组。在某些情况下，内部或外部小组，诸如培训与开发成员、内部专家、外部顾问等都能够就学员运用从培训中所获得的知识与技能是否成功提供信息。但是从这类渠道获得的信息在使用的过程中也要注意一些问题。因为内部人员对于评估的结果有既定的利益，所以他们的信息可能缺乏可信度。从外部人员那里获得的信息往往基于对岗位业绩行为的观察，因此更适合，但是也要避免接受基于偶尔观察所获得的信息反馈。

2. 数据收集方法

（1）访谈法。访谈法是指通过面对面的交谈来了解受访人的心理和行为。因研究问题的性质、目的或对象的不同，访谈法具有不同的形式。根据访谈进程的标准化程度，可分为结构化访谈和非结构化访谈。访谈作为数据收集的方式，可以由人力资源开发专业人员进行，也可以由学员的主管人员进行，还可以由外部人员进行。访谈获取到的信息更加广泛深入，在轻松、民主、愉快的氛围中，访谈者可以得到及时、真实的信息反馈。访谈的缺点是会耗费大量的时间和精力，而且如果访谈人数有限，得到的意见范围也相对较窄。此外，个别人的意见可能有较大的偏见和局限性，不能准确、全面地反映问题。

（2）问卷调查法。问卷调查法是用书面形式间接搜集研究材料的一种调查手段。它是通过向调查者发出简明扼要的征询单（表），请调查者填写对有关问题的意见和建议来间接获得材料和信息的一种方法。问卷调查便于迅速填答和分析，可以获得有关学员感受的主观信息，以及用于对投资回报率进行分析的可参考性文件，是人力资源开发评估经常采用的数据收集方法。问卷调查可以分为两类：一类是文字问卷，被调查者的具体意见可以写在上面；另一类是判断式问卷，让被调查者在各种结论上进行选择。设计操作中通常将这两类结合。表 6 - 7 是一种常见的调查问卷。

表 6 - 7　餐厅客户意见反馈表

亲爱的客户朋友，很高兴能获取您的建议和意见，请在最能够反映您的心理感受的选项上打“√”。

	很好	好	一般
您对饭菜的质量满意吗？			
您对饭菜的品种满意吗？			
您认为我们的价格有竞争力吗？			
您怎样看待我们的服务？			
您对餐厅的氛围有什么感受？			
您的建议：			

培训评估问卷所收集的信息应包括目标进度、课程内容、教学资料、课前资料、作业、授课方式、讲师、学习动力、课程相关性、注册/后勤、设施、总体评估、潜在的障碍、课程改进、对目标学员的推荐等。

（3）直接观察法。直接观察评估必须深入培训对象的工作现场，亲身考察或体验他们在实际管理中表现出来的业绩水平，获得一些直观、具体而真实的信息。在实际工作中，可以遵循以下指导来改进直接观察的效果。

1）观察者要受过全面系统的培训。

2）观察活动必须系统化、整体化。

3）观察者必须知道怎样解释和报告他们观察到的现象。

4）最大限度减少观察者对被观察者的影响。

5）精心挑选观察员。

（4）测验和模拟法。企业也可以通过测验和工作模拟的形式收集培训效果数据，在培训结束后马上进行纸笔测验或者工作场所的实际操作考核。一方面可以检验培训对象对知识、技能的掌握程度，另一方面还可以将学员的通过率作为对培训师的一项考核。

常用的模拟技术有电子/机械模拟、任务模拟、商业游戏、公事处理模拟、案例研究、角色扮演/技能练习。

（5）业绩档案分析。每个企业都能够提供用来衡量业绩的数据资料，通过业绩数据分析我们可以获得产量、成本、质量、生产率、满意度等方面的数据。这部分数据通常是第五级投资回报率评估的关键资料。人力资源部门需要同相关部门合作，收集此方面的数据资料，并做好记录保存。

◎ 读一读

企业培训与开发效果评估一览表

评估层次	评估重点	评估方法	评估主体	评估时间
反应层次	学员对培训活动的整体感受	问卷调查法 访谈法 观察法	培训主管机构	培训进行中或培训刚刚结束后
知识层次	了解学员真正理解和吸收的基本原理、事实与技能的程度	测试 问卷调查法 现场模拟 座谈会	培训主管机构	培训结束后
行为层次	了解学员接受培训后行为习惯是否有所改变，并分析这些改变与培训活动的相关性	绩效考核 观察法 访谈法	培训主管机构 学员上级主管 同事及下属 直接客户	培训结束后三个月或下一个绩效考核期
结果层次	了解学员个体及组织的绩效改进情况，并分析绩效变化与企业培训活动之间的相关情况	投资回报率 绩效考核结果 企业运营情况分析	培训主管机构 学员上级主管 企业管理部门	下一个绩效考核期或一年后

三 鉴别培训评估效果

1. 十大鉴别策略

鉴别培训效果的策略主要有十种：控制组、趋势线分析、预测方法、学员提供的评价、主管提供的评价、管理层提供的评价、客户的意见、专家的评价、下属的意见、其他因素的影响。下面将对其中的控制组、趋势线分析、预测方法进行详细介绍。

（1）控制组。两个小组，一个小组接受培训，另一个没有接受培训。这两个小组除了是否接受培训有所区别，其他方面的差异应该尽可能小。此外，如果可以，每个小组的人员最好是随机挑选的。这样如果两个小组面临同样的环境，在绩效表现方面的差异就可以归结为培训的作用。

◎ 读一读

在客户服务培训中控制组的运用情况：

- 挑选六个不同的场所实施培训评估。

- 每个场所都有一个随机挑选的控制组和实验组。
- 实验组接受培训，而控制组没有培训。
- 在同样的时间段内对两个小组的绩效表现进行观察。
- 在同样的时间段内对两个小组的评估数据进行收集。

控制组这种鉴别策略的优点是准确，鉴别精度高。不过控制组这种策略本身还有一些固有的问题，其在实践中的应用受到限制。具体问题如下：

1）根本不可能存在两个完全一致的控制组和实验组。

2）有很多因素会对员工的绩效产生影响，有些因素单独起作用，有些因素互为因果关系。

3）控制组一旦了解到他们的绩效受到了观察和衡量，某种程度上会产生霍桑/皮格马利翁效应。

4）如果参加培训的学员主动教控制组的成员，研究结果可能会出现偏差。

5）如果两个小组在不同的地方，他们可能会面临不同的环境。

6）管理层可能不想在实验上花费时间，不想因为实验而推迟培训计划。

（2）趋势线分析。如果可以获得历史数据的话，就可以画出一条趋势线，用以前的绩效数据作为基础，将发展趋势延伸到未来。在实施了某个培训项目之后，将实际的绩效情况绘制出来，并且与趋势线进行比较。实际绩效中任何超过预测趋势线的部门都可以合理归结为培训项目的效果。尽管这不是一种很精确的方法，但它可以给出一个合理的推测。这种方法的主要优点是简单易行、成本较低。

如图6-2所示，通过时点前后两组数据的变化，可以看出，在培训之前的几个月里，数据就处于上升的趋势，根据几个月的数据做出了其趋势线。即使没有培训项目，数据的上升趋势也是存在的。培训项目对生产力的影响，不是体现在培训后的数据都高于前几个月的数据，而是体现在其高于预测趋势线上的对应值。

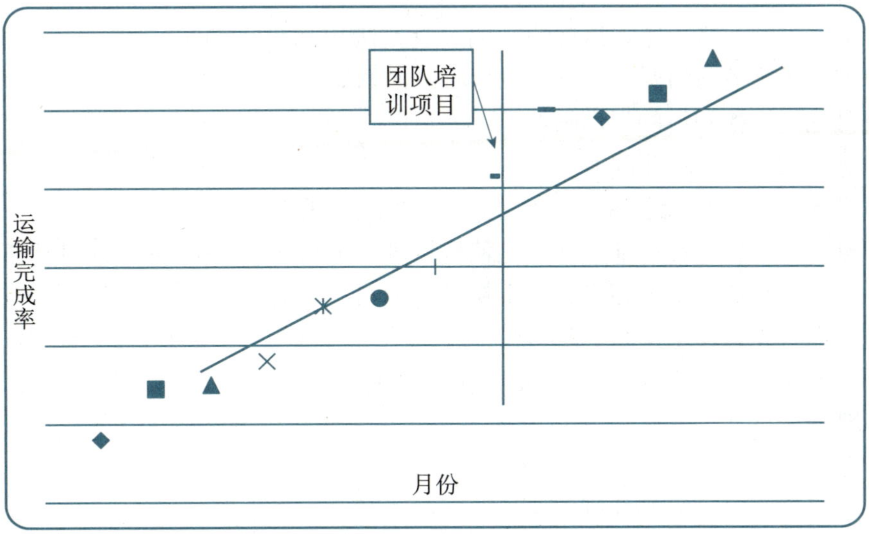

图6-2 趋势分析举例

（3）预测方法。比趋势线分析更有效的方法是运用预测的方法来预测绩效变量的变化。当只有一种变量对绩效结果产生影响时，可以用一条直线表示出来，即 $y=ax+b$。当出现更多变量的时候，方程会变得更复杂。这是一种用线性方程式来计算绩效改进数值的方法。

◎ **读一读**

有一个大型零售连锁店为其销售人员提供了销售培训课程。3 天的培训旨在强化学员的销售技能和相应的技巧。衡量该项目成功与否的重要指标是，将培训后 6 个月每个销售人员的销售量与培训前相同的指标进行比较。按照每个月的平均数来计算，培训前每个员工的日平均销售额为 1 100 美元。培训后的 6 个月，每个员工的日平均销售额为 1 500 美元。这时，我们面临的问题是：这两个数值之间的差异是否能够归结为培训项目的实施？是否有其他的因素也对实际销售额的变化产生了影响？

通过沟通讨论以及调查分析，发现销售量与广告费之间存在相关关系。运用历史数据构建一个简单的线性模型：$y=140+40x$。y 代表每位员工的日销售量，x 代表每个星期的广告费用（除以 1 000）。

培训前那个月的每周广告费为 24 000 美元，而培训后 6 个月的每周广告费用为 30 000 美元。假设其他因素对绩效结果的影响并不明显。

在计算培训项目所产生的影响时，首先考虑广告费对销售额的影响，将 $x=30$ 代入，就可以得出广告费用增加使得日销售额为 1 340 美元。

培训后实际的每位员工的日销售额为 1 500 美元，那么 1 500－1 340＝160 美元，即为培训项目带来的效果。

资料来源：Phillips J J. Handbook of training evaluation and measurement methods. Houston Texas：Gulf Publishing，1997.

2. 策略选择

选择最恰当的策略来鉴定培训的影响，这是决定培训评估成败的一个关键性因素。为此，必须要回答下列问题：

- 有可能安排控制组的活动吗？
- 有历史数据可以利用吗？
- 在投入因素与产出指标之间能建立起某种数学关系吗？
- 学员及其主管是否有能力和意愿就衡量培训影响的那些指标提供估测信息？
- 是否可以确定非培训因素对产出指标的影响？
- 在数据收集过程中是否有阻力？

除上述内容，还应该对其他一些因素加以考虑：

- 策略的可行性。
- 策略结果的准确性。
- 对目标受众来讲策略的可信性。
- 实施策略所需的具体成本。

- 在实施策略过程中它给正常工作造成的干扰。
- 具体策略对时间的要求。

结果数据的可信度往往取决于旁观者的看法。大多数人都会根据表 6－8 中的标准对数据做出判断。

表 6－8　数据的可信度标准

标准	所要考虑的问题
数据提供者的声誉	数据提供者的能力或者可靠性如何？
数据研究者的声誉	负责实施此项研究的人的信誉如何？
研究人员的动机	研究人员实施该项研究要获得怎样的利益？
研究的方法论	所用的方法论是否系统、严谨和充分？
分析中的假设	假设是否明确、充分？在所有的条件下是否合理？
结果数据是否真实	数据的真实性如何？是否过于复杂以至于难以获得合理的结论？是否与组织的问题和需求相关联？
数据的类型	从本质上讲，这些数据是客观性数据还是主观性数据？
分析的范围	研究的范围是比较窄、容易看到因果关系，还是范围广、涵盖很多变量和影响因素？

四　计算培训评估投资回报率

1. 将数据转换成货币价值

将数据转换为货币价值可以采用一些有效的方法。有些策略仅仅用于具体的某类数据，而有些可以用于任何类型的数据。以下是数据转换的十种高效的方法：

（1）将结果转换为贡献。

（2）计算物质成本的减少。

（3）计算员工完成工作所需时间的减少。

（4）利用历史数据计算成本的减少。

（5）使用内部和外部专家。

（6）使用来自外部数据库的数据。

（7）使用学员提供的数据。

（8）与其他衡量指标相结合。

（9）使用主管和经理提供的估计数据。

（10）使用培训人员提供的估计数据。

◎读一读

下面我们举例来说明这些转化如何进行。

（1）计算物质成本的减少。如果每月生产运营浪费 9 000 千克的原材料，其成本为每千克 42 元，这样一来每个月的成本就是 378 000 元。如果某项旨在减少浪费的培训可以使每月的浪费减少一半，即每月浪费 4 500 千克，那么所节约的成本就是每月 189 000 元。而这个节约的成本就可以看成是收益。

(2) 计算员工完成工作所需时间的减少。在参加了时间管理课程后，学员估计每天平均可以节约 74 分钟，相当于每天节约 30 元或每月节约 900 元。这个时间节约就可以看成是收益。

(3) 利用历史数据计算成本的减少。如果通过历史数据，我们可以知道一个事故的成本（包含工人的补偿、保险、调查的时间、安全培训费用等）是 100 000 元，某个培训将事故减少了 50%，减少的成本就为 50 000 元。这个成本节约就可以看成是收益。

2. 确定培训成本

在计算培训投资回报率的过程中最重要的因素就是恰当地确定培训项目的成本。培训项目的成本与收益之间存在着直接的联系。这两项的变化都会引起投资回报率的变化。若要严谨，就需要把所有的成本都考虑进来，这样在精确度和可信度方面才经得起审查。但是实际操作中很难把所有的成本都包含在内，因此培训部门需要制定一系列指导原则，规定应该对哪些培训成本进行跟踪和报告。表 6－9 展示了一个严谨的成本分类。

表 6－9 成本类别

成本项目	比例成本	消耗成本
需求评估	√	
设计和开发	√	
采购	√	
实施		√
薪水/福利——培训人员		√
薪水/福利——协调人员		√
培训项目材料和费用		√
差旅/住宿/餐饮		√
设备		√
学员的薪水/福利		√
接触时间		√
差旅时间		√
准备时间		√
评估	√	
日常管理费用/培训与开发	√	

注：需求分析、培训项目的设计与开发以及培训项目的采购往往会按比例分摊到项目多次重复实施的过程中。因此，在计算一个项目的投资回报率时，这些成本需要按比例计提。

培训人员的薪资与福利＝人数×平均薪资×员工福利因素×项目所占的小时数

学员的薪资与福利＝人数×平均薪资×员工福利因素×参加培训项目所占的小时数或天数

3. 投资回报率计算

计算收益成本比（BCR）的公式如下：

BCR＝收益/成本

例如，某个培训项目的总收益为310 000元，总成本为92 000元，那么收益成本比为：

BCR＝310 000/92 000＝3.36

即每花费1元，其收益就是3.36元。

投资回报率（RIO）的公式为：

ROI＝净收益/成本×100%

上面的例子中，投资回报率ROI＝（310 000－92 000）/92 000＝236%。

在实际应用中，较常见的是投资回报率的计算和使用。

◎读一读

投资回报率计算的十项原则可以用来确保评估结果流程的系统性和可靠性。在做评估计划时应与管理层相关人员讨论这些原则。

（1）在实施高级评估时，要收集较低级别的评估数据。

（2）如果计划要实施更为高级的评估，前面较低级别的评估就没有必要那么全面。

（3）在收集数据的时候，请从最可靠的人那里获得信息。

（4）在分析数据的时候，请选择最保守/严谨的方法。

（5）在鉴别培训效果的时候，至少要运用一种可行的方法。

（6）如果缺少有关某个群体的改进数据，或者缺少具体的数据来源，就可以认为改进的幅度很小或者根本没有改进。

（7）为了减少潜在的误差，应该对改进的预测结果进行适当的调整。

（8）在投资回报率计算中，应该剔除那些极端的数据和未经证实的说法。

（9）对于短期的培训项目来说，应该在投资回报率的分析当中只使用第一年的收益（年度收益）。

（10）在进行投资回报率分析的过程中，应该包括培训项目的全部成本。

五 撰写培训评估报告

评估报告是运用投资回报率等指标来展示数据、培训结果和培训中存在的问题的一个重要文件。典型的培训评估报告一般包括培训的背景材料、对所应用的流程的解释，以及对培训结果的展示。在撰写评估报告时需要注意几点：一是该文件报告的是培训是否成功，而参加培训的学员是其他部门的员工，不是组织培训工作的人员，因此培训获得的成功应该归属于参加培训的员工及其直接主管，正是由于他们的工作才带来了整个培训项目的成功。二是应避免人为夸大培训效果。尽管投资回报率的计算方法是准确和可信的，但是它可能还存在一些主观性的问题。如果将成功的结果过分夸大，可能会遭到受众的反感，将妨碍所期望传达信息的有效性。三是报告的结构。应该对该方法进行详细的解释，同时还要对分析中所做出的各种假设进行说明。受众应该很容易地看到相关的数值是如何得来的，以及为了使整个过程更为严谨、可靠和准确，应该采取怎样的措施或者遵循怎样的步骤。

在有些情况下，尤其是当培训项目需要很多资金支持的时候，在评估报告中一定要包括足够详尽的信息，说明其资金投入的合理性。提供一份完整全面的业务影响报告是必不可少的，这样的报告也可以向具体的受众群体提供更具有针对性的信息。

表 6－10 是培训评估报告的一般格式。

表 6－10 影响研究——评估报告格式纲要

一般信息 ● 背景信息 ● 研究目的 **影响研究的方法** ● 评估的级别 ● 投资回报率 ● 数据收集 ● 鉴别培训效果 ● 将数据转化为货币价值 **数据分析问题** **成本** **结果：一般信息** ● 反馈的情况 ● 目标的实现情况 **结果：反应/满意度，制订的行动计划** ● 数据来源 ● 数据总结 ● 核心问题 **结果：学习情况** ● 数据来源 ● 数据总结 ● 核心问题	**结果：应用与实践** ● 数据来源 ● 数据总结 ● 核心问题 **结果：对业务的影响** ● 总体评价 ● 与业务指标的联系 ● 核心问题 **结果：投资回报率的计算与意义** **结果：隐性收益** **障碍与促进因素** ● 障碍 ● 促进因素 **结论与建议** ● 结论 ● 建议 **附录**

本章小结

1. 培训评估是对整个培训活动的评价与总结，同时评估结果又可以为之后的培训改进提供依据。培训评估的目的是便于企业判断培训项目的价值，做出正确的培训决策，改进和提升培训项目的效果。它是一个系统地搜集有关人力资源开发项目的描述性和评判性信息的过程。传统意义上的培训评估仅针对培训实施效果这一个环节，但一个完整、有效的培训评估应该涵盖培训流程中的全部过程。

2. 在培训评估方面主要有柯克帕特里克培训效果评估模型（反应、学习、行为、结果）、菲利普斯五级培训评估模型（在柯克帕特里克培训评估模型的基础上增加了投资回报率的评估）以及 CIRO 模型、CIPP 模型、布林克霍夫培训评估模型、霍尔顿培训评估模型等。

3. 培训评估研究设计包括确定培训评估指标、收集培训数据、鉴别培训评估效果、计算培训投资回报率以及撰写培训评估报告。需要熟悉各个环节的操作步骤。

复习思考题

1. 结合开篇案例思考：为什么要进行培训评估？当前培训评估面临的问题有哪些？
2. 培训评估的流程是什么？
3. 柯克帕特里克培训评估模型中的四个级别的差别是什么？
4. 选择进行哪一级别的评估受何种因素影响？
5. 培训投资回报率如何计算？

案例分析

美联银行合同工培训项目评估

CARE 培训项目

美联银行的一个主要目标，是让员工认识到自己及自己所做的贡献对美联银行的成功和成长具有多么重要的意义。实现员工的个人发展也是美联银行的重要战略之一。

CARE 第一阶段的培训，旨在为那些从未接受过个人发展培训的合同工提供个人发展机会的培训。随着在过去几年的扩张，银行经历了巨大的、突如其来的变革。在银行的购并、联合中，员工感受到了由此产生的压力，认识到自己需要承受所有这些变革。CARE 是针对银行绝大多数员工，即在美联银行整个成长周期中担负着重要职责的合同工举办的为期一天的培训项目。

CARE 是沟通（communication）、意识（awareness）、更新（renewal）和授权（empowerment）四个英文单词的首字母缩写。该项目的学习目标如下：

- 通过自我评估工具和小组之间的意见反馈，唤醒员工的自我意识。
- 加深员工对沟通方式的理解，增强员工沟通方式的灵活性。
- 通过认识并使用沟通中的肯定性概念和技巧，增强沟通效果。
- 在职业更新的过程中，理解目标设定的具体步骤并加以实施。

对新员工来说，他们需要持续不断地接受这一方面的培训。CARE 第一阶段的主要培训内容于 1991 年开始推行。共有 1 万多人参加了 CARE 第一阶段的培训。

下面给出了 CARE 培训项目的简要介绍，同时简要说明了该培训项目的活动内容和所有资料。

上午：

- 乔哈里之窗（Johari Window）。
- 自我意识：DESA 工具介绍及应用讲解。
- 利用日志方式增强沟通、演讲、角色扮演和讨论中表现出来的自信，帮助学员树立信心，采取积极肯定的行为。

中午：集体会餐

下午：

- 继续讲授自信方面的内容。
- 创造自己的未来：将目标设定流程作为一种实现个人职业更新的工具（介绍目标设定的流程，并进行适当的练习）。

● 个人授权：什么时候开始授权？怎样进行授权？（将当天的活动与授权的主题结合起来进行讨论。）

结业典礼：三件礼物

● 公司赠送的礼物：带有CARE标志的一粒种在塑料盒子中的芥菜种子。

● 学员相互交换的礼物：其他参训人员对自己做出的积极评价。将这些评价用信封封好，一个月以后再打开。

● 给自己的礼物：让学员写出他们对下一年的愿望，作为赠送给自己的礼物（比如拥有健康的身体等）。将这些愿望用信封封好，两个月以后再打开。

评估方案

由于该培训项目是银行做出的一个巨大努力，银行认为应该对培训的结果进行评估。而且，银行还决定采用柯克帕特里克的四级评估模式进行评估，并自行设计了一些测量工具。

（1）参训人员反应。银行对课程结束后的标准评估表格进行了调整，以符合CARE培训项目的评估需要。由于这是一个针对个人发展的培训课程，评估表格由参训人员填写，说明培训课程对个人发展的作用。调查问卷在一天培训结束时由培训老师负责组织学员填写，并将填好的问卷收好后送交公司培训开发部进行后期加工处理。表6-11列出了评估表格的具体内容。

表6-11 CARE评估表

培训讲师姓名：
培训地点：
培训日期：
对课程内容进行评估时，请使用以下评分标准：

项目	1=强烈反对	2=不同意	3=既不同意也不反对	4=同意	5=完全同意
课程内容					
1. 课堂中学到的技能与我的个人发展有着紧密联系	1	2	3	4	5
2. 课程帮助我提升了这些技能	1	2	3	4	5
3. 课程中使用的资料很有条理	1	2	3	4	5
4. 本课程的内容能够满足我的需要	1	2	3	4	5
5. 意见和建议：					
课程教学 课程培训讲师					
6. 能够有效引导课堂讨论	1	2	3	4	5
7. 能够认真倾听参训人员的意见	1	2	3	4	5
8. 能够帮助学员将概念与实际情景结合起来	1	2	3	4	5
9. 拥有出色的演讲技能	1	2	3	4	5

续表

项目	1=强烈反对	2=不同意	3=既不同意也不反对	4=同意	5=完全同意
10. 意见和建议：					
整体评价					
11. 对培训项目的整体满意状况打分	1	2	3	4	5
谢谢您抽出宝贵的时间就本课程给出具有建设性的反馈意见。我们将根据您提出的意见，在以后的课程中做出改进。					

（2）掌握的学习内容及发生的行为转变。由于CARE是一个针对个人发展的培训课程，无论是培训掌握的学习内容还是培训引发的行为转变，都带有很强的主观性和个性。为了对第二级和第三级（掌握的学习内容及发生的行为转变）进行评估，银行随机挑选了一些学员作为调查样本，向他们发出了调查问卷，对他们在培训中掌握的学习内容和发生的行为转变进行了调查。在每个季度末，银行会将这些调查表格以邮寄的方式发送到相关人员手中，从课程结束到收到调查表格，最长需要90天左右的时间。学员将表格填好后，再返回到公司培训开发部进行后期加工处理。表6-12列出了调查问卷的具体内容。

表6-12　调查问卷

谢谢您抽出宝贵的时间填写这份问卷。

由于参加了CARE培训课程，我获得了如下收获：	A=完全同意	B=同意	C=既不同意也不反对	D=反对	E=坚决反对
1. 增强了自我意识	A	B	C	D	E
2. 能够与他人更好地沟通	A	B	C	D	E
3. 就自己的优势和不足征求他人的意见和看法	A	B	C	D	E
4. 感到自己得到了更多的授权	A	B	C	D	E
5. 能够更好地应对敌意行为	A	B	C	D	E
6. 能够更好地应对非敌意行为	A	B	C	D	E
7. 能够更好地树立自信	A	B	C	D	E
8. 能够更好地为自己设定目标	A	B	C	D	E
9. 明白了设定目标怎样帮助自己实现积极的转变	A	B	C	D	E
10. 现在作为美联银行的一员，我感到自己更受到他人重视	A	B	C	D	E

（3）培训对组织的影响。美联银行认为，评估培训对组织的影响的最好方法是看人员离职状况的变化。如果员工确实感到受到了公司的重视，他们往往就不会轻易离开公司，另谋其他职位。同时，离职率也是美联银行一直跟踪调查的最可靠的数据之一。

美联银行不仅收集那些参训人员的离职数据，而且还对那些未参训人员的离职情况进行了调查。它在确定CARE培训项目的参训人员名单时，是本着非常随意的态度确定的。毕竟从这一培训项目的初衷来看，公司准备最终让所有的合同工都参加这一培训。此外，美联银行还增加了一项措施：分析人力资源数据库中包含的其他数据资料，以确定是否能掌握参训人员其他一些可能对其离职情况有影响的信息资料。最后，银行利用一些简单的公式来判断离职率的降低究竟能够为公司节省多少成本。

评估结果

(1) 参训人员反应（1～5分）。

- 课程内容：4.5分。
- 课程教学：4.76分。
- 整体评价：4.69分。

得分都非常高，而且还会不断改进和提高。

(2) 掌握的学习内容和发生的行为改变。得到的平均分为3.9分。考虑到学员是在培训结束一段时间后填写的调查问卷，而培训掌握的学习内容和引发的行为转变往往会随着时间的推移而减弱，因此，3.9分也是一个较高的得分。

(3) 培训对组织的影响。员工在离职率方面表现出了14%的差异。CARE培训项目参训人员当年的离职率是4.2%，而没有参加CARE培训项目的人员离职率高达18.2%。此外，加入性别、年龄、工作年限等相关数据后，证实了CARE项目确实影响了离职率。最后，对该项培训实现的成本节约情况进行测算的结果表明，参加CARE项目的培训人员中，有1/3的职位是银行出纳，而从外部聘用和培训一名银行出纳需要花费2 700美元，内部进行一次CARE培训项目只需要花费110美元。如果银行对自己的人员进行培训，要比从外面聘请银行出纳并对其进行培训，平均一个人节约2 590美元。考虑到参加培训的银行出纳人数，1991年美联银行大约节约了100万美元。

通过在现实业务环境中对CARE项目进行极为严格的评估，我们了解到：

- 参训人员对培训项目做出了肯定的反应。
- 参训人员认为自己从培训中学到了东西，并开始使用那些新学到的技能。
- 与未参加培训的人员相比，更多的参训人员选择留在美联银行工作。

美联银行不仅帮助员工实现了个人成长和发展，而且还实实在在地取得了一些可以量化的经济效益。

资料来源：唐纳德·柯克帕特里克，詹姆斯·柯克帕特里克．如何做好培训评估：柯氏四级评估法．北京：机械工业出版社，2007.

讨论：

1. 本案例中进行了哪些级别的评估？各个级别评估的侧重点是什么？
2. 本案例中采用了哪些数据收集方法？
3. 评估结果分析得出的结论会对培训项目有什么影响？

第 7 章
培训成果转化

学习目标

- 掌握培训成果转化的定义以及三种培训成果转化理论。
- 了解影响培训成果转化的因素。
- 掌握促进培训成果转化的方法。

开篇案例

D 公司是一家专门制造移动通信设备的高科技公司，多年来，凭借领先的科技实力取得了良好的效益，目前已是通信产业的领航者。公司高层管理者充分认识到，作为新兴高科技企业，只有迅速提高员工的素质才能在未来的通信产业中立于不败之地。因此，近年来，该公司与颇具知名度的 Z 培训公司合作，组织了几次大型培训。然而钱投了不少，效果却不理想，具体原因从以下两个事例中也许能了解一二。

事例 1：小刘在参加技能培训前向培训负责人反映："新机器的操作过程太复杂了，跟原来那台完全不一样，在操作时总是出错。"负责人说："可能你还不熟悉新设备，再好好研读一下使用说明可能效果会更好；而我们提供的这次培训就是帮助你胜任这项工作的，你放心，参加完培训你就会使用新设备了。"然而，培训后的小刘依然满是疑问，他发现在培训中演练的那台机器虽然和这台功能一样，但操作界面与这个'新家伙'完全不同。另有技术骨干小张反映："直属上司似乎并不支持我来参加培训，在培训期间不断布置新任务，我根本没有精力，也无法静下心来上课。"维修技师李师傅反映："培训只给一半工资还没有补贴，我参加培训真是迫于无奈，没办法，谁叫我是老员工，科里的其他技师都不爱参加！"

事例 2：除了技术类的培训，公司还为中高层管理人员安排了工商管理硕士（MBA）课程。可培训还没开始，大批老员工就声明不参加培训。他们觉得自己就这样了，没什么好培训的。于是要么推托说工作忙，要么干脆请病假。另一些员工也只是本着完成任务的态度，有的甚至认为："无非是走个过场，就当放几天假，休息一下好了。"更有些领导让下属代替自己参加培训，签个到点个卯一走了之，培训课堂常常出现第一节全部出席，第二节就只有几个人的现象。培训讲师也表示课堂气氛不活跃，准备的互动环节都用不上。

从上述案例，我们可以看出，D公司重视员工培训的意识是好的，但在培训过程中出现了培训所学与实际应用脱节、上级不支持、员工参与热情不高等现象，这些现象的产生多半是由于没能有效地促使培训成果转化，培训既浪费了资源，又没能获得理想的效果。那么，影响培训成果转化的因素有哪些？可以通过哪些途径或方法来促使培训成果转化呢？通过学习本章内容，我们可以深入了解培训成果转化的相关理论知识，并为解决D公司面临的培训与开发困境提供参考方案。

第1节　培训成果转化的理论

一　什么是培训成果转化

如果培训所获得的知识、技能、能力或态度没能应用于实际工作之中，那么培训与开发不仅难以创造价值，而且是一种资源的浪费。企业培训的主要目的之一就在于如何让培训对象持续有效地将所学的知识和技能运用到工作当中。

很多学者都对培训成果转化的含义进行了论述。如蒂莫西·鲍德温（Timothy T. Baldwin）和凯文·福特（J. Kevin Ford）认为：培训成果转化是将在培训过程中获得的技能推广到实际的工作环境中，并且始终保持这种获得技能的过程。戴维·斯温尼（David A. Swinney）将培训成果转化定义为一种课堂效果与期望现实环境中发生的绩效二者之间有机的联系。玛丽·布罗德（Mary Broad）和约翰·纽斯特朗姆（John Newstrom）认为培训成果转化是指培训对象将培训中所学的知识、技能、行为方式和认知策略有效且持续地运用于工作当中。泰勒（Taylor）则认为培训成果转化是培训对象将参加培训后获得的知识、技能有效地运用到工作当中的过程。从这些定义中不难发现，培训成果转化无外乎关注两个方面，一是对获得知识的应用（持续性），二是达成期望绩效（有效性）。其中，持续性方面，我们更加关注员工培训习得的知识或行为被应用的频率或出现的次数，而有效性则强调培训习得知识的应用能取得的实际效果，二者缺一不可。如果培训习得的应用没能取得预期效果，就说明我们的培训设计有问题，不能满足组织的需要；如果取得高绩效不是因为应用了培训所学，那么培训就是一种资源的浪费。

综上所述，本书将培训成果转化定义为培训对象将从培训中获得的知识、技能、态度、行为等持续地应用于工作当中，并达到预期目标或期望绩效的过程。例如，在对销售人员进行沟通技巧的培训中，我们不仅期望销售人员能够获得较好的培训成绩，更重要的是销售人员能在真正的销售过程中运用这些技巧，将所学转化成组织期望的绩效，如高的顾客满意度和销售额等。由此可见，企业要想通过培训提高员工和组织的整体业绩，就必须重视培训成果转化并了解如何能够实现企业中的培训成果转化。

二 培训成果转化的理论

很多企业在实施了培训后，发现培训效果并不明显，这主要是因为培训项目的设计很少考虑培训成果转化。也就是说，培训对象可能接受了培训所学的内容，但在工作中很少有应用所学的机会，或者培训只专注于讲授知识，而忽略了教授培训对象如何应用知识。那么培训所学如何才能转化成我们期望的结果呢？这就需要我们通过学习培训成果转化的相关理论，来了解培训成果转化的内在机制。通常而言，有关培训成果转化的理论有三种，即同因素理论、激励推广理论和认知转化理论。

1. 同因素理论

同因素理论（identical elements theory）由爱德华·桑代克和罗伯特·伍德沃斯（Robert S. Woodworth）提出，该理论认为培训成果转化取决于培训所提供的任务、材料、设备、学习环境与实际工作环境的相似程度。如果培训对象接受培训的内容与实际的工作内容完全相同，那就会有较好的培训成果转化效果。应用同因素理论进行培训的一个典型例子就是对于护士的培训。护士要在学校学习如何为病人输液、如何协助医生做手术、如何为病人量血压等，这些都与护士未来的工作情景一致。通过让护士在培训中穿护士服装、模拟医院的场景等方式，能够促进受训的护士更好地进入角色，并在将来的工作中充分应用所学。总的来说，培训情景和实际工作情景越相似，培训成果转化的效果就越好。

需要注意的是学习环境和工作环境的相似，不仅指物理环境的逼真，还指心理环境的逼真，即同因素的相似性包括实物相似和心理相似两方面。因此，在进行培训时不仅要保证培训的场所摆设、设备、任务和环境等与实际工作环境相似，还要使培训对象接受培训时的心境与工作时尽量一致。就护士培训而言，应用同因素理论培训就需要尽量激发护士在进行模拟抢救病人时紧急、迫切、争分夺秒的心境，这样才能取得良好的效果。

同因素理论为我们提供了一种促进培训成果转化的方式，即保证培训环境与工作环境尽可能相似。这一理论特别适用于模拟培训，如案例研究、商务游戏、角色扮演等。但是该理论的局限之处就在于它并没有告诉我们当工作环境与培训环境不同时，应该如何进行培训成果的转化，尤其是对于一些有关管理技能的培训，如人际关系技能等，培训环境很难和工作环境相类似。因此，要想让培训对象能够适应不同的工作环境，就需要在培训中提供一些一般性的原则，以使培训对象加强变通性，这就需要应用到我们接下来要讨论的激励推广理论。

◎读一读

桑代克（1874—1949）出生于美国马萨诸塞州，父亲本来是律师，后来当了牧师。童年时期的桑代克其貌不扬，生性害羞，却有着非凡的学习天赋。1891 年，桑代克赴康涅狄格州米德尔顿的卫斯理大学主修英文，并于1895年以50年来最高的平均成绩毕业。他在自传中写道，在上大学三年级以前，他不记得“听说过或见过心理学这个词”，当时他必须选一门必修课。在读了威廉·詹姆斯（William James）的《心理学原理》之后，他才对心理学感兴趣。后来桑代克去哈佛大学继续攻读研究生，计划学习英语、哲学和心理学，可是，听了詹姆斯的两次课之后，他就完全被最后一门课程迷住了。

1896年，桑代克在哈佛大学获得另一个文学学士学位，1897年获硕士学位。尽管对詹姆斯非常尊敬，他却选择了一个非常没有詹姆斯特色的课题“鸡的直觉及智力行为”。在后来的生活中，他说，当初的动机“主要是为了满足获取学分和毕业的需要……当时明显没有对动物的特别兴趣”。当时詹姆斯不再搞实验心理学，但他同意了这个选题，并将他家地下室提供给没有足够大实验室的桑代克做动物实验。

1898年，桑代克追求一位年轻漂亮的女士未果（后来桑代克与这位女士终成眷属），时值哥伦比亚大学聘请他为大学评议员，提供奖学金，他带着两只受过最好训练的小鸡到了纽约，在这个研究起来更方便的地方继续完成博士学位。指导教师是詹姆斯·卡特尔（James M. Cattell），当时这位教授正在进行通过人体测验来测量智力的研究。桑代克尽管后来也进行过精神测验，但为了完成博士论文，他只得继续进行动物学习研究。他完成了著名的迷笼实验，获得博士学位。

所谓迷笼实验，就是把猫关入笼子中，笼外放一条鱼，饿猫急于冲出笼门去吃笼外的鱼，但是要想打开笼门，饿猫必须一气完成三个分离的动作。首先要提起两个门闩，然后是按压一块带有铰链的台板，最后是把横于门口的板条拨至垂直的位置。经观察，刚放进笼中的饿猫以抓、咬、钻、挤等各种方式想逃出迷笼，在这些努力和尝试中，它可能无意中一下子抓到门闩或踩到台板或触及横条，结果使门打开，多次实验后，饿猫的无效动作越来越少，最后一入迷笼就会立即以一种正确的方式去触及机关打开门。桑代克据此认为，学习的实质就是有机体形成“刺激”与“反应”之间的联结。他明确地指出“学习即联结，心即是一个人的联结系统”。同时，他还认为学习是一种渐进的尝试错误的过程。在这个过程中，无关的错误的反应逐渐减少，正确的反应最终形成。根据他的这一理论，人们称他的关于学习的论述为“试误说”。

桑代克在1899年成为哥伦比亚大学师范学院的一位心理学讲师，根据卡特尔的建议，桑代克把他的动物研究技术应用于儿童及年轻人，之后他越来越多地用人做测试对象，并把大量时间花在人类学习、教育心理测验等领域。除了用一年的时间去俄亥俄州克利夫兰西部保留地大学做教员，他成果颇丰的一生中的其余时间都是在哥伦比亚大学师范学院度过的。在学术生涯中，他完成的图书和学术论文等共计3 500多种，这一创纪录的成就，在后来的心理学家中，可能除了让·皮亚杰（Jean Piaget），没有其他人能与之相比。

桑代克的代表作包括《动物智慧》(1911)、《教育心理学》(三卷本，1903/1913—1914)、《智力测验》(1927)、《人类的学习》(1931)、《需要、兴趣和态度的心理学》(1935) 和《人类与社会秩序》(1940)。

2. 激励推广理论

激励推广理论（stimulus generalization approach）强调在培训中关注建立重要特征和一般性原则，同时明确这些一般性原则的适用范围。也就是说，当工作环境和培训环境存在差异时，只要培训传授了解决问题的一般性原则或完成工作的关键行为，培训对象就能举一反三，依据一般性原则来解决实际工作中的问题。

激励推广理论强调“远程化”。远程化是指培训对象将所学知识运用于与培训环境不一致的工作环境的能力。该理论在管理技能开发项目上的应用最为广泛。管理技能培训属于行为示范培训，它建立在社会学习理论的基础上，强调通过观察来学习。开发管理技能最重要的一个环节就是明确成功处理某种情况的关键行为。关键行为（key behavior）是成功解决某种问题、处理某种情况的一般性、通用性行为，它可以运用到不同的工作情景中去。事实上，行为模拟培训的实践阶段就是要让培训对象在与培训情景不一致的情况下表现出培训中习得的行为。

在实际培训中，使用激励推广理论还应注意以下几点：

- 培训项目一定要传授一些一般性的概念和广义的原则。
- 要让培训对象了解培训中强调的内容与他们的工作实践的相似性，并鼓励他们在不同的情境中使用培训习得的策略。
- 培训项目必须强调这些一般性的原则能够运用到范围更广的情形中，说明这些策略或行为的推广价值。

◎看一看

莱克（D. R. Laker）认为，培训成果转化可以分为近距离转化和远距离转化两种。近距离转化（near transfer）是指可以直接将所学应用于与培训环境类似的工作中，基本不需要太大的修订和调整；远距离转化（far transfer）是指将所学技能运用于不同于最初培训环境的工作中，需要用新的创造性的方法应用所学内容。

由此可见，同因素理论关注的是近距离转化，适用于短期培训，即那些能够迅速提高现有工作岗位的工作绩效的技能。因为技能培训通常是针对个人现有岗位特殊行为或程序进行培训，所以进行技能培训最需要近距离培训。

激励推广理论更强调远距离转化，强调培训环境与工作环境的不同。如果培训对象可以理解培训内容的一般性原则，并有机会联系和运用这些原则，那么面对新的挑战和陌生的问题时，他们也能够创造性地解决问题。远距离培训更可能发生在管理技能开发或创造性解决问题、沟通、授权等技能培训中，因为这种培训通常以长期目标的达成或以未来的升迁发展为导向。

◎想一想

小王是某公司的培训经理，该公司最近刚刚上市，面临着许多新的问题和挑战。其中之一就是管理层的管理能力不足的问题。于是总裁命令小王着手开办一期针对管理者的培训班，培训课程包括沟通技巧、管理技能开发、领导技能等。小王虽然是一位资深的培训经理，不过过去都是开展新员工培训，或面向在职普通员工、技术人员的培训，办领导培训班还是头一遭。这可难住了小王，因为管理技能培训不同于一般的技术培训，一来他针对的学员是管理层，这些学员时间紧，经验丰富，如何吸引他们来按时上课着实令人头疼；二来管理技能培训的内容很容易脱离实际，与真实工作中面对的问题有出入，怎么才能让管理者把学到的知识运用到管理中，真正达到提高管理技能的效果呢?

针对小王面临的情况，你能帮他想想办法吗?

3. 认知转化理论

认知转化理论（cognitive transfer theory）以信息加工模型为基础，信息的存储和恢复是这个模型关注的要点。根据认知转化理论，培训成果转化的效果取决于培训对象回忆所学知识、技能、行为等的能力。因此，该理论认为可以通过在培训后向培训对象提供有意义的材料来增加他们将习得知识与实际工作相联系的机会，从而提高培训成果转化成功的概率。同时，这一理论也认为向培训对象提供一系列的记忆策略和方法也十分必要，因为这样可以帮助培训对象加深对所学内容的记忆。

认知转化理论在应用练习（application assignment）中使用得最为广泛，即让培训对象在实际工作中运用所学的内容来解决问题或处理情况。如在经过计算机培训后，要求培训对象运用计算机培训的所学技能对工作档案进行整理；或在对员工进行入职网上注册培训后，要求员工自觉登录网页注册等。还有一种应用练习，即让培训对象在培训过程中找出工作中遇到的问题或状况，然后讨论培训内容应用的可能性。如让银行柜员尽可能地说出工作中遇到的问题，然后鼓励他们将课程所学与这些问题联系起来，将所学应用到解决实际问题当中。

有关记忆编码策略的训练在实际学习中有很多例子，如管理学中常说的 SWOT 分析、PEST 分析、SMART 原则、STAR 原则等，这些分析模型之所以广为流传，得益于它们采用了记忆编码策略，通过向学员提供这些编码可以帮助他们增强对知识的存贮和记忆。

通过上述分析，我们不难发现三种培训成果转化理论各有利弊，培训目的和形式不同，运用的理论也就不同，通过表 7－1，我们能够更加清晰地了解三种理论的重点内容和适用条件。

表 7－1　培训成果转化理论

理论	强调重点	适用条件	转化类型
同因素理论	培训环境与工作环境的相似	主要适合封闭性技能，工作环境及其特点是稳定与可预测的，如设备使用培训	近转化

续表

理论	强调重点	适用条件	转化类型
激励推广理论	可运用于多种不同工作环境的一般性原则	主要适合开放的技能，工作环境不可预测且富有变化，如人际技能训练	远转化
认知转化理论	可增强培训内容存储和回忆的有意义的材料与编码方案	各种类型的培训内容和环境	远近转化

资料来源：诺伊．雇员培训与开发：第 6 版．北京：中国人民大学出版社，2015：135.

第 2 节　影响培训成果转化的因素

组织希望培训能够取得预期的效果，但是由于一些培训对象个人的因素或是组织环境的因素，培训效果总是不尽如人意，不是受到个人学习能力的限制，就是受到习得知识无法应用于实际的困扰。因此，了解哪些因素会影响培训成果的转化将有利于我们发现问题，对症下药。

鲍德温和福特的研究为我们提供了一个很好的研究培训成果转化的模型。该模型包括三个部分：一是培训投入，包括培训对象的特征、培训项目的设计以及工作环境；二是培训转化，即学习知识的保存；三是培训产出，也就是我们所说的培训成果的维持和推广状况。概括起来，培训成果转化就是通过培训对象、培训项目设计、工作环境等的培训投入，将培训内容在培训对象的认知和行为模式中加以保存，最后使得培训所得能够应用推广到工作中，或维持某种态度或行为的过程。图 7－1 是鲍德温和福特在 1998 年提出的培训成果转化模型。

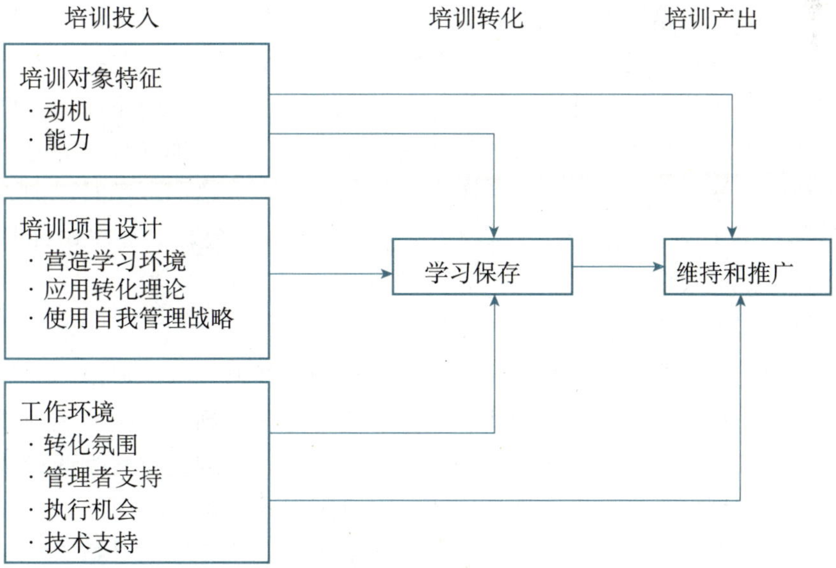

图 7－1　鲍德温和福特的培训成果转化过程模型

一 培训投入

培训投入由三部分构成，分别是培训对象特征、培训项目设计和工作环境。接下来我们针对每个部分进行具体的介绍。

1. 培训对象特征

培训对象特征是每个培训对象存在的个体差异，包括培训对象学习的态度、学习的主动性、学习的目的、学习的方法等，它直接决定了培训对象接受知识的快慢以及学习内容的持久性和推广性。其中，培训对象的一些特征是比较稳定而持久的，不是一朝一夕就能改变的，还有一些特征会随着环境和时间的变化而变化，并可以通过引导朝正确的方向发展。在这里我们主要关注两种个人特征：动机和能力。

培训对象的动机是培训对象期望获得培训知识的强烈程度。研究表明，具有较强学习动机的学员能够获得更好的培训成绩和工作产出。那么如何调动培训对象的学习热情和学习动机呢？以下的几条建议可以为我们提供参考：

- 让培训对象知道努力可以获得好的培训成绩。
- 让培训对象知道培训中的良好表现和培训习得的知识能够提高工作绩效。
- 让培训对象了解工作绩效的提高能够带来更高的组织奖赏、他人认可等有利于培训对象的成果。
- 让培训对象明白培训中良好的表现对他们职业生涯的发展有益。

除了培训对象的动机会影响培训成果的转化，培训对象的能力也是至关重要的影响因素。这些能力包括培训对象的认知能力、观察能力、记忆能力、联想能力、归纳总结能力等。其中，认知能力是最为重要的能力，它可以表现为三个维度：语言能力、数量能力和推理能力。语言能力直接影响一个人对培训内容的理解、运用以及口语表达；数量能力影响培训对象解决问题的速度和准确度；推理能力影响培训对象对培训内容举一反三的推广能力，以及培训对象找出解决问题方法的能力。

由此可见，培训对象的个人特征不仅会影响他们对培训内容的掌握，还会影响整个培训的实施效果。因此，组织在对员工进行培训时，应充分考虑不同培训对象的能力、背景、目标和追求的差异，因材施教，设计适合不同员工的培训课程。同时应注意，当发现培训对象缺乏学习必要的能力和动机时，组织应在常规培训的同时，加入调动员工学习动机和提高员工学习能力的培训，积极地引导培训对象，以提高培训与开发的质量，避免培训资源的浪费。

2. 培训项目设计

培训项目设计是指对培训内容、形式、媒介进行选择的过程。根据不同的培训内容和培训对象，应选择与之相匹配的形式和媒介，这样才能达到良好的培训效果。比如对高层管理者进行领导力的培训，比较适合采用会议、研讨会或远程教学的形式；但对于技术人员的技术培训，则适合采取现场观摩或实习操作的形式。

就培训内容而言，培训内容不宜过于学术和生僻，应该与培训对象的实际工作相联系，尽量使他们能够运用自己的经验，并使培训内容尽可能具有吸引力。就培训形式而言，可以在传统讲授的形式基础上，添加角色扮演、案例讨论、商业游戏等环节，增加培训与实际工作情景的相似性。在培训媒介方面，多媒体和网络的应用是必不可少的，在培训过程中可以通过播放录像等吸引培训对象的注意力，同时，通过网络向那些公务繁忙的培训对象提供自我培训的材料。

另外，还应注意建立良好的培训环境，并积极运用培训成果转化理论，使培训内容尽可能与实际工作相联系，让员工学会自我管理和自觉学习而不是被动接受培训。

3. 工作环境

工作环境是一切能够影响培训对象培训成果转化的环境因素。根据上述模型，工作环境包括转化氛围、管理者支持、执行机会以及技术支持。

（1）转化氛围。转化氛围是培训对象应用培训所得的环境和气氛，包容和支持性的工作环境有利于员工将培训知识应用于工作当中。研究表明，具有表7-2中所列特征的工作氛围有利于培训成果的转化。

表7-2 有利于成果转化的氛围特征

特征	举例
直接主管和同事鼓励培训对象使用培训中获得的新技能和行为方式，并为其设定目标	刚接受过培训的管理者与他们的主管及其他管理人员共同探讨如何将培训成果应用到工作当中
任务线索：培训对象的工作特点会督促或提醒培训对象应用在培训中获得的新技能和行为方式	对培训对象的工作进行重新设计，使他们能够将培训中所学到的新技能运用到工作中去
反馈结果：直接主管支持培训对象应用培训中获得的新技能和行为方式	直接主管应关注那些应用培训内容的刚刚受过培训的管理者
不轻易惩罚：对使用从培训获得的新技能和行为方式的培训对象不会公开责难	当刚受过培训的管理者在应用培训内容出现失误时，他们没有受到惩罚
外部强化：培训对象会因为应用从培训中获得的新技能和行为方式受到外在奖励	刚受过培训的管理者若成功应用了培训内容，他们的薪水会增加
内部强化：培训对象会因为应用从培训中获得的新技能和行为方式受到内在奖励	直接主管和其他管理者应表扬那些刚受过培训就将培训所学的内容应用于工作当中的管理者

资料来源：诺伊，霍伦贝克，格哈特．人力资源管理：赢得竞争优势：第9版．北京：中国人民大学出版社，2018：285.

（2）管理者支持。管理者的支持指管理者重视接受培训的人员的程度，以及对培训对象应用新技能的关注程度。研究表明，管理者的支持程度越高，越能激发培训对象的培训成果转化。管理者提供的最低层次的支持就是允许员工参与培训，最高层次的支持是作为一名培训辅导员亲自参加培训。另外，管理者的支持还体现在管理者使用强化手段激励员工参与培训和应用培训成果的程度。如果员工积极参与培训并将培训成果应用于实际工作中，能够获得领导的认可或是工资的提高，那么员工就更有将培训成果进行转化的信心和动力。

◎看一看

管理者对培训的支持水平

支持水平	高支持 ↕ 低支持	描述
● 在培训项目中担任指导者		● 作为培训指导者参与培训项目
● 实践技能		● 让培训对象有实践机会
● 强化		● 与培训对象共同探讨进展情况，并询问支持培训对象使用新技能
● 参与		● 参与培训
● 鼓励		● 通过重新安排工作日程鼓励员工参与培训项目
● 许可		● 允许员工参加培训
● 承认		● 承认培训的重要性

资料来源：诺伊．雇员培训与开发：第6版．北京：中国人民大学出版社，2015：149.

（3）执行机会。执行机会是指培训对象在实际工作中应用新技能和行为方式的机会。它一方面受到培训对象自身个性和动机的影响，另一方面也受到工作性质和环境的限制。就自身动机而言，如果培训对象愿意承担责任，并勇于使用新技术，敢于挑战新方式，那么应用培训所得的机会就比较多。相反，如果培训对象循规蹈矩，不太喜欢打破常规，则会阻碍新知识、新技能的应用。就工作性质而言，有关技术类的培训更容易在培训后加以应用，而有关管理技能的培训可能需要在特定情形和时机才能被应用；就工作环境而言，如果组织为员工创造适宜应用培训成果的组织环境，如鼓励、支持、督促等，则会大大提高培训对象应用培训所得的概率。

（4）技术支持。技术支持主要包括电子操作支持系统和计算机教学系统。这些支持系统一方面可以帮助培训对象回忆所学的知识，因为电子操作支持系统可以为培训对象提供电子课件等电子信息，供培训对象随时查阅；另一方面，也可以通过安排操作性的课后作业等方式，敦促培训对象进行学习和复习。同时，计算机系统的应用还使培训的时间更为灵活，为自我管理和自主培训奠定基础。

◎读一读

电子执行支持系统（electronic performance support system，EPSS）是一种计算机应用系统，它能够按照要求提供高技能培训、信息资料和专家建议。

在亚特兰大的一家家禽加工厂里，针对负责维修鸡肉加工机器的雇员应用了EPSS。由于用作称量和切割鸡肉的机器越来越复杂，公司不可能就设备的每个细节对技术人员进行不断的培训。但是，技术人员还是接受了有关维护基本程序的培训。当机器发生故障时，技术人员可以应用他们在培训中所学的知识，还可以依赖EPSS系统，以获得有关维修的更详细的指导。EPSS系统还告诉技术人员可用到哪些零件，到仓库的什么地方去找零件。EPSS系统由一个邮票大小的计算机监控器和一个用来放大屏幕的面板组成。监控器连接在一台3磅重的计算机上，在面板上连接一个技术人员用来向计算机发出语音指令的麦克风，这样 EPSS 就可帮助雇员迅速针对问题修理机器了。该厂尝试用 EPSS 的主要原因是速度上的要求，这家工厂每天都要加工 10 万多只鸡且鸡肉属于易腐产品。

资料来源：诺伊．雇员培训与开发．北京：中国人民大学出版社，2001.

二　培训转化

通过培训投入来获得培训产出需要经过培训转化的过程。培训转化包括学习和保存两个方面。对于学习来说，我们在第 2 章已经讲到了相关的学习理论，包括强化理论、社会学习理论、成人学习理论等。为了加强培训的学习效果，企业应在培训过程中合理应用各种理论，并注意与成人学习的特点相结合。对于保存来说，根据艾宾浩斯（Ebbinghans）遗忘曲线，记忆的保持分为短时记忆和长时记忆。如果输入的信息在经过人的注意过程被习得后，便成为人们的短时记忆，短时记忆如果不经过复习很容易被人们遗忘，如果经过复习，这些短时记忆就会变成长时记忆。因此，企业培训与开发应注重温故知新，进行阶段性的考核和测验。此外，在培训过程中，要形成长时记忆，还需要明确培训内容，并且提供细节。培训者常用的方法之一就是建立一幅概念图来展示各种概念之间的联系，也可运用文字、图和角色扮演等多样化的复习方式来促进记忆。通过传授关键词、程序、流程或提供可视化的图像，培训者可以帮助培训对象回忆起那些他们原本了解的且与现在的培训内容相关的知识、行为和技能，以便建立起培训内容与长时记忆的联系，并对新的培训内容的记忆提供一个总体的框架，以帮助员工获得更好的学习效果。

◎读一读

艾宾浩斯遗忘曲线（见图 7－2）告诉我们，学习内容的遗忘是有规律的，每个阶段遗忘的速度并不是均衡的，在记忆的初期遗忘的速率最快，后来逐渐减慢，到了相当长的时间后，几乎就不再遗忘了。

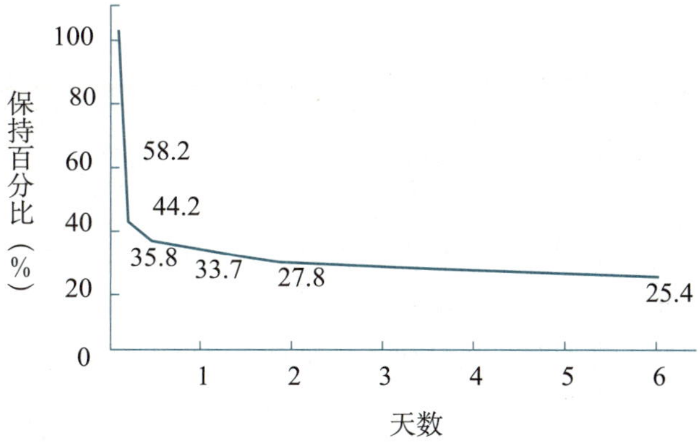

图 7－2　艾宾浩斯遗忘曲线

同时，艾宾浩斯还发现，理解有利于人们记忆。在试验中，他发现人们记忆12个无意义的音节，平均需要重复16.5次，记忆36个无意义的音节，平均需要重复54次。而记忆有480个音节的一首诗，仅需要重复8次。参见图7-3。

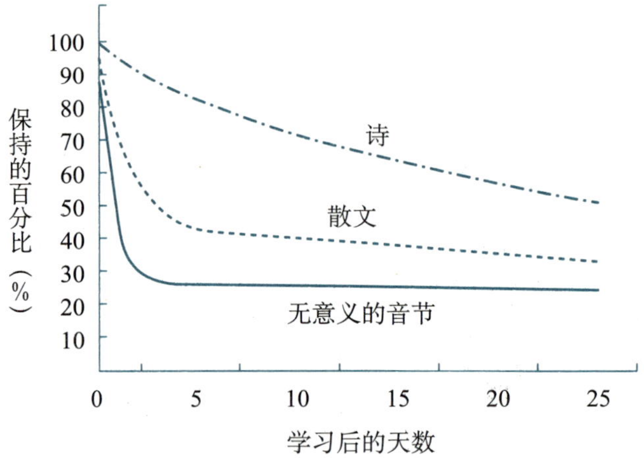

图7-3 艾宾浩斯音节记忆

研究还发现，由于生理特点、生活环境和经历不同，人们会具有不同的记忆方式、记忆习惯等。如果与个人的记忆方式和习惯相吻合，则记忆效果更好；如果跟个人的记忆习惯和方式相悖，记忆效果大打折扣。

根据学习过程和保存过程的特点，企业应该在培训过程中注意将培训内容与培训对象的经验相联系，并加入阶段性的总结或测验，以便培训对象不断温故知新，并在培训结束时，通过纸笔测验、满意度问卷等测验形式来评估培训的效果。同时，应建立培训档案的存管系统，将课堂讲授的内容转化成电子形式供员工参考。档案存管系统还应包括学员在课堂上的提问和回答，以及思想碰撞所产生的新的解决问题的方式，做到实时更新、自我学习、动态管理。

三 培训产出

培训产出包括维持和推广两部分内容。维持是对所学知识的保持，它强调记忆和简单应用；推广是对所学知识的一种再创造，或对培训所学知识的一种传播和扩散。

1. 维持

学习成果的维持是指培训对象对培训新内容的长期记忆能力和长期应用能力。学习成果的维持主要受到四方面因素的影响：一是培训环境与实际工作环境的相似性。培训环境与工作环境越相似，越有利于培训成果的维持。二是培训过程与培训成果应用的时间间隔。培训到培训成果应用经历的时间越长，越不利于培训成果的维持。三是培训成果应用的频率和机会。这一方面取决于培训性质，另一方面取决于工作性质，技术性的培训成果因为会在工作中频繁使用而更容易保持，而技能开发类培训成果只有在遇到具体工作问题时才被使用，因此不易于长期维持。四是培训个体的年龄特征。与年轻的培训对象相比，年纪大的培训对象由于记忆力减退和受主观经验桎梏较深而不善于维持培训成果。

2. 推广

学习成果的推广包括两方面的内容：一是将培训所学运用于新的情境，也就是我们常说的举一反三，或根据培训内容的启示获得新的、富有创造性的想法；二是将个人获得的知识在组织内传播形成组织共有的知识，也就是我们常说的知识共享。一般而言，建立在激励推广理论或认知转化理论基础上的培训，更易于培训成果的推广，因为这些理论强调提炼一般性原则，给培训对象更多发挥的空间；而建立在同因素理论基础上的培训，因为强调工作与培训环境的相似性，容易限制培训对象的思路，反而不利于培训成果的推广。

◎ 想一想

根据所学想一想，怎么做才能促进培训成果的维持和推广？

第 3 节　确保培训成果转化的方法

在掌握了培训成果转化的理论和模型的基础上，我们需要考虑如何将这些理论与实践相结合，促进培训成果在组织内的落实和应用。在这一节中，我们将介绍一些具体的培训成果转化方法，这些方法可以帮助人们更加深刻地理解培训成果是如何使用的。

一　进行组织分析

要想医病，首先要知道病在何处。企业促进培训成果转化的第一步就是要发现自身的问题，对症下药。如果不消除企业自身阻碍培训成果转化的因素，那么即便培训设计得再完美，员工的学习动力再足，也很难使培训成果持续不断地转化，且培训成果转化的过程中会困难重重，造成“头痛医头，脚痛医脚”的局面。因此，成果转化的首要环节就是了解企业自身。

研究发现，在工作环境中阻碍培训成果转化的因素有以下几点：

（1）缺乏相应的工作机会。

（2）缺乏上级领导的支持。

（3）缺乏同事的支持。

（4）培训对象学习的新技能不实用。

（5）培训对象不满意培训后的状况。

（6）培训对象对培训的认识不足。

（7）培训成果转化成绩效的过程中无法得到培训者的帮助。

（8）制度设计不合理。

（9）没有鼓励创新的氛围。

（10）没有鼓励应用培训成果的相关激励机制等。

以上只是工作环境中阻碍培训与开发成果转化的几个重要因素，在具体操作时，企业可以根据工作环境、受训人员、人际支持、培训设计、配套制度几个方面列出一张清单，来帮助组织寻找问题所在。

◎ **看一看**

问题清单举例

维度	具体描述	有/无（有打“√”）
工作环境	没有鼓励创新的氛围	
	应用培训成果的机会很少	
	缺乏应用培训成果的设施	
	⋮	
培训对象	培训对象接受培训的动机不强	
	培训对象不知道为什么接受培训	
	⋮	
人际支持	缺乏领导的支持	
	缺乏同事的支持	
	缺乏专业导师的支持	
	⋮	
培训设计	培训环境与工作环境相差较远	
	培训内容枯燥乏味	
	培训内容不易与实际结合	
	⋮	
配套机制	制度设计不合理	
	没有应用培训成果的激励机制	
	⋮	

二 激发培训对象的学习动机

在培训开始前，管理者必须确保培训对象做好了接受培训的准备工作。这里的准备工作一是指培训对象具备接受培训所需的个人特质，包括学习的动机、能力、态度、信念等；二是指培训对象对培训的认识，如为什么培训、培训能获得什么、培训期望的结果是什么、培训与绩效的关系、培训与个人发展的关系等。只有培训对象拥有学习的动机，并充满自信，同时了解培训收益或可能的结果，明确培训需要、职业兴趣及目标，才能真正在培训中学有所得。

管理者如何在培训前帮助员工做好准备是我们关注的焦点。对于管理者来说，以下几点可以为我们提供一些指导意见。

1. 确定激发培训对象的学习动机的目标

动机是激发和维持个体行动，并使行动导向某一目标的内部驱力，它是由人们的需要激发的。因此，激发员工动机就是要发现员工的需要，使培训与员工需要相契合。对于员工来说，提高绩效以获得未来职业的发展是他们密切关注的问题，因此，管理者在培训前应让员工了解培训对个人能力和技能的提升具有重要意义，并使培训尽量与个人的职业生涯发展及个人追求的目标相一致。还可以赋予员工一些选择培训项目的权利，使培训能够更好地满足员工的需求。

2. 确保培训对象有足够的自信

自信是员工对自己能够成功掌握学习内容的信念。自信的人往往自我效能感也高，更有机会获得成功。因此，提高自信可增加培训成果成功转化的概率。

对于管理者而言，提高员工自信可采用以下办法：

- 让员工知道培训目的是提高他们的绩效，而不是发现他们有什么问题。
- 在培训前，公开一些培训信息供员工参考预习。
- 以身边一位成功完成培训的员工为标杆，鼓励员工投入，并让员工相信想要取得培训成果其实并不难。

3. 让培训对象了解培训的目的、意义和结果

管理者通过与员工沟通，帮助他们了解为什么参与培训，从培训中可以获得什么，在工作方面、个人方面以及职业方面培训可能会给他们带来哪些收益。这一方面可以强化培训对象的学习动机，另一方面也可以保证培训对象更好地进入培训角色，减少适应培训的时间。在这个环节上，管理者应注意提供的培训信息必须是真实可靠的，否则会造成真实培训与想象培训的落差，大大降低员工参与培训的积极性。

4. 保证培训对象具备基本的学习技能

培训对象接受培训前必须掌握一些基本的技能，如阅读技能、记忆方法、认知能力等，其中有些是逐渐养成难以改变的，有些是可以通过指导进行强化和完善的。管理者需要关注的就是那些能够通过指导得到完善的部分，如记忆方法、阅读技巧等。此外，管理者还应在培训前开展一些文化水平的测试，针对不同文化水平的人提供不同层次和不同内容的培训。

三　改进培训项目的设计

培训项目设计是决定培训有效与否的关键环节，它是培训成果转化的中间过程，培训的内容、渠道、方法都关系到培训成果转化的好坏。具体而言，在设计和规划培训项目时，应该关注下列具体环节：

（1）尽量设置与工作情景相同的条件。

（2）培训过程中应注意教授培训对象如何在实际工作中应用培训成果。

（3）让学员在培训结束时做一份项目小结报告，说明他认为哪一部分的内容对自己今后的工作最有帮助，并承诺将知识应用到工作中。

（4）整合培训的重点知识、技能，尤其是那些在工作中表现不很明显、需要提示的要点，形成业务手册发给培训对象，以便随时查找和翻阅。

（5）将培训设计与激励机制相联系，对在工作中应用新技术、新方法的员工给予奖励，既可以采取表扬的方式，也可以进行物质奖励，以强化应用培训成果行为的发生。

（6）将培训中的程序、步骤和方法等信息用表单的形式提炼出来，便于受训人员在工作中应用，如核查单、程序单等。

（7）建立定期检查机制。为防止培训对象中途懈怠，可由其上级或培训人员定期检查或抽查培训笔记，进行培训面谈，或在培训后了解培训应用情况。

◎看一看

员工培训记录

编号：__________

部门：　　　　　　　　　　　　　　　　　　记录：__________

<table>
<tr><td>姓名</td><td></td><td>工号</td><td></td><td>入职日期</td><td></td><td>出生年月</td><td></td></tr>
<tr><td>职位部门</td><td colspan="7"></td></tr>
<tr><td rowspan="2">职称履历</td><td>日期</td><td colspan="2"></td><td colspan="2"></td><td></td><td></td></tr>
<tr><td>职称</td><td colspan="2"></td><td colspan="2"></td><td></td><td></td></tr>
<tr><td rowspan="5">学历</td><td></td><td colspan="2">日期</td><td>学历</td><td>专业</td><td colspan="2">学校</td></tr>
<tr><td>1</td><td colspan="2"></td><td></td><td></td><td colspan="2"></td></tr>
<tr><td>2</td><td colspan="2"></td><td></td><td></td><td colspan="2"></td></tr>
<tr><td>3</td><td colspan="2"></td><td></td><td></td><td colspan="2"></td></tr>
<tr><td>4</td><td colspan="2"></td><td></td><td></td><td colspan="2"></td></tr>
<tr><td rowspan="5">外部培训</td><td></td><td colspan="2">日期</td><td colspan="2">职称/资格/证书/内容</td><td>时数</td><td>发证机构</td></tr>
<tr><td>1</td><td colspan="2"></td><td colspan="2"></td><td></td><td></td></tr>
<tr><td>2</td><td colspan="2"></td><td colspan="2"></td><td></td><td></td></tr>
<tr><td>3</td><td colspan="2"></td><td colspan="2"></td><td></td><td></td></tr>
<tr><td>4</td><td colspan="2"></td><td colspan="2"></td><td></td><td></td></tr>
<tr><td rowspan="5">内部培训</td><td></td><td colspan="2">日期</td><td colspan="2">培训内容</td><td>时数</td><td>评估</td></tr>
<tr><td>1</td><td colspan="2"></td><td colspan="2"></td><td></td><td></td></tr>
<tr><td>2</td><td colspan="2"></td><td colspan="2"></td><td></td><td></td></tr>
<tr><td>3</td><td colspan="2"></td><td colspan="2"></td><td></td><td></td></tr>
<tr><td>4</td><td colspan="2"></td><td colspan="2"></td><td></td><td></td></tr>
<tr><td>备注</td><td colspan="7"></td></tr>
</table>

备注说明：1. 为每个员工的培训记录建立档案。
2. 可作为晋升或调整职位的评估条件。

四 为培训成果转化创造有利的工作环境

培训结束后，员工回到工作岗位，这时真正的培训成果转化才刚刚开始，可以说培训成果转化的大部分内容都是在这以后实现的。但在员工的工作环境中，存在着许多阻碍员工转化培训成果的因素，如部门管理者不支持，同事不支持，以及时间紧迫、资金短缺、设备匮乏等工作本身的原因。培训成果缺乏转化的环境和土壤，就会造成培训所学无用武之地和培训资源的浪费。因此，应该在组织中营造有利于培训成果转化的工作环境。

1. 增加培训内容的实践机会

对实践机会的测量主要以工作中需要用到的培训内容的数量、频率、难度和重要性来衡量。增加实践机会需要做到以下几点：

（1）管理者为员工提供更多应用新方法、新技术的机会。

（2）用机制来约束员工必须使用新技术、新方法，如让员工记录自己使用培训成果的频率和效果，定期抽查。

（3）在培训设计上，加入现场模拟、角色扮演等环节。

2. 提高相关人员的支持力度

这里的相关人员包括管理者、同事和导师。只有争取这三个层面的支持，才能营造积极、持久的学习氛围，促进培训工作顺利开展。具体而言，需要做到以下几点：

（1）管理者的支持。管理者的支持一方面是高层管理者的关注作用，另一方面是中层管理者的推动作用。培训负责人需要根据企业的实际情况，结合行业的发展动态制定培训方案，并赢得高层管理者的支持。很多情况下高层管理者的支持直接决定了培训效果的好坏，因为高层管理者掌握着调配资源的大权。高层管理者对培训的重视和关注，有利于组织加大培训投入，保证进行培训所需要的各种资源。

中层管理者的推动作用主要表现在倡导和鼓励员工将培训所得应用到工作当中。中层管理者应该特别关注那些刚刚接受过培训的员工，与他们共同讨论如何将培训所学加以应用，并制订具体的行动计划。同时，中层管理者也应该采取激励强化手段对员工学以致用给予表扬和物质奖励。

（2）同事的支持。员工容易受到同事的影响。同事与员工朝夕相处，他们的支持更能促进培训对象对培训成果的转化和应用。具体来说，获得同事支持有以下几种方法：

1）建立受训人员联系网络，方便培训对象之间互相沟通和提供帮助，分享成功的经验和失败的教训。同时，培训对象之间还可以讨论如何获得应用培训内容所需的资源，以及如何克服障碍等。

2）建立学习小组。小组形式有利于成员之间的相互帮助、相互激励、相互监督。理想的小组是同一部门的同一工作组的员工在参与培训后成立的小组，这样的学习小组可以时刻与讲师保持联系，定期复习，逐渐形成群体行为模式，起到监督约束的作用。

3）内部简讯也是加强同事支持的一种方法。在简讯中可以转载那些成功应用新技能的受训员工的访谈录，并向员工推荐一名参加过同类培训、有经验的员工作为咨询师，来提供与培训成果转化问题有关的意见和建议。

（3）导师的支持。实践证明，一对一的导师制对员工应用新知识有着非常好的效果。在进行一对一辅导前和一对一辅导后，培训对生产率的提高作用由22.4%上升到88.0%。对接受管理技能开发培训的管理者而言，以一对一的形式对员工进行辅导，可以在培训结束前就实现培训成果的转化。通过导师制建立联系，员工可以得到及时的反馈，并在相对隐私的环境下，避免员工怕丢脸、怕失误的心理。而对于导师而言，受辅导者表现的好坏反映了他们的辅导能力，因此，一对一的导师制也无形间为督促导师建立了一种约束机制，使导师不遗余力地辅导新员工，督促新员工应用新技术和新方法。

五 为培训成果转化创造有利的组织环境

组织环境不同于一般意义上的工作环境，它是更加宏观的组织建设，有利于培训成果转化的组织建设可以自动形成良好的工作氛围，为培训对象提供鼎力支持。目前，比较流行的两种促进培训成果转化的组织建设包括建立学习型组织和进行知识管理。

1. 建立学习型组织

我们之前提到过有关学习型组织的定义，它是指有很强的学习能力、适应能力和变革能力的组织。在学习型组织中，培训被视为构建组织智力资本的关键环节。它不仅包括向员工传授目前工作需要的知识和技能，还包括激发员工的创造力和变革能力，鼓励员工获取并应用知识。成功的学习型组织，不仅需要将重点放在培训上，还需要改变整个人力资源管理系统来支持学习。学习型组织的特征如表7-3所示。

表7-3 学习型组织的特征

特征	具体描述
持续学习	员工共享学习成果并把工作作为知识应用和创造的基础
知识创造和共享	开发创造、获取和共享知识系统
严格的系统化思维	鼓励员工用新的方式思考，找出联系和反馈渠道，并验证假设
学习文化	公司的管理人员和公司有明确的目标对学习进行奖励、促进和支持
鼓励灵活性和实践性	雇员可自由承担风险，不断革新，开拓创新思路，尝试新过程，并开发新产品和服务
珍视雇员价值	系统和环境注重对每一位雇员的培训开发和福利

资料来源：Gephart M A，Marsick V J，van Buren M E，et al. Learning organization come alive. Training and Development，1996，50（12）：34-45.

2. 进行知识管理

知识管理是指通过设计和运用工具、流程、系统、结构和文化来改进知识的创造、共享和使用，从而提高公司绩效的过程。通过知识管理可以使个人的智力资本转化成组织的智力资本，并有利于组织学习的延续性和持久性。下面是几种集中创造和共享知识的方法：

（1）应用技术和软件，或建立企业内部网络，让人们存储并与他人共享信息。

（2）编制详细指南，列出员工应做的事情、彼此的联系方式，以及他们拥有的知识类型。

（3）开发信息图以确定公司的特定信息存储在何处。

（4）在公司内设置一个信息主管职位，负责信息的分类与交流。

（5）让员工向其他同事汇报他们在培训项目中学到的知识。

（6）允许员工利用工作时间来获取知识，研究问题，参加培训和学习实用技术。

（7）建立学习资源的在线图书馆如期刊、技术手册、培训课程及研讨会。

（8）设计方便员工之间交流的办公空间。

六 及时跟踪调查培训成果转化的进度

培训课程的结束并不是整个培训过程的终点，要想促成培训成果的持续作用，就需要对培训成果转化进行跟踪调查和反馈。一般而言，在培训课程结束六个月后使用管理者反馈表（如表 7－4 所示）对培训对象进行调查是比较有效的手段。同时，在培训结束后，企业可以通过建立自动系统来提醒员工使用新方法、新技术。这时，人力资源部门发挥了主要的作用，人力资源管理者需要督导员工接受调查，与他们定期面谈，询问他们对培训内容应用的程度和对培训设计的满意度等。

表 7－4 管理者反馈表

姓名		部门		时间	
课程		讲师		地点	
征询意见					
1. 本次培训的整体效果		□很满意	□满意		□不满意
2. 员工应用培训成果的频率		□经常应用	□很少应用		□从不应用
3. 培训成果对提高工作绩效的作用		□作用大	□有作用，但不明显		□没有作用
4. 您对此培训的其他建议：					

七 注重培训沟通

有效的沟通是增强培训效果的重要手段，它贯穿整个培训过程的始终。沟通有利于实现培训过程的动态管理，可以根据员工的需要对培训做出及时的调整，促进培训成果的转化。培训沟通包括三个阶段：培训前的沟通、培训期间的沟通和培训后的沟通。

1. 培训前的沟通

培训前的沟通主要目的是让员工明确培训的目的和要通过培训期望获得的成果，以便员工有目的、有侧重地参加培训。具体而言包括以下内容：

（1）培训期间要完成的任务，包括记录培训的内容、培训后要汇报的内容、培训要提交的成果等。

（2）培训对象有哪些地方能力不足，希望通过本次培训获得哪些方面的提高。

（3）企业在招聘、配置、薪酬管理、考核和过去的培训中都遇到过哪些问题，在这次培训中需要做哪些改进，需要重点关注哪些内容。

（4）其他没能参加培训的人员希望受训人员能够帮助他们解决什么问题。

2. 培训期间的沟通

培训期间的沟通主要解决的问题是要确定培训过程中哪些内容没有被掌握和需要改进，并希望增加何种资料的配给，以及针对企业新产生的培训需求如何进行培训项目的调整等。

需要注意的是，培训期间的沟通不仅停留在人力资源管理人员和培训对象之间，培训对象彼此的沟通也格外重要。培训对象在接受培训期间的沟通不仅可以帮助他们解决培训过程中遇到的问题，而且由于培训对象在个人性格、经验以及思维方式等方面存在不同，可能在沟通和交流过程中碰撞出思想的火花，产生新的思维和方法。

学员和培训者之间的沟通也很重要。由于培训者多为高层管理人员或外聘人员，他们可能没有足够的时间与学员进行互动和交流，这就需要人力资源部门负责培训的人员记录讲师的联系方式，收集学员的共性问题并向讲师询问解决方案，之后再经过整理，发放给所有培训对象。

3. 培训后的沟通

培训后的沟通最好在培训结束一段时间后进行，一方面可以避免受学员短时记忆的影响，高估培训与开发的效果，另一方面也为培训对象整理材料和准备培训成果展示留出时间。在这个阶段，沟通主要包括以下内容：

（1）召开培训结业会。在培训结业会上，主要是进行学员学习成果的汇报，或是对一些培训遗留问题的补充。可以通过开放自由的方式，进行学员间的集体讨论和经验交流。

（2）制订培训成果转化的行动计划。针对培训的内容，就如何把这些方法转化成实际行动与学员进行集体或个别面谈，让他们自己对应用培训成果做出承诺，并协助他们拟订培训成果应用计划。

（3）培训成果考核。培训对象的培训表现应该和考核相结合。在培训结束后一段时间，负责培训的专员应和部门领导进行面谈，考察员工对培训内容的应用情况和对培训的满意度，作为下次培训的改进依据，并为考核提供参考。

◎读一读

要改变企业培训投资效益低的状况，就必须从系统的角度重新审视企业的培训管理。SATE 系统解决方案，即“support”（领导支持机制）、“analysis”（需求分析机制）、“transfer”（成果转化机制）、“effectiveness”（效果评估机制），是一种高效培训管理模式，为建设高效培训管理系统、解决众多企业培训中出现的普遍问题提供参考与借鉴。

领导支持机制

成功的培训管理尤其需要企业决策层和管理层的参与和支持，否则培训工作从源头就会被卡死，因此必须建立领导支持机制。

（1）建立畅通的沟通渠道。无论是企业内部培训还是外部培训，企业的决策层必须与培训操作层（培训部门或培训公司）进行沟通，坦诚相待，使操作层明确企业的需求，将企业的真实需要编制到课程中去，尽可能地防止培训内容与本企业的核心价值观发生冲突。

(2) 建立起360度评价体系，将“培训重视程度”指标纳入其中。“360度”，顾名思义，不仅上司可以评价下属，下属也可以评价上司。通用电气公司在考核制度中就引入了这一指标，公司规定：一旦管理者在考核中被下属打上“不注重培训”的烙印，将对其加资晋职产生严重影响，甚至失去领导资格。当然，这种考核制度要注重保密性。

需求分析机制

需求分析报告的真实性直接决定了培训内容、培训方法和培训效果考核标准设计是否科学，这是培训有效的前提。但就目前来看，其准确性和科学性受到了很大的质疑，而且企业的培训需求分析大多是短期和随意的工作，无法为培训效果评估及未来培训需求的测定提供详尽的材料依据。科学的培训需求分析机制应包括以下五方面的内容：

(1) 企业的组织结构及战略目标；

(2) 企业处理业务的方式和员工的行为准则；

(3) 管理者对员工工作业绩的要求；

(4) 顾客的需求；

(5) 员工的自我评价（这是最好的信息来源，能不能胜任工作员工比谁都清楚）。

值得注意的是，培训需求评估的科学性不仅取决于分析的内容，而且取决于企业与培训对象需求的统一程度。因此，此环节还必须与职业生涯管理体系设计相结合。一个做得比较好的例子就是朗讯科技（中国）有限公司，它会为每个员工制订职业生涯规划，确立员工一年和三年的奋斗目标。每年末对照上一年的规划进行检查和修改，重新制订下一年的规划，形成滚动发展的运作模式。

成果转化机制

培训的终极目标是增加企业自身的价值，使培训成果转化为员工的职业行为和企业绩效。因此，培训活动仅仅是一个开始，成果转化机制的建立才是关键。

成果转化机制由以下三个相互独立的子机制组成：

(1) 设计子机制。为了加速培训成果的转化，操作层在进行培训项目设计时应尽量注意培训活动、环境、反应与工作状态的相似性，以利于培训对象将所学技能顺利地转化到工作中。一般而言，可采用情景模拟、视听培训、行为模拟、角色扮演、管理游戏等培训方法。

(2) 激励子机制。分为物质激励和精神激励。推荐企业建立技能工资体系。在此工资体系中，薪资直接与员工所拥有的知识或技能挂钩，有效促进员工参加培训的积极性，提高员工将培训成果转化为工作技能的主动性。该制度要求对员工的工作技能进行阶段性评估，对评估优异的员工给予适当的加薪，避免培训成果递减的问题（技术遗忘）。形成以物质激励为主、精神激励为辅的激励体制。

（3）反馈子机制。在员工热情地参与培训之后，培训负责部门有义务将员工的培训成绩、培训评价结果，通过书面材料、小型会议或公司局域网的方式反馈，让员工了解自己的参与是否发挥了应有的作用，同时还能帮助员工进一步了解企业的培训目标和企业所期望的绩效水平。快速有效的反馈机制也使得企业高层及培训部门既能照顾到企业整体问题，又能及时了解重要的细节，增强培训效果。

效果评估机制

既然培训是企业投资费用的一个重要组成部分，那么投资收益自然就成了企业培训管理工作关注的焦点。同时，培训评估也是所有培训工作的难点，从战术角度而言，问题常源于培训效果难以测定。对此，可从以下两方面入手：

（1）合理的评价指标体系。应建立全面、科学的三级评价指标体系。

一级评价的对象是员工个人，该级指标主要包括员工参加培训的态度、考试或考核的成绩等。评价的结果应与员工的晋级及浮动奖金直接挂钩。

二级评价的对象是职能部门或分公司，该级指标主要包括各职能部门或分公司对培训的参与、支持程度，参训人员在培训中的表现和所得到的评价等。该级的评价结果与部门的业绩奖金、部门领导的业绩评价挂钩。

三级评价的对象是整个公司，该级指标是公司整体培训效果。评价时应把定性评价与定量评价、短期评价与长期评价结合起来，同时采用联席评价会议的方式进行。该级评估结果仅作为公司下一步培训改进借鉴之用，并作为公司档案保存，而不与任何单位、部门和个人的利益挂钩。

（2）评估方式的正确选择。可供实践中采用的评估方式主要有四种：后测、前后测、后测加对照组、前后测加对照组。评估方式的选择不是任意的，应根据企业进行评估的目的选择。若评估目的是为了比较两个项目的效率或判断员工培训前后技能变化，则采用相对严谨但费用较大的前后测加对照组；若为了测试培训成果转化后的职业行为是否达到绩效水平，则只需选择较便捷和节省费用的后测方案即可。总之，应尽量考虑到效果与效率。

资料来源：金招弟，孙瑾，徐斌，等．SATE培训管理模式．中外管理，2003（10）：38－40.

本章小结

1. 本章主要介绍了培训成果转化的理论、影响培训成果转化的因素以及有利于培训成果转化的方法。所谓培训成果转化，就是培训对象将从培训中获得的知识、技能、态度、行为等持续地应用于工作当中，并达到预期目标或期望绩效的过程。它包括两个方面的内容：一是对获得知识的应用（持续性）；二是达成期望绩效（有效性）。

2. 培训成果转化理论主要有三种，即同因素理论、激励推广理论和认知转化理论。三种理论各有利弊，适用的环境也各不相同，企业在应用过程中应注意将理论与培训的内容、接受培训的对象相联系。

3. 通过鲍德温和福特的培训成果转化模型，我们可以发现影响培训成果转化的因素包括培训投入、培训转化和培训产出。其中，培训投入包括培训对象特征、培训项目设计和工作环境；培训转化包括学习和保存；培训产出包括维持和推广。

4. 本章的最后一节详细介绍了促进企业培训成果转化的方法，主要有以下几种：进行组织分析，寻找组织内阻碍培训成果转化的因素；分析培训对象的特征，激发培训对象的学习动机；改进培训项目的设计；为培训成果转化创造有利的工作环境；为培训成果转化创造有利的组织环境；及时跟踪调查培训成果转化的进度；注重培训沟通。

复习思考题

1. 有关培训成果转化的理论有哪些，它们各有什么特点？

2. 请根据鲍德温和福特的培训成果转化模型，说说影响培训成果转化的因素有哪些，应该如何利用这些因素使培训取得预期的效果。

3. 促进培训成果转化的方法有哪些？你对培训成果转化有什么建议和意见？

案例分析

肯德基的员工培训系统

作为世界最大的餐饮连锁企业之一，肯德基自进入中国以来，带给中国的不仅是异国风味的美味炸鸡、几万个就业机会，还有全新的国际标准的人员管理和培训系统。

作为劳动密集型产业，肯德基奉行“以人为核心”的人力资本管理机制。因此，员工是肯德基在世界各地快速发展的关键。肯德基不断投入资金、人力进行多方面、多层次的培训。从餐厅服务员、餐厅经理到公司职能部门的管理人员，这些培训不仅帮助员工提高工作技能，同时还丰富和完善了员工的知识结构和个性发展。

那么，肯德基的员工培训系统究竟是怎样的呢？

教育培训基地：员工学堂

肯德基在中国特别建有适用于当地餐厅管理的专业训练系统及教育基地——教育发展中心。该基地成立于1996年，专为餐厅管理人员设立，每年为来自全国各地的2 000多名肯德基餐厅管理人员提供上千次培训课程。中心大约每两年会对教材进行重新审定和编写。培训课程包括品质管理、产品品质评估、服务沟通、有效管理时间、领导风格、人力成本管理和团队精神等。

在一名管理人员的培训计划中，有“如何同心协力做好工作”“基本管理”“绩效管理”“项目管理”“7个好习惯”“谈判与技巧”等科目。据了解，肯德基最初的培训课程有来自国际标准的范本，但最主要的是来自当地资深员工的言传身教及对工作经验的总结。因此，教材的审定和重新编写主要是补充一线员工在实践中获得的新知识、新方法。每一位参加教育发展中心培训的员工都既是培训对象，也是执教者。这所独特的“企业里的大学”，就是肯德基在中国的所有员工的智囊部门、中枢系统。

内部培训制度：分门别类

肯德基的内部培训体系分为职能部门专业培训、餐厅员工岗位基础培训以及餐厅管理技能培训。

（1）职能部门专业培训。肯德基隶属于世界上最大的餐饮集团——百胜餐饮集团，百胜中国公司设有专业职能部门，分别管理肯德基的市场开发、营建、企划、技术品控、采购、配送物流系统等专业工作。

为配合公司整个系统的运作与发展，百胜中国公司制定了专门的培训与发展策略。每位职员进入公司之后要去肯德基餐厅实习七天，以了解餐厅营运和公司企业精神的内涵。职员一旦接受相应的管理工作，公司还会为其开设传递公司企业文化的培训课程。一方面提高员工的工作能力，为企业及国家培养合适的管理人才；另一方面加强员工对公司文化的理解，从而实现公司和员工的共同成长。

（2）餐厅员工岗位基础培训。作为直接面对顾客的“窗口”，餐厅员工从进店的第一天开始，就都要严格学习基本的操作技能。从不会到能够胜任每一项操作，新进员工会接受公司安排的平均近 200 个工作小时的培训，通过考试取得结业证书。从见习助理、二级助理、餐厅经理到区域经理，随后每一段的晋升，都要修习 5 天的课程。根据粗略估计，光是训练一名经理，肯德基就要花上好几万元。

在肯德基，见习服务员、服务员、训练员以及餐厅管理组人员，全部是根据员工个人对操作要求的熟练程度，实现职位的晋升、工资水平的上涨。在这样的管理体制下，年龄、性别、教育背景等都不会对员工未来在公司的发展产生直接影响。

（3）餐厅管理技能培训。目前肯德基在中国有大约 5 000 名餐厅管理人。针对不同的管理职位，肯德基都配有不同的学习课程，学习与成长相辅相成，是肯德基管理技能培训的一个特点。

当一名新的见习助理进入餐厅，适合每一阶段发展的全套培训科目就已在等待着他。最初，他将要学习进入肯德基每一个门店所需要的基本操作技能、常识以及必要的人际关系的管理技巧和智慧。随着他的管理能力的提升和职位的升迁，公司会再次安排新的培训课程。当一名普通的餐厅服务人员经过多年的努力成长为管理数家肯德基餐厅的区域经理时，他不但要学习领导入门的分区管理手册，还要接受公司的高级知识技能培训，同时获得被送往其他国家接受新观念以拓展思路的资格。除此之外，这些餐厅管理人员还要不定期观摩录像资料，进行管理技能考核竞赛等。

横纵交流：传播肯德基理念

为了加深公司内部员工之间的关系，肯德基还会不定期举行餐厅竞赛和员工活动，进行内部纵向交流。记者采访的一位选择肯德基作为人生第一份工作的餐厅服务员说，在肯德基，她学到的最重要的东西是团队合作精神和注重细节的习惯。当然，这些对思想的深层影响会在今后一直伴随他们，无论是在哪里工作和从事何种岗位。

另外，肯德基从 1998 年开始强化行业内横向交流。肯德基和相关机构共同举办了数届“中式快餐经营管理高级研修班”，为来自全国的中高级中式快餐管理人员提供讲座和交流机会，专家为他们讲授快餐连锁的观念、特征和架构，市场与产品定位，产品、工艺、设备的标准化，快餐店营运和配送中心的建立，等等。对技能和观念的培训与教育，除了能提高员工工作能力，还促进了中国快餐业尽快学习国际先进的快餐经营模式。

肯德基还把培训课堂搬进了复旦大学的校园，让学生体验肯德基的培训。肯德基解释这一现象为“企业大学化”。所谓“企业大学化”，是指企业除了本身的生产流程，同时也是创造知识的一环。现代知识型企业不光靠资本、土地赚钱，只有具备独特的知识才能够去竞争。企业在深化知识后，经过有效的整理、积蓄，然后将其传播出去。企业把培训理念引进校园，一方面可以使高校为企业的培训提供良好的专业背景，另一方面也通过这样的形式将自己对人才素质的需要及来自管理实践的最新经验反映给学校。这是一个互动的过程。

种种举措，在创造社会效益的同时，也让肯德基的理念获得了更广泛的认同，让肯德基品牌的核心竞争力得到了提升。肯德基已经在用行动努力把创造利润和创造知识结合在一起，现在有更多的企业意识到了这一点：未来，创造财富不仅仅是靠资本、资源，更多的是靠知识。

资料来源：姚裕群．人力资源管理案例教程．北京：中国人民大学出版社，2006.

讨论：

1. 肯德基的培训是如何实现培训成果转化的？它运用了我们所学的哪些方法？
2. 结合所学有关培训成果转化的理论，说说肯德基是如何应用的。

第 8 章 职业生涯管理

学习目标

- 掌握职业生涯管理的概念和意义。
- 了解职业生涯发展的相关理论和模型。
- 了解我国职业生涯管理的相关实践和我国职业生涯管理面临的问题。

开篇案例

小李学的是酒店管理专业，大学毕业后到一家酒店工作，工作很稳定也没有什么压力。但小李是个不安分的人，他怀着做出点儿成绩的万丈豪情进酒店工作，却一直碰壁。小李有很多想法却没有办法实施，和上级沟通时总是被领导以这样那样的理由搁置下来。他不满领导的敷衍态度，多次和领导发生冲突，领导一开始还会温和地与他沟通，次数多了就根本不给小李说话的机会了。

跳槽，成就发展

小李是一个期望挑战、寻求冒险刺激的人，在工作中也是这样，渴望不断地攀登，突破一个个瓶颈。酒店懒散的工作环境让小李几乎窒息，他感觉自己的工作激情被慢慢地消磨掉了。在工作的第三个年头，他跳槽进入一家通信公司做销售工程师。这份工作虽然辛苦，但是重新点燃了他工作的激情。在经过短时间的适应之后，他的业绩迅速增长，一年的时间他的月薪已达到了 8 000 多元。不久之后，公司的规模开始扩张，他也升到业务主管的职位，还负责员工招聘和培训工作。

经过三年的打拼，小李也算是高职高薪。在公司小李有相对大的自主权，整个销售团队都是他自己招聘来的，整个区块市场也全由他自己负责、自主管理和运营。眼看要到年底了，这时却突然惊爆出公司所辖区域财务出了问题，由此引发一系列问题。这对小李来说真是当头一棒，郁闷和压力席卷而来，使他苦不堪言。

求学，初尝职业中断的恶果

就在小李为职业道路何去何从而烦恼的时候，他收到了新加坡朋友的来信，邀请他去攻读 MBA。这给了苦寻出路的小李一线光明，递交辞呈后，他立即飞赴新加坡全心攻读 MBA。

三年后，小李拿到了 MBA 学历自信满满地回到上海，他想凭着高学历和在销售领域的成就找一个中高层的管理职位应该不会有问题。他一面在家悠闲地休息，一面开始投简历寻找经理职位。但是结果完全出乎他的意料：投出的简历几乎收不到回音，仅有的几次面试机会最终也不了了之，没了结果。小李备受打击，不明白为什么出去三年再回来自己的能力就得不到承认了？手上拿着更高的学历为什么反而没有人要他了？他想到当初做销售的那段辉煌经历困惑不已，难道自己的能力真的不行？那时的成功只是偶然？自信的小李陷入了抬脚却不知往哪走的尴尬境地。

案例中的小李由“海龟”变成“海带”并非偶然，究其根源，无外乎“缺乏规划”四个字。在小李的整个职业生涯过程中，他对自己的职业生涯缺乏合理的规划和设计，在跳槽和出国求学前都没有进行理性的思考和分析，盲目行事，变成无头苍蝇到处乱撞，最终葬送前程。由此可见，合理的职业生涯发展规划对一个人的职业发展至关重要。通过本章的学习，我们可以掌握员工职业生涯开发的理论、方法和技术，以避免陷入小李面临的窘境。

第 1 节　职业生涯管理的概念及意义

一　员工职业生涯管理的概念

员工职业生涯管理是近年来比较流行的议题，它提倡将员工的发展与组织发展相结合，通过提高员工素质来提升组织整体的素质和能力。在正式认识职业生涯管理之前，首先要了解什么是员工的职业生涯，以及不同历史时期职业生涯的概念和职业生涯管理的特点。

员工的职业生涯理念兴起于 20 世纪 60 年代，随着人力资源管理理念在职业领域获得重要的地位，雇主意识到自己应该对雇员的发展负责，组织也鼓励员工形成职业生涯发展的观念。许多组织对雇员采取家长制的态度，企业通过为雇员提供长期和安全的雇佣来换取雇员对组织的忠诚。这一时期员工的职业生涯管理主要由企业主导，员工进入组织后最重要的任务就是沿着组织设计的职业生涯发展阶梯向上行走。这一时期的传统职业生涯概念包括长期、稳定、可预测、组织驱动、纵向移动等基本特征，具体有如下三种内涵：

（1）职业生涯是个人在某种职业中的一系列职位的集合。如一名医生可以在医院担任普通医师、主任医师、专家等一系列职位。

（2）职业生涯是个人在组织中的工作历程的再现。如一个人毕业后进入国企的人力资源部门，他的职业生涯轨迹可以用他所经历的工作来描述，如普通职员、培训与开发专员、培训与开发主管、人力资源部门总监等。

（3）职业生涯是指个人在职业或组织内部所获得的进步或取得的成功，获得提升是职业生涯的基本特征。

到了 20 世纪 90 年代，稳定和可预测性都已经让位于快速的变化和不确定性，传统的职业生涯管理已经很难适应变动不居的社会环境。职业生涯的定义也开始发生演化，易变性职业生涯和多元职业生涯的概念开始兴起。在这一发展背景下，现代职业生涯管理呈现出以下新特点：

（1）职业生涯管理开始关注员工个人而不是组织来掌控员工的职业生涯发展。

（2）职业生涯管理强调终身学习和自我开发的理念。

（3）出现了跨职业族的多元职业生涯规划。

结合这一时期现代职业生涯开发的特点，著名职业生涯专家杰弗里·格林豪斯（Jeffrey H. Greenhouse）与埃德加·沙因（Edgar H. Schein）提出了职业生涯的崭新定义，即职业生涯是贯穿人整个生命周期的、与个人的工作相关的经历的集合。我国学者徐芳也对职业生涯的概念进行了诠释，认为职业生涯包含四方面的内容：

（1）职业生涯是与个人的生命周期相伴而生的，它反映了个人生命周期中与工作经历相关的方面；

（2）职业生涯不仅包括客观的工作，而且包括个体对这一客观工作的主观反应；

（3）职业生涯具有向前发展的基本趋势，而且强调指出所有人都有自己的职业生涯；

（4）职业生涯的概念不仅包括工作及个体对工作的主观反应，还应包括一些非工作因素，如个人兴趣、爱好、技能，组织和环境等，这些因素对个体职业生涯发展的影响极大。

通过对上述职业生涯概念和发展的了解，我们可以总结得出：员工的职业生涯管理就是将员工个人的职业规划与企业的管理目标相结合，对员工的职业发展道路进行规划和管理，并引导员工设计和建立自己的职业生涯发展道路的过程。这一过程贯穿员工生命周期的始终。通常而言，员工的职业生涯管理包括职业规划和职业管理两项活动。职业规划是员工个人评估和了解自身优势与劣势，以及组织中存在的发展机会和限制，从而选择和确定自己职业目标，并努力实现目标的一系列准备工作，如接受教育、积极实习等。职业管理是组织为了促进员工职业生涯发展采用的督导与控制员工个人职业生涯规划和发展的过程，尤其是用来满足组织高级管理人员的发展需求计划，在大多数组织中，职业生涯管理主要表现为管理人员的继任计划。

◎ 看一看

继任管理是人力资源管理和战略管理相互交融形成的新领域。继任管理主要是通过预测组织未来发展的需求，识别、评价、开发、管理和储备核心的人力资本。继任管理主要是面向企业经营者、高层管理者及具有特殊潜质的核心人员，它提供了一个宽带，在最窄的一端只包括为企业寻找新的首席执行官，在最宽的一端包括深入企业人员的招聘、甄选、培训、开发和晋升等各个环节。

一般而言，继任管理需要经过以下步骤：

（1）确定组织的能力需求。

(2) 建立能力评估体系。

(3) 建立加速跑道。

(4) 关注职位空缺及候选人的发展状况。

(5) 任命及交接班环节。

(6) 首席执行官继任计划。

值得一提的是，建立“加速跑道”是许多成功继任计划的共同特点。进入“加速跑道”计划的人选是经过前一阶段评估后确定的候选人，“加速跑道”帮助这些人量身定制职业生涯发展规划，包括进行培训、参加国外进修等。很多企业还为员工提供多条“加速跑道”，如技术线晋升和管理线晋升两条通道。许多成功的经验告诉我们，“让候选人露面”是继任管理的核心环节。

二 员工职业生涯管理的意义

员工职业生涯管理无论对个人还是对组织都有着不可替代的作用，对社会也有重要的意义。

对个人而言，职业生涯开发有利于员工树立“自我洞察”意识，帮助员工认识自己的优势与劣势，发现自己的兴趣和爱好所在，并帮助员工了解组织内部的职业发展机会，为员工准确把握机会、确定职业发展目标提供依据和参考，并有利于员工自觉进行自我培养和提高自身素质，制订有据可依的职业发展计划，从而促成自己职业生涯发展目标的实现。

对组织而言，一方面，有效的职业生涯管理活动有利于满足组织的人力资源需求计划，增强培训与开发的针对性，并促进培训理念的转变。尤其对于高层管理而言，职业生涯管理可以帮助企业在关键时刻寻觅到合适的继任人员，并能扩展高层管理者的职业平台。另一方面，职业生涯管理能够有效调动员工的积极性和士气。职业生涯管理可以让员工清晰地看到自己的成长路径，有效地以目标引导员工，激发员工的工作动力，并增加员工的忠诚感和稳定性。

对社会而言，职业生涯管理可以促进整个社会正视职业问题，全方位提高人才利用率。现代职场，人员流动率大幅提高，终身职业的概念逐渐弱化，企业的职业生涯管理可以提高员工的社会适应性，增强社会对人才潜力和素质训练与开发的重视，进而提高社会整体的人员素质。

第 2 节 职业生涯管理的理论及模型

一 职业发展阶段理论

1. 沙因的职业生涯发展理论

埃德加·沙因教授立足于人生不同年龄段面临的问题和主要工作任务，将职业生涯分为九个阶段，如表 8-1 所示。

表 8-1 沙因的职业生涯发展阶段模型

发展阶段	主要任务	主要角色
成长、幻想、探索阶段（0～21 岁）	发现和发展自己的需要和兴趣、能力和才干；学习职业知识，获取丰富信息，将幼年的职业幻想变为可操作的现实；接受教育和培训，开发工作世界中所需要的基本习惯和技能	学生、职业工作的候选人、申请者
进入工作世界（16～25 岁）	进入劳动力市场，谋取可能成为职业基础的第一项工作；个人和雇主之间达成正式可行的契约，个人成为一个组织或一种职业的成员	应聘者、新学员
基础培训（16～25 岁）	了解、熟悉组织，接受组织文化，融入工作群体；尽快取得组织成员资格，成为一名有效的成员；适应日常的操作程序，应付工作	实习生、新手
早期职业的正式成员资格（17～30 岁）	承担责任，履行与第一次工作分配有关的任务；展示自己的技能和专长，为提升或进入其他领域的横向职业成长打基础；根据自身才干、价值观和组织的机会、约束，重估当初追求的职业，决定是否留在这个组织或职业中	正式成员
职业中期（25 岁以上）	选定一项专业或进入管理部门；保持技术竞争力，在自己选择的专业或管理领域内继续学习，力争成为一名专家或职业能手；承担较大责任，确定自己的地位；开发个人的长期职业计划	正式成员
职业中期危险阶段（35～45 岁）	现实地评估自己的进步、职业抱负及个人前途；就接受现状或者争取看得见的前途做出具体选择；建立与他人的良好关系	正式成员
职业后期（40 岁以后）	作为导师发挥影响，指导别人，对他人承担责任；深化技能、提高才干，以担负更重大的责任；如求安稳，就此停滞，正视自己影响力的下降	正式成员
衰退和离职阶段（40 岁之后到退休）	学会接受权力、责任、地位的下降；学会接受和发展新的角色；评估自己的职业生涯，准备退休	正式成员
离开组织或职业（退休后）	保持认同感，适应角色、生活方式和生活标准的急剧变化；保持自我价值观，运用自己积累的经验和智慧，以各种资源角色，进行传帮带	退休人员

需要指出的是，沙因虽然基本依照年龄增大顺序划分职业发展阶段，但并未拘囿于此，因为每个人经历某一职业阶段的年龄有别，沙因只是根据职业状态、任务、职业行为的重要性，给出了大致的年龄跨度，所以每个职业阶段上所示的年龄有所交叉。

2. 萨柏的职业生涯彩虹图

唐纳德·萨柏（Donald E. Super）是美国另一位有代表性的职业管理学家。他把人的职业发展划分为五个大的阶段。

（1）成长阶段：0～14 岁。经历对职业从好奇、幻想到兴趣，再到有意识培养职业能力的逐步成长过程。

（2）探索阶段：15～24 岁。择业、初就业，也可分为三个时期：试验期、过渡期和尝试期。

（3）建立阶段：25～44 岁为建立稳定职业阶段。一般分为两个时期：尝试期和稳定期。

（4）维持阶段：45～64 岁。在这一时期内，劳动者一般达到常言所说的“功成名就”阶段，已不再考虑变换职业工作，只力求维持已取得的成就和社会地位。

（5）衰退阶段：65 岁以上。人的健康状况和工作能力逐步衰退，即将退出工作，结束职业生涯。

为了综合阐述生涯发展阶段与角色彼此间的相互影响，萨柏创造性地描绘出一个多重角色生涯发展的综合图形——“职业生涯彩虹图”，形象地展现了生涯发展的时空关系，更好地诠释了生涯的定义，如图 8－1 所示。

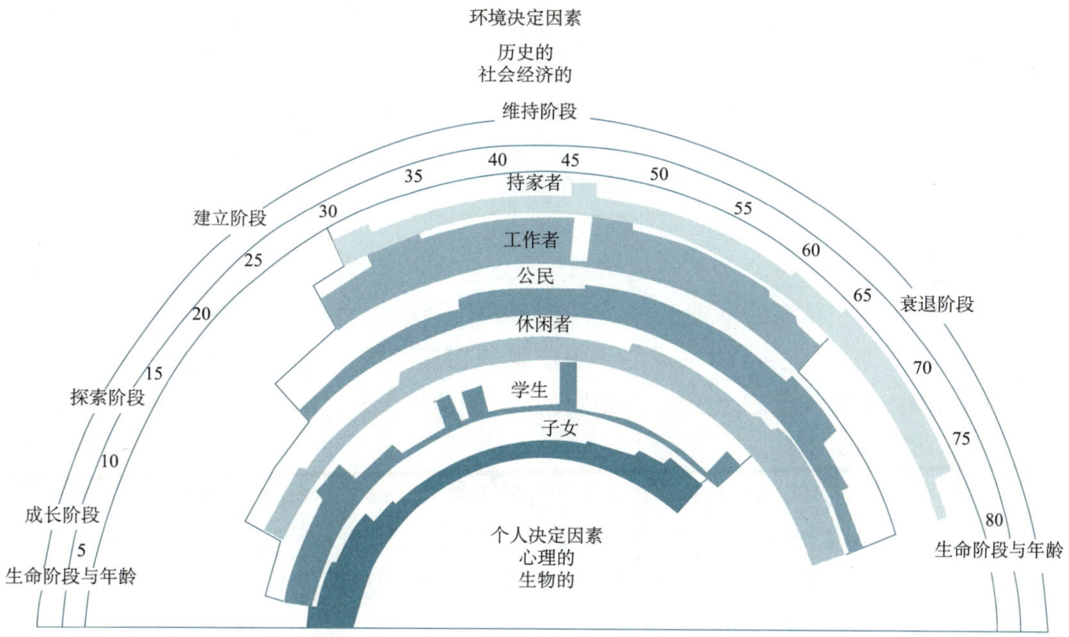

图 8－1　萨柏的职业生涯彩虹图

萨柏认为，在个人发展历程中，人们随着年龄的增长而扮演不同的角色。在生涯彩虹图中，最外的层面代表横跨一生的“生活广度”，又称为“大周期”，包括成长阶段、探索阶段、建立阶段、维持阶段和衰退阶段。里面的各层面代表纵观上下的“生活空间”，由一组角色和职位组成，包括子女、学生、休闲者、公民、工作者、持家者等主要角色。各种角色之间是相互作用的，一个角色的成功，特别是早期角色的成功，将会为其他角色提供良好的基础；反之，一个角色的失败，也可能导致另一个角色的失败。彩虹图中的阴影部分表示角色的相互替换、盛衰消长。它除了受到年龄增长和社会对个人发展、任务期待的影响，往往跟个人在各个角色上所花的时间和感情投入的程度有关。

3. 格林豪斯的职业生涯发展理论

杰弗里·格林豪斯研究人生不同年龄段职业发展的主要任务，并以此将职业生涯划分为五个阶段，如图 8-2 所示。

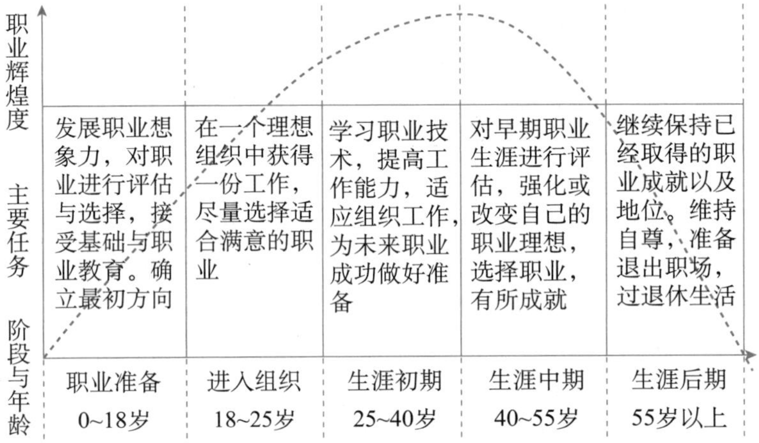

图 8-2　格林豪斯的职业生涯发展图

（1）职业准备。0～18 岁主要为职业准备阶段。主要任务是发展职业想象力，对职业进行评估与选择，接受必需的职业教育。

（2）进入组织。18～25 岁为进入组织阶段。主要任务是在一个理想的组织中获得一份工作，在获取足量信息的基础上，尽量选择一种合适的、较为满意的职业。

（3）生涯初期。25～40 岁主要位于职业生涯初期阶段。主要任务是学习职业技能，提高工作能力；了解和学习组织纪律和规范，逐步适应职业工作，适应和融入组织；为未来的职业成功做好准备。

（4）生涯中期。40～55 岁是职业生涯中期阶段。主要任务是需要对早期职业生涯进行重新评估，强化或改变自己的职业理想；选定职业，努力工作，有所成就。

（5）生涯后期。从 55 岁直至退休属于职业生涯的后期。主要任务是继续保持已有职业成就，维持自尊，准备引退。

格林豪斯对职业生涯的分类更为宽泛，比较符合我国的国情。同时，格林豪斯就此绘制出一条职业辉煌程度曲线，可以看出职业初期到中期的过渡阶段是一个人职业生涯发展的高峰。但格林豪斯对职业生涯初期和中期的具体任务的描述较为粗略，在员工职业变动非常普遍的今天，每个阶段的任务都可能会发生很大变化，以至于这一职业生涯发展阶段论或类似的传统职业生涯发展理论都已经很难诠释一个人职业发展的真实图景，这也是传统职业生涯发展理论的主要缺陷之一。

◎读一读

世界部分顶级商业领袖的第一份工作如下：

(1) 惠普公司前董事长兼首席执行官卡莉·费奥利娜（Carly S. Fiorina）的第一份工作：房地产投资经纪公司M&M的接线生。

(2) 美国新闻集团的创办人鲁伯特·默多克（Rupert Murdoch）的第一份工作：在伯明翰的《公报》负责一个专栏。

(3) 日本新日铁首位社长稻山嘉宽的第一份工作：在工商省制铁所预算决算科工作。

(4) 美国波音公司前董事长兼首席执行官菲利普·康迪特（Philip Condit）的第一份工作：波音公司空气动力工程师。

(5) 日本三菱集团创始人岩崎弥太郎的第一份工作：三菱合资会社副社长。

(6) 德国博世公司创始人、火花塞发明者罗伯特·博世（Robert Bosch）的第一份工作：工程师。

(7) 日本佳能公司创始人御手洗毅的第一份工作：医院妇产科助手。

(8) 美国沃尔玛创始人萨姆·沃尔顿（Sam Walton）的第一份工作：彭尼店销售员。

(9) 美国高盛公司创始人马库斯·戈德曼（Marcus Goldman）的第一份工作：教师。

(10) 美国奥美公司创始人戴维·奥格威（David Ogivy）的第一份工作：巴黎皇家饭店厨师。

4. 莱文森的成人发展时期理论

丹尼尔·莱文森（Daniel Levinson）将人的职业生涯发展分为未成年期、成年早期、成年中期和成年后期，其中每个时期都包括稳定期和过渡期，稳定期一般持续6年，过渡期一般是4～5年。过渡期存在于每两个时期之间，这个阶段往往标志着一个时期的结束和另一个时期的到来，如图8-3所示。

莱文森的成人发展时期理论继承并超越了早期职业生涯阶段理论的观点，他指出在人由低级到高级的发展过程中存在一个过渡期。在过渡期，人们将省察过去的阶段中存在的问题，以期在下一个阶段解决，并为迎接新的时期做好准备。这更符合人的成长现实。莱文森的成人发展时期理论是职业发展阶段理论的创新与突破。

二 传统和现代职业生涯发展模型

1. 传统职业生涯发展四阶段模型

根据对职业生涯发展阶段理论的研究，传统上理论界对于职业生涯发展的划分综合来看可以归纳为四个阶段，即探索阶段、立业阶段、维持阶段和离职阶段，每个阶段都存在不同的开发任务、开发活动和开发关系（如表8-2所示）。

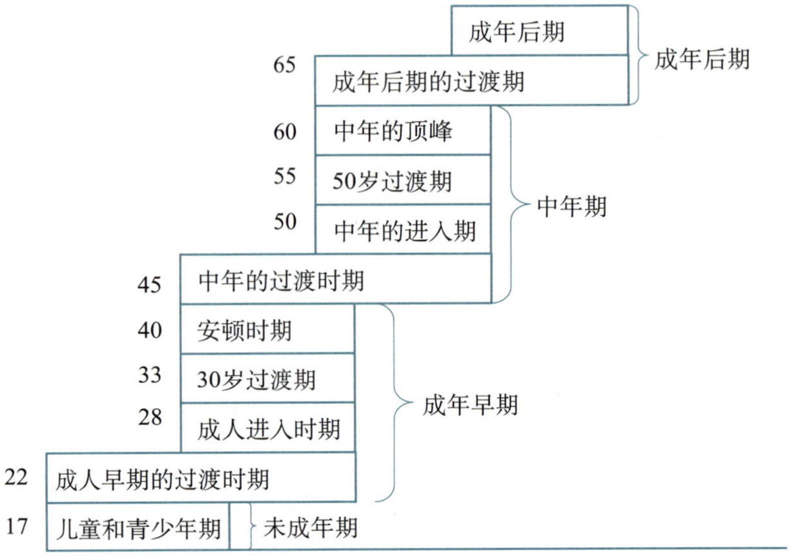

图 8－3 莱文森的成人发展时期理论图示

资料来源：Levinson D J，Klein C N，Levinson M H et al. Season of man's life. New York：Knopf，1978.

表 8－2 传统的职业生涯发展模型

	职业生涯阶段			
	探索阶段	立业阶段	维持阶段	离职阶段
开发任务	了解个人兴趣、技能，使自己与工作相匹配	进步、成长、安全感、探索生活方式	继续做出成绩，更新技能	退休计划、在工作与非工作计划中找到平衡
开发活动	帮忙、学习、按指令办事	做出独立的贡献	培训、制定政策帮助别人	逐步结束工作
开发关系	学徒	同事	导师	元老
年龄	30 岁以下	30～45 岁	45～60 岁	60 岁以上
工作年限	少于 2 年	2～10 年	10 年以上	10 年以上

资料来源：徐芳．培训与开发理论及技术．上海：复旦大学出版社，2009：345.

（1）探索阶段。在探索阶段，人们一方面尝试寻找自己的兴趣、技能、优势和劣势，并考虑自己的职业偏好和价值观等，同时通过各种渠道获得有关工作的信息，另一方面开始接受必要的教育，参加相应的培训。这一阶段一般从 14 岁持续到 20 多岁，当人们开始第一份工作后，探索工作还会继续进行。尤其对于第一次从业的工作人员，企业应提供必要的培训帮助员工实现对本工作的探索和了解，以便让员工尽快适应工作。

（2）立业阶段。在立业阶段，人们在公司中找到了自己的位置，并开始独立完成任务和承担一定的责任。他们期望得到同事和上级的好评，并开始筹划自己理想的人生轨迹。在这一阶段，组织的工作在于帮助员工协调工作和非工作的平衡，并积极调动他们参与到职业生涯规划的设计中来。

（3）维持阶段。在维持阶段，员工一方面依旧期盼同事视其为组织的功臣，并持续为组织做出贡献，另一方面开始希望获得技能的更新和职位的提升，避免淘汰。这部分人经验丰富，对组织的规章制度和工作流程比较了解，最适合成为组织内部的培训讲师或新手的导师。组织此时的工作是促进这部分人知识技能的更新，避免或推迟“职业高原”的出现。

◎读一读

职业高原（career plateau）是指员工晋升到一定级别或能力达到一定程度后，不大可能再有职务晋升和承担更多责任的情况。和处于其他阶段的员工相比，处于职业生涯中期的员工更有可能达到职业高原。当雇员达到职业高原时，往往会感到受挫折和缺乏个人发展的空间，进而容易情绪波动，导致工作态度恶劣、缺勤率上升、工作绩效下降等不良行为。

导致职业高原的原因有很多，丹尼尔·费尔德曼（Daniel Feldman）和巴顿·韦茨（Barton Weitz）认为员工达到职业高原主要受六大因素影响：个体的能力和技术、个体的需要和价值观、压力、内部动力、外部奖励、组织成长。实质上可分为两大因素：个人因素（个体的能力和技术、个体的需要和价值观、压力、内部动力）和组织因素（外部奖励、组织成长）。特伦布莱（Tremblay）等人把影响员工达到职业高原的因素划分为三类：个人因素、家庭因素与组织因素。个人因素包括年龄、受教育水平、前任员工的影响、人格因素（特别是控制点与职业高原具有很大的相关性）、晋升愿望、上级的绩效评价、工作投入、以前成功的工作经验等。家庭因素则包括家庭满意感、家庭人数、配偶工作情况（是否有工作、全职还是兼职）、个人家庭负担等。组织因素包括组织结构类型（金字塔式的、矩阵式的、扁平的或直线的等）、员工所处的职业路径（技术业务路径或行政管理路径）。特伦布莱的三因素说不仅考虑了个人和组织因素，还考虑到个体的家庭因素。从整体上说，三因素说比六因素说更为客观，是对六因素说的一种发展与深化，但三因素说还需进一步的研究证实。

另外，特伦布莱等在对加拿大工作的 3 000 多名管理者进行职业高原的研究时发现：除了控制点和年龄与职业高原成正相关，其余均与职业高原负相关，且年龄和前任员工的影响对个体主观职业高原的贡献率最大。

面对达到职业高原的员工，公司应该主动采取措施，帮助其分析达到职业高原的原因，并鼓励员工参加职业生涯管理活动，如接受培训、工作轮换等。

（4）离职阶段。在离职阶段，员工应该开始调整工作与非工作的比例，尤其要注意调整退休前和退休后的心态。一部分员工退休后可能选择离开工作岗位，从事自己感兴趣的家庭活动或娱乐活动。也有不少人开始新的工作，来接续退休，这部分人又开始了新的职业生涯发展。对组织而言，做好退休人员的安置工作和退休后的保障工作至关重要，老员工对企业奉献了一辈子，应得到适当的回报和补偿。这些人是某领域资深的专家，企业完全可以利用这一资源，将老员工返聘为顾问等。

2. 现代易变职业生涯发展模型和多元职业生涯发展模型

顾名思义，易变职业生涯发展模型强调“易变性”，它是由“探索—试验—掌握—

离开”的微小阶段构成的。一个人从一个职业族跳槽到另一个职业族，就要经历这四个阶段的循环。其中，易变职业生涯发展模型最主要的特征就是个人而不是组织掌控自己的职业生涯发展，个人可以根据兴趣和爱好，对自己的职业生涯轨迹进行选择和设计，个人实现自身价值和理想的过程（如参加培训、接受教育、寻找工作等）就构成了自己的职业生涯。

多元职业生涯发展模型与易变职业生涯发展模型相似，都是为了适应不断变化的社会环境和较大的工作流动率的现实而提出的。其中，多元职业生涯发展模型包括四种不同的职业生涯发展模式（如表 8－3 所示）。

表 8－3　多元职业生涯发展模型的类型

发展模式	主要特征
线性模式	提到组织等级结构中责任更大、职权更高的职位上，个人为权力和成就期望所激励
专家模式	热爱一个职业，着重在一个特定领域获得知识和技能，在传统的等级结构中很少获得提升，更多的是从学徒到专家，受到能力和稳定性的激励
螺旋模式	通过在相关职业、专业和学科进行阶段性（通常为 7～10 年）移动而取得进步，有足够的时间在移动之前在特定领域内获得较高的能力水平，激励因素包括创造性和个人成长
过渡模式	通过在毫不相关的工作或领域之间进行频繁（通常为 3～5 年）转换而取得进步，以寻求变化和独立性为激励因素

其中，前两种属于传统的职业生涯发展模式，组织主要通过线性或专家的模式来满足个人职业生涯发展的需要。而在现代组织中，则更多地通过螺旋式和过渡式的方式来满足员工自我进步的需要。这就要求组织能够在发展组织战略和文化的基础上，为员工定制个性化的职业生涯发展图景，以帮助员工适应当今时代不断变化、动态的职业发展。

三　个人导向和组织导向的职业生涯管理模型

上述的职业生涯发展模型主要是从人生发展的纵向阶段性来分析，而从职业生涯管理的主体来分析，则可以分为个人导向的职业生涯管理模型和组织导向的职业生涯管理模型两大类。

1. 个人导向的职业生涯管理模型

著名的职业生涯管理专家格林豪斯在总结前人研究成果的基础上，提出了个人导向的职业生涯管理模型。格林豪斯认为，完整的个人导向的职业生涯管理模型主要包括八个步骤：职业生涯调查、认识自己及环境、设定目标、制定战略、实施战略、接近目标、从工作和非工作渠道获得反馈以及职业生涯评估。具体内容如下：

（1）职业生涯调查。主要是收集有关自己和环境的信息。

（2）认识自己及环境。如借助 SWOT 分析工具，对自己的优势、劣势以及所处环境的机会、威胁进行全面的了解。

（3）设定目标。职业生涯目标是职业发展的最终结果，它可以是具体的（如我 27

岁前做到助理咨询师的位置），也可以是笼统的（如我希望成为一名合格的大学教授）。

（4）制定战略。制定自己实现目标的具体行动和时间安排。

（5）实施战略。按照既定计划展开行动，并对行动进行及时的调整。

（6）接近目标。检视自己的能力不足和欠缺。

（7）从工作和非工作渠道获得反馈。从同事、上级、客户等多种渠道获得他人对自己工作的反馈。

（8）职业生涯评估。对上一阶段的职业生涯发展进行阶段性的总结，并着手准备开始下一阶段的工作。

如图 8-4 所示，这八项活动是不断循环、不断持续的，个人的职业生涯决策主要取决于两方面的诱因：一是个人在职业生涯发展中的质疑；二是组织内外部环境的变化。

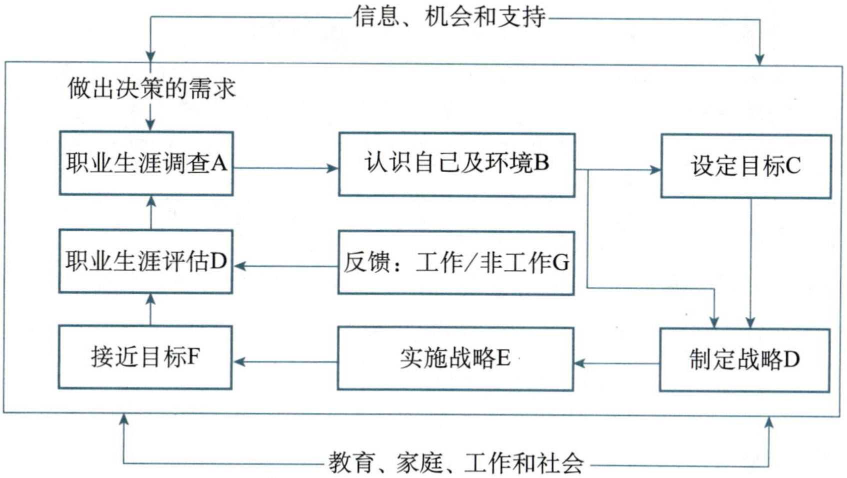

图 8-4　个人导向的职业生涯管理模型

资料来源：Greenhaus J H，Callanan G A，Godshak V M. Career management. 3rd ed. Fort Worth，TX：Dryden Press，2000：24.

◎看一看

职业锚（career anchors）理论产生自在职业生涯规划领域具有极高地位的美国麻省理工学院斯隆商学院教授、著名的职业指导专家埃德加·沙因领导的专门研究小组，该理论是从该学院毕业生的职业生涯研究中演绎形成的。斯隆商学院的 44 名 MBA 毕业生，自愿形成一个小组接受沙因教授长达 12 年的职业生涯研究，包括面谈、跟踪调查、公司调查、人才测评、问卷等多种方式，研究的结果最终分析总结出了职业锚（又称职业定位）理论。

职业锚是个人工作过程中依循个人的需要、动机和价值观经过不断搜索所确定的长期职业贡献区或职业定位。职业锚实际就是人们选择和发展自己的职业时所围绕的中心，是指当一个人不得不做出选择时，他无论如何都不会放弃的职业中的那种至关重要的东西或价值观。

根据沙因的研究成果，职业锚可以划分为五种类型：创造型职业锚、管理型职业锚、技术功能型职业锚、安全稳定型职业锚以及自主独立型职业锚。

创造型职业锚的特点是：有强烈的创新需求和欲望；意志坚定，敢于冒险；同其他类型职业锚存在一定程度的重叠。

管理型职业锚的特点是：追求承担一般管理性工作，且责任越大越好；具有很强的升迁动机和价值观；具有分析能力、人际沟通能力和情感能力的强强组合。

技术功能型职业锚的特点是：强调技术或功能等业务工作；拒绝一般管理工作，但愿意在其技术和功能领域管理他人；追求在技术和功能能力区的成长和技能的不断提高。

安全稳定型职业锚的特点是：追求长期的职业稳定和工作保障；对组织具有较强的依赖性；但是个人职业生涯开发与发展常常受到限制。

自主独立型职业锚的特点是：追求能够施展个人职业能力的工作环境，最大限度地摆脱组织的限制和约束；自己决定自己的命运，追求工作自由。

2. 组织导向的职业生涯管理模型

组织导向的职业生涯管理模型主要包括以下三种：

（1）布朗斯奥的螺旋形职业生涯管理方法。布朗斯奥指出，螺旋形方法将不同数量和类型的组织结构与大量不同的职业生涯机会结合起来，我们认为组织和员工都可以从此方法中获益。当使用缺乏结构化的人员配置来满足外部变革和变迁的需要时，组织将会保持有效的结构以维持核心竞争力和组织领导力。因此，布朗斯奥认为，螺旋形的职业生涯管理方法是将组织和个人联系起来的一种好方法。

（2）尼克尔森的职业管理系统观点。尼克尔森认为职业发展体系包含三个主要因素：

1）人事体系。包括选拔、培养和激励人力资源的活动。

2）劳动力市场体系。包括发展机会的结构。

3）管理体系。此体系可以使人、观点和信息之间的转换变得非常容易。

尼克尔森指出职业生涯管理必须将人事体系通过管理和信息系统与工作市场相连接。

（3）斯安尼和伍纳克的团队导向的职业生涯管理系统观点。斯安尼和伍纳克指出，在基于团队的组织中，职业生涯开发的责任是由个人、团队和组织共同承担（或者至少应该如此）的。团队导向的职业生涯开发模型不仅有利于个人成长，同时还将促进团队的发展。斯安尼和伍纳克还指出，基于团队的职业生涯管理系统应该关注以下几个方面的具体工作，如明确团队成员的角色定位、建立基于团队的薪酬体系、根据团队成长与发展确定培训计划、促进团队内部的岗位轮换、构建基于团队的考评机制等。

由此可见，组织导向的职业生涯管理模型倾向于将组织目标和组织整体竞争力作为职业生涯发展的驱动因素。这种职业生涯管理模型有利于将个人职业生涯的发展与组织目标相结合，保障个人努力指向组织战略。随着组织规模的扩大，组织导向的职业生涯管理模型将成为大型组织的首选。它以系统的观点来审视员工的职业生涯，强调各部分协作和不断变革，进而能够保证组织整体的竞争力，并提高组织的适应性。

◎ 想一想

个人导向的职业生涯管理模型和组织导向的职业生涯管理模型的区别是什么？

第 3 节 员工职业生涯管理的实践

一 职业生涯管理体系的构成

通过前两节对职业生涯管理的学习，我们可以看出职业生涯管理不仅仅是组织的任务，也是员工个人的事。在当今这个越来越强调职业规划和双向选择的社会中，组织能否为员工提供畅通的职业发展通道、能否为员工规划职业生涯提供必要的帮助和指导，将成为影响企业人才竞争力的关键因素，这就要求企业建立适时可行的职业生涯管理体系。职业生涯管理体系，是一个包括个人职业生涯规划和组织职业生涯管理的系统，它能够帮助并引导组织成员识别自身的职业生涯发展需求。

虽然组织的管理程度和整体架构不同，职业生涯管理系统的侧重也有所不同，但通常而言，目前职业生涯管理的实践主要包括以下内容：员工自我评价、职业生涯咨询、组织内职位信息公示和职业生涯发展路径、组织开发计划等。

1. 员工自我评价

自我评价是员工进行职业生涯规划的第一步，其目的是让员工对自己有一个客观真实的把握，让员工对自己的兴趣爱好、价值取向、基本技能、优势和劣势等基本情况有一个准确详尽的认识。员工进行自我评价的工具和方法很多，大体上可以分为两种，一种是采用结构或半结构化的材料（如员工手册）对自身进行评价，另一种是集体讨论会的形式。通常企业考虑到人力、物力和时间的问题，以及对整个过程的控制情况，会更偏向于选择前一种方法。但应该看到，这种方法结果的可信程度一方面受到资料自身设计水平的制约，另一方面受到被试主观因素的影响，如被试可能对自己没有清晰的认知，或是受到社会赞许性的影响难以报告真实的情况等。此外，企业还可以通过为员工提供心理测试、职业兴趣调查问卷、价值观调查问卷等形式帮助员工认识自我。

◎ 读一读

员工自我评价的步骤如下：

第 1 步：我现在处于什么位置？（了解生活与职业现状）

● 想一想你的过去、现在和将来。画一张时间表，列出重大事件。

第 2 步：我是谁？（考察自己担当的不同角色）

● 利用卡片，在每张卡片上写下“我是谁”的答案。

第 3 步：我喜欢去哪？我喜欢做什么？（这有利于未来目标的设定）

● 思考你目前和未来的生活，写一篇自传来回答三个问题：你觉得已经获得了哪些成就？你未来还想要达到什么目标？你希望人们记住你什么？

第 4 步：联想未来一年的发展。(明确所需要的资源)

- 考虑一下一年的计划。如果你有无限的资源，你会做什么？理想的环境应该是什么样的？理想的环境是否与第 3 步相吻合？

第 5 步：获取一份理想的工作。(设定现在的目标)

- 现在想一想通过可以利用的资源获取一份理想的工作。考虑你的角色、资源、所需的培训和教育。

第 6 步：通过自我总结来规划职业发展。(总结目前状况)

- 是什么让你每天心情愉悦？
- 你擅长做什么？人们对你有什么样的印象？
- 为达到目标，你还需要什么？
- 在向目标进军的过程中，你会遇到什么样的障碍？
- 为了迈向你的目标，你目前应该做什么？
- 你的长期职业生涯目标是什么？

资料来源：McMahon J E，Merman S K. Career development//Craig R L. The ASTD training and development handbook. 4th ed. New York：McGraw-Hill，1996：679－697.

2. 职业生涯咨询

职业生涯咨询是由企业主导的一种为员工提供的人力资源开发服务，它是员工与职业咨询专家之间的一种一对一的讨论活动。一般而言，直线经理和各级主管是职业咨询专家的首选人物，企业也可以在人力资源部门单独设立分管职业生涯咨询的工作人员对员工提供即时的、点对点的职业生涯咨询服务。职业生涯咨询可以在日常工作中进行，亦可以安排在年度绩效考核面谈中进行。职业生涯咨询的主要目的就是帮助员工挖掘在现实工作与职业发展中存在的问题，其主要内容就是基于员工职业生涯发展目标和现实的绩效与能力状况找出问题，并为员工提供切实可行的解决方案。完备的绩效考核体系和职业生涯发展路径是开展职业生涯咨询活动的前提。在我国，很多企业都未能建立起完善的绩效考核制度并缺乏职业生涯管理，因此很少为员工提供相应的职业生涯咨询服务，这也将成为我国企业未来人力资源改进的方向之一。

3. 组织内职位信息公示和职业生涯发展路径

良好的职业生涯规划不是员工凭空想象的，除了需要对自己有一个清晰的了解，对企业岗位的设置和岗位需求也应该有一个全景式的认识。虽然职业生涯规划主要由员工进行，但组织也有义务为员工提供有关组织环境的信息，如组织内部的职位空缺、工作机会、晋升渠道等。两个比较常用的方法就是建立工作公告系统和确定职业生涯发展通道。

工作公告，是一种非常普遍的职业生涯开发活动，即组织在对外公布空缺职位信息之前，先在组织内部予以公示，让组织内部员工先对此有所了解。内部职位公告制度在外企相对普遍，但在国企当中应用有限，其主要原因是国企内部招聘较少。首先，内部招聘容易造成“近亲繁殖”，导致为了提升而引起“政治性行为”，激化内部矛盾。其次，很多员工对内部招聘制度存在质疑，担心担任新的职位对自己日后工作不利。再次，我国企业对内部招聘的认识不够，很多企业认为内部招聘使得员工从一个岗位调到另一个岗位，依旧造成岗位的空缺。但事实上组织内部职位信息的公示是十分必要的，它不仅可以帮助组织降低搜寻成本，还可以拓宽员工的职业上升路径，提高员工士气。

◎ 读一读

内部招聘职务公告示例

公告日期：______年______月______日

结束日期：______年______月______日

在本公司的____________部门有一个全日制职位____________可供申请。

薪酬支付水平

最低______元；中间点______元；最高______元

职责

参见公告所附职务描述。

该职位所要求的技术或能力

候选人必须具备此职位所要求的所有技术和能力，否则不予考虑。

在现在/过去的工作岗位上表现出良好的工作绩效，其中包括：

——有能力完整、准确地完成任务。

——能够及时地完成工作并能够坚持到底。

——有同其他人合作共事的良好能力。

——能进行有效的沟通。

——可信、良好的出勤率。

——比较强的组织能力。

——积极解决问题的态度和正确解决问题的方法。

——积极的工作态度：热心、自信、开放、乐于助人和献身精神。

可优先考虑的技术和能力（这些技术和能力将使候选人更具竞争力）：

…………

员工申请程序

电话申请请打号码____________，每天上午______点至______点，下午______点至______点。

确保在同一天将已经填好的内部职位申请表连同截至目前的履历表一同交到（寄到）______。申请者也可以通过公司内部网络申请，申请表可以从网上下载。

机会对每个人都是一样的。我们将根据上述资格和能力要求对所有提交申请者进行初步审查。

该项工作由人力资源管理部负责，联系人____________。

职业发展通道是组织为员工实现职业目标而设置的发展路径，是组织中员工职业发展和职业晋升的路线，它与职位说明书和工作规范一起帮助员工制定行之有效的职业生涯发展战略。随着组织扁平化的趋势越来越明显，以及个人追求的多元化，许多企业开启了“双通道”的职业生涯发展模式，即在组织中，员工可以选择通过管理通道逐级晋升，也可以通过非管理通道（如技术通道）的晋升来实现自身价值，如图 8－5 所示。这种双管齐下的方法避免了千军万马走管理独木桥的现象，增加了员工晋升的机会，大大鼓舞员工的工作士气和工作热情。同时，有利于培养员工的技术专长，鼓励员工在某一领域发展自己的专长，成为该领域的专家。

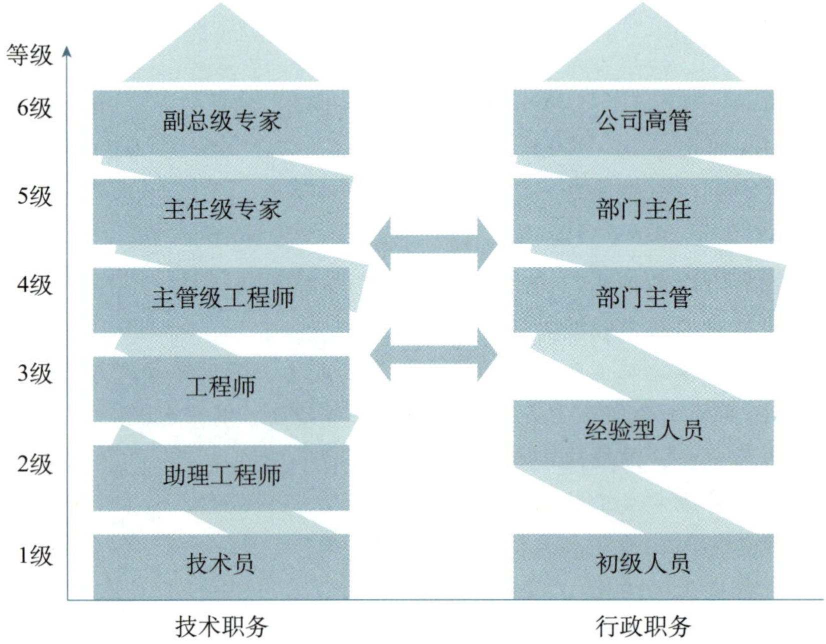

图 8－5 “双通道”职业生涯发展模式举例

4. 组织开发计划

为了促进员工的职业生涯发展，组织也会采取一定的措施来引导员工寻找属于自己的职业生涯发展道路，如实施工作轮换、建立指导计划、安排培训课程、进行再教育奖励等。

工作轮换是目前我国比较常见的职业生涯管理方法，它主要是让员工在组织内部的不同部门和工作岗位之间进行短期的轮换，以便员工熟悉组织的人事关系、各部门的工作流程，最重要的是找到适合自己纵深发展的岗位，实现人职匹配。一般而言，工作轮换包括两种类型：一是针对新员工的工作轮换；二是针对高绩效员工的工作轮换。两种类型的工作轮换其目的和内容各不相同（如表 8－4 所示）。

表 8－4 不同类型的工作轮换

类型	主要目的
新员工	更快捷、更准确、更全面地了解组织的基本情况；把握自己的职业兴趣与组织工作岗位要求之间的匹配关系；熟悉企业人事关系、工作流程、业务关系；促进新员工的社会化
高绩效员工	提高技能，为日后晋升奠定基础；培养全局思维能力，建立广泛的人际关系网络；熟悉其他部门业务流程，为今后在更高层管理岗位的工作打好基础

指导计划就是我们通常所说的“导师制”，让资深员工一对一或一对多地带领新员工。导师制一方面可以让新员工尽快熟悉工作，进入工作状态并融入工作环境，另一方面有利于知识在组织内的传递和继承，使个人知识转换为组织知识，实现知识的管理和有效利用。此外，组织还可以鼓励员工进行自我教育和自我提升活动，并对员工在企业外接受培训给予一定的资助和奖励，鼓励员工不断进行自我提升和知识更新。关于导师制的详细内容请参见本书第5章培训方法的相关论述。

二　职业生涯管理体系中的角色分配

在整个职业生涯管理体系中，员工、经理、人力资源经理和公司共同承担着职业生涯开发的责任，只有他们在各自的岗位上扮演好自己的角色，职业生涯开发活动才能顺利进行（如表8-5所示）。

表8-5　职业生涯管理中各自扮演的角色

员工	经理	公司	人力资源经理
● 自我评估	● 辅导	● 开发职业生涯管理支持系统	● 提供信息和建议
● 自我开发行动计划	● 咨询	● 培育能支持职业生涯管理的企业文化	● 提供专业服务（测试、咨询、研讨会）
● 通过良好的绩效和人际关系得到关注	● 沟通交流		
● 寻求有挑战性的工作机会	● 从公司其他部门获取信息		

资料来源：诺伊．雇员培训与开发：第3版．北京：中国人民大学出版社，2007：349.

1. 员工的角色

过去，在长期家长制的雇佣关系下，企业承担了员工职业生涯开发的全部责任，而随着新型契约关系的出现，企业和员工处于平等的地位，员工必须对自己的职业生涯负责，提高对现任雇主的价值，才能争取更多的就业机会。于是在新兴契约关系下，员工必须采取一系列行动，自觉对自己的职业生涯进行管理和设计。

著名的职业生涯管理专家道格拉斯·霍尔（Douglas T. Hall）提出了六条员工应该掌握的职业生涯开发技能（5W1H）：

（1）知道是什么（what）。了解组织中存在的机会、威胁和要求。

（2）知道为什么（why）。了解自己追求职业生涯的意义、动机和兴趣。

（3）知道在哪里（where）。了解职业生涯体系内不得进入、培训和提升的位置和边界。

（4）知道是谁（whom）。了解该如何构建有利于自己的职业生涯开发的人际关系。

（5）知道什么时候（when）。了解职业生涯开发的时间表和活动选择。

（6）知道怎么做（how）。了解和掌握有助于有效承担任务和职责的技能和智慧。

2. 经理的角色

经理尤其是直线经理在整个职业生涯开发的过程中发挥着重要作用，他们不仅要为员工提供有关职业空缺、培训课程和发展机会的相关信息，还要对员工接收工作调动的资格进行评估。为了帮助员工处理好职业发展问题，经理需要有效地承担四种角色：教练、评估者、顾问和推荐人，如表8-6所示。经理在员工职业生涯开发的不同阶段承担相应的义务和责任：在员工职业生涯开发的初期，经理需要帮助员工了解自己的职业兴趣，并了解员工的职业需求；而在立业阶段和维持阶段，经理需要为员工提供有关职位空缺和发展机会的信息，并对员工的工作表现进行评价，同时给予员工选择发展方向的有效建议；在离职阶段，经理应做好员工的心理辅导和安置工作，或为员工提供新的工作机会和资源。

表8-6 职业生涯管理中经理的角色

角色	责任
教练	发现问题
	倾听
	确定需求
	详细界定这些需求
评估者	给出反馈
	明确公司标准
	确定工作职责
	确定公司需求
顾问	提供选择、工作经验和关系网
	协助设置目标
	提出建议
推荐人	与职业管理资源联系
	追踪职业生涯管理计划的执行情况

资料来源：Leibowitz Z B，Farren C，Kaye B L. Designing career development systems. San Francisco：Jossey-Bass，1986.

◎想一想

乔斯是一家化工厂的工业卫生研究员，但该工厂一直缺乏安全知识的培训和安全管理系统，他觉得发展前景不好，很沮丧并考虑离开该工厂。乔斯过去一直在该化工厂工作，由于家庭的缘故，他想回到B城工作，因此他申请通过平级调动去B城。当时公司正在裁员，并鼓励自愿退休。公司理解乔斯要回到B城的想法，但并不认为他适合再次调动，故拒绝了他的申请。乔斯觉得职业生涯受阻而且公司不重视他，于是他想辞职不干，但又舍不得多年经营的成果，尤其考虑到自己的年龄，出去再打拼已经不具备优势，这种矛盾让乔斯非常苦恼。

思考：

乔斯的苦恼是什么？为什么会产生这样的苦恼？如果你是主管乔斯的经理，你会怎么办？

3. 人力资源经理的角色

人力资源工作者是整个职业生涯管理的推动者和主要设计者，它主要是为员工提供专业化的职业生涯咨询服务，为员工的职业生涯开发与管理活动提供基础性的平台支持。具体而言，人力资源经理具有以下几方面的责任：实施规划前，应当帮助员工树立正确的职业生涯开发观念，对员工进行职业生涯方面的培训。规划进行时，需要为员工提供各种评价工具，组织各种活动帮助员工认识自己；进行定期的绩效考核，利用绩效面谈的机会对员工的职业生涯发展状况进行评估和反馈；重视高级主管的职业生涯开发，尤其是管理者的继任问题；设计职业发展通道；提供职业发展机会信息。规划完成阶段，要对整个规划进行评估，为未来人员职业生涯规划问题提供参考和经验。

4. 公司的角色

公司在职业生涯管理过程中主要扮演着“资源库”的角色。这些资源包括开展职业生涯规划的平台（如提供职业生涯咨询服务）、职业生涯管理的流程（如制定员工手册、职业通道图）、职业发展的相关项目（如海外培训进修）、建立职业生涯管理网络系统（如建立职业生涯管理网站）等。同时，公司还需要对整个职业生涯的发展规划系统进行监控，确保各级人员按照预期目标运用该系统。

◎ 读一读

为了应对合并后员工出现对职业发展机会的不满情绪，美国某银行开发了一个名为“寻找机会”的行动计划。该计划开展了一系列有关职业生涯管理技能的专题讨论会，并且在每家支行都成立了职业生涯资源中心。中心提供各种商业出版物、职业生涯管理文献以及用于存储更新简历的计算机设备。该计划还专门设有开发顾问，帮助员工解决与职业生涯相关的问题。参加该计划的员工离职率比没有参加该计划的员工离职率低了 65%，这为公司节省了大约 220 万美元的员工替换费用。

三 职业生涯管理体系的评估

形成一份完整的职业生涯规划书或建立起完善的职业生涯发展通道设计，并不是职业生涯管理体系的终结。完整的职业生涯管理需要对整个管理过程进行有效的评估，以便进行设计改进，满足员工和企业的业务需求。我们在培训与开发评估中学习的评估方法在这里依然适用。

在反应层面，我们可以对员工进行调查，了解他们对职业生涯开发体系和职业生涯通道设计的满意度等；在学习层面，可以在对员工进行职业生涯培训后，让员工亲自草拟一份职业生涯报告；在行为层面，可以让直线经理提供信息，了解员工对职业生涯开发系统的使用情况，监控员工对自己职业目标的履行情况；在结果层面，可以追踪客观数据，如为空缺职位招聘所用的时间、雇员使用职业生涯开发体系的次数和频率等。

此外，对职业生涯管理体系的评估应该以其实施目的为基础，如果目标在于提高员工工作上进心，就应该侧重于了解员工对体系的态度；如果要提高招聘效率，就应该侧重于了解结果层面的数据信息。

四 我国职业生涯管理面临的主要问题

1. 员工个人职业生涯规划意识薄弱，对自己认识不足

大部分员工缺乏正规的职业生涯规划教育，职业生涯规划的意识薄弱，也不了解自我认识和评价的方法和工具，不能全面分析和认识自己。许多人“为就业而就业”，以高工资和好单位作为就业的首要因素，而较少根据自身特点、兴趣来选择自己的职业，这也导致很多年轻人第一次就业就因为人职不匹配而遭遇职业发展挫折。在这种情况下，一部分人可能选择退出组织，寻找新的职业；一部分人则会在组织内停滞不前。另外，员工对组织的依赖性较高，“终身职业”的概念还没有完全剔除，通常按组织规定的晋升路线熬年头熬资历，而缺乏自主设计个性化职业生涯的意识，对自己的职业发展缺少整体的把握，更不用说进行跨领域的职业生涯规划。

2. 企业缺乏完善的职业生涯管理体系，配套制度不到位

目前，大部分企业尚没有建立起完整的职业生涯管理体系。首先，尚未建立起完善的绩效考核、人员测评、培训开发、薪酬管理体系，职业生涯管理体系的建立缺乏配套制度，员工缺乏对组织信息和个人情况的了解，不明确职业生涯通道的设置，这些都使得职业生涯规划很难深入发展。其次，企业对职业生涯管理的重视程度不高，大部分企业认为职业生涯规划是员工个人的事，缺乏对员工职业生涯的引导和帮助。再次，许多企业采取单通道的职业生涯管理路径，尚未建立起“双通道”或“多通道”的职业生涯管理模型，很多技术型员工、专业型员工很难在职业生涯道路上有所发展，出现了“技术天花板”和“专业天花板”。

3. 组织与个人两种职业生涯观的冲突难以跨越

长期以来，职业生涯管理在我国企业难以推行，究其根源是组织和个人两种职业生涯观念的冲突。一方面，组织管理者对员工职业生涯管理的出发点在于保持员工队伍的适度稳定和人力资源的优胜劣汰，在淘汰能力不足员工的同时从组织外部吸纳新的人才，以保持组织机体的生机与活力。另一方面，员工个人职业生涯管理的目标在于最大限度地实现个人价值和职业的相对稳定性。随着员工个人能力的提升，对组织提供的职位和薪酬待遇也提出了更高的要求，当员工的需求在组织内部得不到满足时，便会在外部市场寻找新的职业发展机会。另外，对职业生涯稳定性的追求使得员工会尽可能地规避组织的不稳定性，当遭遇组织变革时会产生离职意向，当有可能被组织淘汰时会采取措施规避。由此可见，组织对效率、效果的追求与员工对稳定性的追求在很大程度上背道而驰。组织很难协调和满足每个人的发展和需求，让个人目标与组织目标始终保持一致，因而最终往往会导致职业生涯管理制度的无法继续。

◎ 想一想

根据你的经验，你如何看待我国职业生涯管理的现状？你对完善我国职业生涯管理发展有什么建议和意见？

本章小结

1. 员工职业生涯管理就是将员工个人的职业规划与企业的管理目标相结合，对员工的职业发展道路进行规划和管理，并引导员工设计和建立自己的职业生涯发展道路的过程。这一过程贯穿员工生命周期的始终。员工的职业生涯管理一般包括职业规划和职业管理两项活动。

2. 很多学者都对职业生涯管理理论的发展做出了重要贡献，比较经典的理论有沙因的职业生涯发展理论、萨柏的职业生涯彩虹图、格林豪斯的职业生涯发展理论和莱文森的成人发展时期理论。传统的职业生涯发展模型一般分为四个阶段，即探索阶段、立业阶段、维持阶段和离职阶段。现代易变职业生涯发展模型和多元职业生涯发展模型更提倡变化、多元和跨领域的职业生涯规划和设计，以适应多变的职业环境。此外，从职业生涯管理的主体来看，职业生涯发展模型可以分为个人导向的职业生涯管理模型和组织导向的职业生涯管理模型两大类。

3. 职业生涯管理体系是一个包括个人职业生涯规划和组织职业生涯管理的系统，它能够帮助并引导组织成员识别职业生涯发展的需求。目前有关职业生涯管理的实践主要包括以下内容：员工自我评价、职业生涯咨询、组织内职位信息公示和职业生涯发展路径、组织开发计划等。在整个职业生涯管理系统中，员工、经理、公司和人力资源经理共同承担着职业生涯开发的责任，只有他们在各自的岗位上扮演好自己的角色，职业生涯开发活动才能顺利进行。

4. 我国正处于职业生涯规划和管理的初级阶段，在职业生涯管理发展过程中出现了很多问题，突出表现为以下三点：员工个人职业生涯规划意识薄弱，对自己认识不足；企业缺乏完善的职业生涯管理体系，配套制度不到位；组织与个人两种职业生涯观的冲突难以跨越。可见，我国职业生涯管理体系还有待进一步完善，如何协调好组织和个人的职业生涯观念，是加强职业生涯管理建设的主要工作。

复习思考题

1. 开篇案例中小李的问题究竟出在什么地方？通过本章内容的学习，你可以解决小李的困惑吗？

2. 什么是职业生涯管理，它包括哪些内容？为什么要进行员工的职业生涯管理？

3. 职业生涯发展阶段理论有哪些？试列举其中的两个。

4. 传统的职业生涯发展模型有哪些？现代职业生涯发展模型有哪些？它们之间有什么异同？

5. 你能列举两三个有关职业生涯管理的实践和方法吗？

6. 管理者、员工和企业在职业生涯管理体系中各自扮演了什么角色？你是如何理解的？

7. 你认为应当如何评价一个职业生涯管理体系的好坏？

案例分析

华为的职业化发展管理

只有职业化、流程化，才能提高企业的运作效率，降低管理内耗。“就如一列火车从广州开到北京，有数百人扳了道岔，有数十个司机接力，不能说最后一个开车到了北京的就是英雄。即使需要一个人去接受鲜花，他也仅是一个代表，而并不是真正的英雄。”这是任正非关于华为管理变革的一段论述。

2005年，任正非在一份华为发展历程报告中，清晰地阐述了他对企业发展战略的哲学思维和方法论：“要达到优先满足客户需求的目标，就必须进行持续的管理变革。只有持续的管理变革，才能真正构筑‘端到端’的流程，才能真正职业化、国际化，达到业界最佳的运作水平。这个‘端到端’的流程，输入端是市场，输出端也是市场，因此，必须快捷有效，流程顺畅。如果达到快速的服务，就会降低人工成本、财务成本、管理成本。”

事实上，华为正在从一个“英雄创造历史”的小公司，逐渐演变为一个职业化管理公司。任正非认为：“淡化英雄色彩，特别是淡化领导人、创业者的色彩，是实现职业化的必由之路。只有职业化、流程化，才能提高一个大公司的运作效率，降低管理内耗。”

职业化发展管理的由来

1995年，随着自主开发的一款交换机占据国内市场，华为的年度销售额达到了15亿元，结束了以代理销售为主要盈利模式的创业期，进入了高速发展阶段。创业期涌现出的管理干部，许多已经无法跟上企业快速发展的需要，管理水平低下成为制约公司继续发展的瓶颈。

任正非选择的方式是“集体辞职”。1996年1月，华为市场部所有正职干部，从市场部总裁到各个区域办事处主任，都要提交两份报告，一份是述职报告，一份是辞职报告。在竞聘考核中，包括市场部代总裁在内的大约30%的干部被替换下来。但就本质而言，“集体辞职”还是一种“群众运动”的新老接替模式，其弊端也是相当明显的。

1997年，华为与英国国家职业资格委员会（NVQ）合作，开始设计公司员工职业化发展的制度体系，后来又与合益集团（Hay）合作设计了任职资格制度，主要包括职业发展通道、任职资格标准和资格认证三大部分。

目前，中国企业仍处在职业化管理的初级阶段，许多企业都希望通过管理体系的规范化、标准化来推进职业化管理。但是，由于员工队伍的职业化素养不够，流程与制度推行的效果就会大打折扣。而社会上流行的各种职业等级资格认证，大多还属于宽泛的入门级阶段，无法满足企业发展的不同需求。一个突出问题是，如何将企业对员工的职业化要求与员工个人发展的切身利益联系起来？而以员工的职业发展规划来推进企业的职业化进程，就是妥善解决二者之间矛盾的最佳措施。

职业发展“五级双通道”

在有些企业里，经常会听到一些不易懂的头衔，像什么正部级设计师、副处级绩效主管、正科级业务员等。试着问个究竟，不外乎就是在具体职位前面加上了相应的行政级别，这样一来，地位和待遇等级就可以一目了然。

1998年之前的华为，就是这样的一种称谓模式。每到公司开会的时候，先要规定一下参会人员的级别范围，如科级以上或者处级以上等，不论你是管理人员，还是其他专业人员，只要满足相应的级别要求，就必须参加，如果不清楚自己是否符合参会条件，可以先去问一问上司。

随着企业的发展，除管理层，也涌现出技术、营销、制造、采购、财务以及人力资源等方面的专业人士。和唯一的行政称谓比起来，叠加式的头衔已经进步了许多，至少承认了专业人士的基本地位，但还是没有完全跳出“官本位”思想的束缚。毕竟，享受某某级别的待遇与真正的某某官衔相比，总是会有低人一等的感觉。在许多专业人员看来，最好还是能兼个科长、处长之类的行政职位，或者干脆直接转向管理职位发展，否则职业前景依然黯淡。职业发展既像是在登山，又像是在走迷宫。登山是指在层级式的组织结构中，越往上爬位置越少，还要同时顾及一不留神摔下去的危险；而走迷宫，就是有许多条通道可供选择，但很难辨别到底哪条路径正确，毕竟走错路或回到起点的情况也时有发生。

传统的职位价值评估，基本上可以解决专业人员薪酬待遇方面的问题。但是，拥有与自己能力相匹配的明确身份，以及清晰的专业发展方向也同样重要。如果这些问题不能妥善解决的话，企业很难培养出各类专家人才，更无法长期保留这些专业人才。

要鼓励员工不断提高职业技能，首先要让他们明确知道自己职业发展的上行通道。华为在借鉴英国模式的基础上，设计了著名的“五级双通道”模式。

先梳理出管理和专业两个基本通道，再按照职位划分的原则，将专业通道进行细分，衍生出技术、营销、服务与支持、采购、生产、财务、人力资源等子通道；这些专业通道的纵向再划分出五个职业能力等级阶梯。例如，技术通道就由助理工程师、工程师、高级工程师、技术专家、资深技术专家五大台阶构成；而管理通道是从三级开始，分为监督者（三级）、管理者（四级）和领导者（五级）。

在这个多通道模型中，每个员工至少拥有两条职业发展通道。以技术人员为例，在获得二级技术资格之后，根据自身特长和意愿，既可以选择管理通道，也可以选择技术通道。由于两条通道的资格要求不同，如果技术特点突出，但领导或管理能力相对欠缺，可以选择在技术通道上继续发展，一旦成长为资深技术专家，即使不担任管理职位，也可以享受公司副总裁级的薪酬与职业地位，企业也得以充分保留一批具有丰富经验的技术人才。很多员工还可以选择两个通道分别进行认证，企业采取“就高不就低”的原则来确定员工的职等待遇。

当时华为的常务副总裁李一男等一批技术领导就同时兼有技术和管理两个通道的等级资格。作为一名技术部门的管理者，一旦失去管理职位后，凭借其相应的技术等级资格，可以再转回到技术通道发展，这就解决了管理队伍新老接替中“下岗干部”无法安置的问题。

为了大致区分棋力的高下，围棋运动中将职业和非职业选手分为若干段位。通过职业发展通道设计、职业能力等级标准制定和职业等级认证三个方面的制度设计，企业中不同类型的员工，也可以拥有自己的职业“段位”，以及不断提升“段位”的机会。

这样，每一名员工根据自身特长和意愿，既可以选择管理通道发展，也可以选择与自己业务相关的专业通道发展，从而妥善解决了一般企业中“自古华山一条路，万众一心奔仕途”的问题。

任职资格标准与认证

明确了职业发展的通道和台阶，接下来就要确定各个台阶所要求的任职资格标准。任职资格标准究竟是基于技能、行为、绩效还是资历、学历等其他要求，是等级标准设计需要解决的关键问题。

有专家研究发现，以员工持续产生高绩效所需要的关键行为为核心的任职资格标准，最能客观评价任职者的胜任程度。

其一，与一般难以衡量的概念性技能相比，行为能力可以通过举证来判定，同法律诉讼中所使用的方法类似。是否具备某一等级的任职资格，不是由本人确定，也不是主管根据主观印象来评判，而是根据行为事实举证的原则，正面的证据可以支持，反面的证据可以否定，由此形成的评价标准既客观，也具有很强的可操作性。

其二，以绩效标准进行评价，存在“天上掉馅饼”的偶然性。行为是产生绩效的最直接因素，行为能力评价中的举证，综合考虑了员工的累积绩效贡献以及在完成工作之中的过程行为。如果某个人只是偶尔为之，不一定能够满足资格标准的要求，这就避免了评价中的偶然因素，符合职业行为需要持续一贯的原则。此外，以行为能力为核心，将应知应会、资历、经验等只作为参考项，也摆脱了传统的“论资排辈”现象。

行为标准的设计遵循三个基本原则：是否相对独立而不重叠；是否属于该要项中的关键行为；是否可以在员工的具体工作中找到判定的证据。其中，寻找证据是行为标准设计的难点，为了方便操作，在资格标准设计完成之后，还可以设计关键行为标准的举证库。

1998年，华为在开始推行以集成产品开发（IPD）、集成供应链（ISC）为核心的流程化管理时，IBM的咨询顾问非常强调工作的计划性，IPD中产品开发计划制订的时间甚至会超过开发设计本身的时间，从而达到了在降低开发风险、保证开发质量的前提之下，缩短产品上市时间（time to market，TTM）的目的。

华为人多年来一直不重视计划，喜欢边干边改，这种想到哪里就做到哪里的习惯，使得产品开发处于随机状态，质量、进度和费用都无法控制。因此，华为在任职资格标准的设计中，对是否制订工作计划、计划制订的水平做出了很具体的规定。

华为人常犯的另外一个毛病，就是不习惯按规矩做事，工作敢打敢拼，“狼性”十足，例行的工作，张三李四还要各有一套，缺乏知识经验的积累和传承。“没有时间一次做好，却有时间将事情一做再做”是IBM顾问对华为人的基本评价。针对这一点，华为在设计员工任职资格标准中，主要不是考查员工某一次工作的完成结果，而是看工作是否符合相应的标准规范，是否能够有效地利用各种资源并始终坚持一次性做好的原则。这些符合职业化要求的行为标准的制定，使得员工在争取职业等级不断提升的同时，职业化素养也在切实提高。

从“一个萝卜一个坑”到“能上能下”

职业等级资格标准建立之后，就可以对员工进行职业发展等级资格的评价认证。认证可以分为初次认证与周期性认证两种。初次认证就好比是“一个萝卜一个坑”。职业发展等级资格标准，规定了职业发展路径上不同能力等级的要求——“坑”的大小，而人的实际行为能力决定了“萝卜”的尺寸。资格认证就是比照行为标准将相应尺寸的

“萝卜”放入大小匹配的“坑”中。

当然，“萝卜”与“坑”的完全匹配只是一种理想状态，因此，对于每一级标准，匹配程度可以分为四种基本情况，即职业等（完全胜任）、普通等（胜任）、基础等（基本胜任）、预备等（尚未胜任），员工的胜任情况又和其静态薪酬范围相对应。初次认证之后，将来每隔1～2年，都会对职业发展状况进行周期性认证，根据认证的结果，将“萝卜”向匹配的“坑”里迁移，不断向更大的“坑”中迁移是积极的发展方向，但原地不动或向更小的“坑”中迁移的现象也会发生。华为由此实现了“干部能上能下”的制度化管理。

在华为的职业发展通道中，管理者职业发展通道中的三个基本等级，即监督者（三级）、管理者（四级）和领导者（五级），分别对应的即是我们通常所说的基层（团队）、中层（部门）和高层（公司）管理者。要想成为三级（基层）管理者，必须具备相关的专业二级以上任职资格。这就意味着除少数“空降兵”，管理者一般是从优秀的专业骨干中选拔产生。

在华为，管理者职业发展等级资格标准的设计，是根据任职者取得高绩效所应该具备的关键行为提炼而成的，其直接目的是提高管理者的职业化工作水准，最终目的还是提高管理者的绩效水平。因此，资格等级标准侧重衡量行为标准，也就是考核评价任职者完成工作任务所应该具备的行为要素。资格标准由行为单元构成，每个行为单元又包括若干行为要项以及行为标准项。

例如，对于三级（基层）管理者而言，最重要的行为单元就是任务管理，而任务管理又是由制定合理的目标和计划、组织实施工作计划、指导和控制工作计划的实施以及工作绩效的改进四个行为要项组成。每个行为要项中，均含有若干个衡量评价行为要项的关键行为标准，而资历、经验等因素仅仅作为参考项。此外，行为标准易于通过日常的工作过程和工作成果进行“举证”，符合评价标准“客观性”和“可衡量”的基本要求。

三个级别管理者工作内容的不同，体现在相应行为单元的差异上。三级管理者主要承担的是基层管理工作，因此，有效完成工作任务（任务管理），负责团队的建设和管理（团队建设），按照流程规范的要求开展工作（流程执行），合理有效地利用各种资源（资源有效利用），就是其关键的行为单元；而成为四级管理者之后，随着管理幅度的增加，主要的管理职责也就由对任务的管理转变为对目标的管理，同时，对部门组织文化的建设和周边部门的协调，也成为其重要的工作职责；作为公司级领导的五级管理者，目标管理又进一步提升为方针管理，也就是对重大方向的决策把握。此外，公司层面的组织与文化建设，以及干部队伍的选拔与培养显得尤为重要，这与公司高层的用人标准不谋而合。

职业发展管理的实施意义

目前中国企业在人才能力发展方面普遍面临三大难题：一是没有明确的能力发展方向，不清楚到底需要重点培养哪些类型的人才；二是缺乏人才能力发展水平的衡量标准，既不能对内部人员进行合理区分，又无法与业内水平进行有效比对，由此导致不论是竞聘上岗、岗位轮换还是梯队建设，都缺乏有效的人才评价依据；三是不知道如何使人才得以快速提升。因此，企业首先要明确究竟需要什么样的人才，接着再来解决如何衡量并持续培养所需人才的问题，这就是人才能力发展的整体解决方案，也是任职资格体系的真正意义所在。

从华为的实施效果来看，任职资格体系的推行产生了重要作用。首先，它用于人才选拔，建立了明确的行为评判标准，任职资格体系成为“竞聘上岗”的主要依据。其次，它给员工开辟了多条职业发展通道，有利于员工实现“与企业共同发展”的价值追求。再次，加强了胜任力培养。通过资格认证，将员工的能力与标准进行比较，从中发现差距，可以进行系统的、有针对性的培养，为最终建立基于能力的薪酬体系打下基础。最后，任职资格体系的建立，还可以产生“人才竞争”的作用，通过“看得见”的能力标尺，让员工感觉到能力“不进则退”的压力，从而激发出内在强烈的自我学习动力。

讨论：

1. 华为的职业生涯管理涉及我们所学的哪些知识？

2. 为什么要实行“五级双通道”的管理模式？你如何看待这种管理模式？

3. 什么是从“一个萝卜一个坑”到“能上能下”的职业生涯管理模式？它有哪些优点和缺点？

4. 如果你是华为的员工，你能为自己草拟一份职业生涯规划书吗？

第 9 章
组织开发

学习目标

- 掌握组织开发的内涵与目的，了解其特性。
- 掌握组织开发的两种理论基础，并掌握组织开发的新方法。
- 掌握组织学习的相关知识，包括组织学习的层次、组织学习的影响因素，以及如何建立学习型组织等。

开篇案例

H 公司是一家具有多年历史的国有传媒企业，1994 年改制成股份制公司。公司领导凭借超前的战略眼光和正确的决策，成功地借助资本市场的力量使 H 公司获得了高速发展。目前，H 公司已经发展成以广告、网络和节目三大主业为核心，涉足旅游、房地产、酒店等行业的综合性传媒集团。但是，H 公司在高速发展和规模扩大的同时，资产收益率和资产周转率逐年下降。经过反复对比和深入研究，H 公司高层发现，他们的问题和当时很多国企面临的问题一样，公司虽然进行了股份制改造，但是并没有从根本上改变公司的管理方式和组织结构。公司高层和大多数员工已经明显感觉到，现有的管理方式和组织结构已不适合公司的长远发展战略和当前的市场环境。如何变革才能适应公司发展的要求，已经成为公司迫切需要解决的问题。于是公司聘请了咨询公司对组织的问题进行诊断。

经过员工访谈和问卷调研，咨询公司认为 H 公司主要存在以下问题：第一，公司战略定位基本正确，但是在战略目标分解成为子公司或分公司的子目标以及子目标的实现上存在严重的缺陷，战略不能落地。第二，公司总部治理结构相对规范，但是子公司治理结构问题突出，多元化后公司总部与各子公司、分公司的关系和管理模式不合理，岗位责权不清，存在责任交叉和缺位的现象，出现问题后互相推诿和找不到责任人的情况时有发生。第三，公司组织结构中存在着部门职责与权力不匹配，组织层级过多，指挥链条混乱以及严重的多头指挥现象。第四，公司组织结构紊乱造成公司资源的流失，例如，销售政策的决策和执行流程混乱造成客户和市场的丢失，以及部分人员利用公司资源为私人牟利等。

从案例中我们可以看到，在组织面临严峻问题时，需要进行组织变革才能让企业维持下去，同时在组织变革的过程中往往还会伴随其他新的问题出现。为了能够让组织及时地发现问题，并解决系列问题带来的不良后果，就需要企业进行持续性的改进与开发，也就是更深层次和更长期的组织变革，才能保证健康长远的发展。这就是本章要讨论的组织开发问题。

第 1 节　组织开发概述

一　组织开发的内涵

1. 组织开发的概念与发展

组织开发（organizational development，OD）是应用行为科学技术，在组织中针对问题解决与程序革新进行的长期性努力，致力于提高组织效能，使组织具有适应环境变化、健康发展的能力。和其他行为科学一样，我们很难准确地指出组织开发是如何开始的，只能大致溯源实验室训练（laboratory training）与团队训练技术（training group）的发展，特别是库尔特·勒温（Kurt Lewin）于 1945 年建立的“团体动态研究中心”（Research Center for Group Dynamics）。勒温的力场分析理论（force field analysis）和团体动态、改变过程及行动研究（action research）的概念对组织开发的理论发展有很大的影响。

组织开发的主要工作在于改善组织内各工作团队间的关系、收集整个组织成员的态度资料、提供回馈资料给选定的个人和团体，以作为改善与制订计划所需的资料基础。根据发展技术对组织带来改变的程度，组织开发可分为第一代与第二代的组织开发。这两种组织开发方式虽然有诸多重复之处，但二者的侧重点不同。第一代的组织开发技术与调试性及渐增性的变革有关，例如行动研究、团队建立或调查回馈。第二代的组织开发技术则有以下特征：(1) 着重对组织整体性的转变（Transformation）；(2) 与组织文化及学习有关；(3) 强调全面质量管理（total quality management，TQM）；(4) 关注组织愿景（vision），例如工作生活质量计划（quality of work life，QWL）及在全球企业兴起的再造工程。

2. 组织开发和组织变革的联系与区别

组织变革（organizational change）是指组织根据内外环境变化，及时对组织中的要素（如组织的管理理念、工作方式、组织结构、人员配备、组织文化及技术等）进行调整、改进和革新的过程。组织开发和组织变革的目的都是通过改变组织成员的行为活动来达到提高组织效益的目的。但是二者有所区别。具体而言，组织开发是一种动态的组织变革，只有进行深层次和长期性的组织变革才能实现组织开发。换句话说，组织变革是组织开发的手段。此外，与组织变革相比，组织开发更重视调整和改变组织成员的态度和行为，以及强调改变组织本身对成员行为活动的影响方式。

二 组织开发的目的和特性

1. 组织开发的目的

组织开发最主要的目的有以下几种：

（1）提高组织的能力，可用营业盈利、革新方法、市场股份等指数来衡量。

（2）提高组织适应环境的能力，组织成员能够正视组织中出现的问题，并且帮助组织有效地解决这些问题。

（3）改善组织内部行为方式，包括人际、组织合作关系，信任和支持程度，沟通系统的开放性和完整性，广泛参与组织战略计划决策等。

（4）提高组织成员的工作热情、工作积极性和满意程度。

（5）提高个人与群体在计划和执行中的责任程度。

组织开发的最终目的是提高组织效能。

◎看一看

管理开发（management development，MD）是以组织中现在或未来的管理者为对象展开的，其目的是提高管理者的管理效率，增进管理者的管理知识、管理技能和能力，同时改变管理者的管理态度和动机。管理开发可以针对初级、中级和高级管理者三个层级分别进行。

组织战略一旦确定，其中必定包括组织开发和管理开发。组织开发是宏观的开发方式，而管理开发是微观的开发方式。组织开发与管理开发之间的主要区别在于：组织开发关注的是组织整体及其工作氛围，而管理开发则是指对个人行为的激励和规范。

2. 组织开发的特性

（1）组织开发是一种规划性的活动，它包括目标设定、行动规划、执行、监督以及在必要时采取纠正行动。

（2）组织开发是一种问题导向的活动，它应用若干学科的理论与研究方法以解决组织问题。

（3）组织开发反映了系统方法，需要将组织的人力资源管理及其潜能与技术、结构、管理过程紧密地联结在一起。

（4）组织开发是管理过程整体的一部分，它是管理组织变革过程的一种方式。

（5）组织开发不是一劳永逸的策略，它是一个连续不断的过程，必须花费相当长的时间才能变成组织的生活方式之一。

（6）组织开发的焦点在增进效能，它不只是对有问题的组织或十分健全的组织有用，还对几乎所有类型的组织有效果。

（7）组织开发是行动导向的，其核心在于获取成就及结果，而不像其他某些变革途径的目的在于描述组织变革如何发生。

（8）组织开发具有强大的理论和实践基础，它不是一种奇巧的设计或热潮，而是以某些学科的理论与研究结果为基础的知识。

第 2 节　组织开发的理论和方法

一　组织开发理论

1. 变革过程理论

组织开发是通过变革实现的，因而组织开发的主要理论基础也就是组织变革的有关理论。组织变革理论主要有三种，具体如下：

（1）库尔特·勒温的三步模式（三阶段变革过程模型）。库尔特·勒温的三步模式包括“解冻”（unfreezing）、“改变”（changing）、“再冻结”（refreezing）三个过程。在勒温的模式中，“解冻”是指当明显的挑战或严重的问题要求组织做出改变时，组织有能力随时为改变做好准备。“改变”是指组织能放弃旧的行为，接受新的行为，以解决组织的问题。“再冻结”是指加强和巩固新的行为，使它们成为组织新的行为系统的一部分。组织聘请咨询顾问专家介入组织，实施“实验室培训”等技术都是直接出自这种模式。下面将简要介绍库尔特·勒温的三步模式。

解冻阶段主要是使员工熟悉变革的目的与做法，并且通过各种沟通方式和组织活动，让员工解除疑虑、停止观望，逐渐接受组织变革的事实，并齐心推动变革。

改变是组织变革的第二阶段。在此阶段，很多制度已有明确的改变，例如新的规章办法制定、新的流程撰写、必要的考核体系与培训实施、新制度的施行等。这一阶段员工会产生强烈的抗拒，加上各类流程整合不易，各种辅助支持体系也可能欠缺，因此领导者需要发挥领导能力，降低员工对制度的反感，协调各部门工作。这时规章制度、信息体系、专案小组及奖励措施等，都是可能强化效果的管理重点。

再冻结是组织变革的第三阶段，其目的是使新制度稳定而正确地融入组织常规之中。考核、评估与改善是此阶段的重点。经由新制度的持续运行，成员逐渐有了新的价值与态度，并对新制度产生认同。

（2）拉里·格雷纳（Larry E. Greiner）的过程顺序步骤模式。拉里·格雷纳研究发现，除非变化是按照特殊顺序步骤进行的，否则这种组织变化是无效的。他还认为，这种变化必须是由外部压力或外部促进因素施加给组织上层管理者，然后由上层管理者做出决策。这种顺序步骤包括组织开发顾问专家的介入、设计新的解决问题的办法、试行新的解决方法以及积极地加强和巩固新的方式。

（3）哈罗德·莱维特（Harold J. Leavitt）的相互作用变量模式。哈罗德·莱维特相互作用变量模式（interacting variables model）与勒温和格雷纳的模式完全不同，不是从步骤或阶段来探讨组织变化，而是考虑组织系统中不同部分的变化，即他所说的“相互作用的变量”。莱维特将组织确定为四种相互作用的变量，即任务、机构、技术和人。

莱维特这一模式的两个特点引起了管理人员的兴趣。第一，四种变量是相互作用的。也就是说，只要四种变量中的任何一种发生变化，就会自动引起其他变量的变化，也许其中一些变化是无法控制的或不想要的。因此，在计划执行过程中，管理人员不仅要持续地关注所需的变化，也要注意其他变量变化所带来的影响。第二，变化可以从四种变量的任何一种开始，但究竟从哪一种开始，需根据管理人员对整个形势的判断来决定。

2. 系统干预理论

自 1950 年以来，系统研究途径（systems approach）在管理学领域得到广泛应用。严格来讲，系统概念在管理方面的应用可以追溯到 20 世纪初，“科学管理之父”弗雷德里克·泰勒（Frederick W. Taylor）及作业研究专家都对此进行了探索。就系统管理学派来讲，系统研究途径是一个相对较新的观点。

系统（system）是由一系列相关和相依的部分组成，这些组成部分即支系统（subsystem），任何支系统之间的互动或交互作用均会对整体产生影响。简单地说，系统是指一个有目的、有组织、由许多不同部分所组成的复合体，其支系统各有特定目标和功能，但各支系统必定互相依赖、分工合作以达成整体的目标。由此来看，任何生物体或是社会组织，都可以视为一个系统。

肯尼思·博尔丁（Kenneth E. Boulding）提出一般系统理论，他在《一般系统理论：科学的骨干》一文中提到，宇宙中的各种系统可以归成八个层次的系统：静态结构、单纯动态系统（simple dynamic system）、操作系统、开放系统、创造的社会系统、动物系统、人类系统、超越人类知识的系统。

◎ 读一读

宇宙间的所有系统可以分成两类：开放系统和封闭系统。其主要差别在于系统是否与外界环境发生互动的关系。任何一个人为的社会系统，几乎都可视为开放系统，因为它们的运作必然深受环境的影响。典型的开放系统至少由投入、运作、产出、回馈等几个环节组成（如图 9－1 所示）。

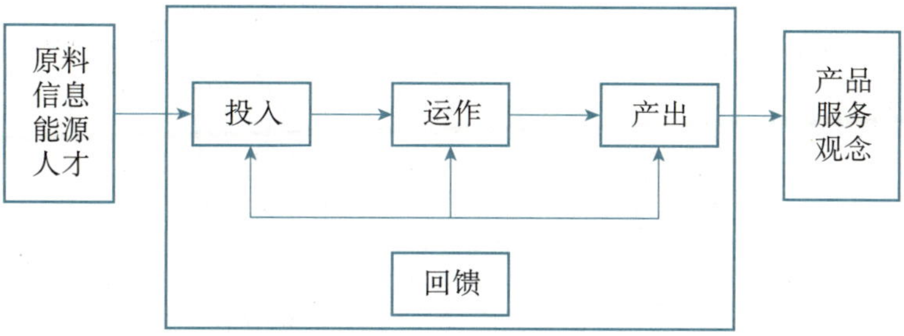

图 9－1　开放系统运作图

丹尼尔·卡茨（Daniel Katz）与罗伯特·卡恩（Robert L. Kahn）将系统途径应用在组织行为学领域，列出开放系统的九大特征。

（1）能源输入：从外界环境获取所需要的能源。

（2）转化过程：能源输入转化成某种东西，以供系统使用。

(3) 产出：所有的开放系统均将产品向外界输出。

(4) 事件的循环性：开放系统的活动是循环式的，系统持续反复运作。

(5) 反熵作用（negative entropy）：衰退是自然界的定律，熵的增加会使所有的组织朝向死亡或解体，而开放系统能从外界输入更多的能源，因此其可以继续生存并扩张，这种现象称为反熵作用。

(6) 信息投入、负向反馈与过程组合：开放系统除输入能源，也输入信息，而负向反馈乃是信息输入的最简单形式。

(7) 自我稳定与动态平衡：开放系统不断从外界输入能源，也不断向外界输出产品，其比率大体上保持平衡状态。

(8) 分化：开放系统趋向越来越精致、越来越分化。

(9) 殊途同归性：开放系统常可经由许多不同的方法而达到相同的情形或目标。

3. 系统干预技术

组织开发的重心在于对组织问题进行诊断之后，如何选择适当的干预技术。克里斯·阿吉里斯（Chris Argyris）对组织开发干预技术的解释是：所谓干预，就是进入一个具有相互关系的既有系统，其目的在于协助处理个人间、群体间或各种组织间的关系。干预者并非此系统的成员。

组织开发干预技术是一套结构化的活动，其实施的目的在于调整或改变被服务系统的关系，增进组织效能。由于很多学者强调的重点不同，组织开发干预技术的分类方法众多。在此进行一个简单的整理，如表 9-1 所示。

表 9-1 组织开发干预技术类型

对象	重点	干预技术
个人	改善个人内在状态与关系	敏感性训练法 团队训练法 工作与生活平衡规划法 完形研究途径
	改善个人工作行为	工作丰富化 目标管理 弹性工作时间 行为修正
群体	改善群体内关系与工作方式	人际沟通分析 工作期望技术 角色分析技术 过程咨询技术 团队建立法
	改善群体间关系与工作方式	群体间团队建立干预技术 第三者干预技术 组织映像干预技术

续表

对象	重点	干预技术
组织	改善组织运作	调查回馈法 面对问题会议法
	改善组织结构	实体布置法 并行组织 矩阵式组织

4. 系统观念对组织开发的启示

系统观念及其研究途径，由于特别注重组织及其环境间的联系与相互依赖性，对组织开发具有重要意义。组织开发技术应用的成败与否，常取决于变革推动者是否将组织看成一个整体。

- 每个问题、事件及其影响都不是孤立的现象，不要以偏概全、只见树木不见森林。
- 系统途径有助于对事件或问题进行因果关系的分析。
- 任何一个系统，若其一部分次级系统发生变动，必然会影响其他部分，牵一发而动全身。
- 如果要改变一个系统的本质，必须对整个系统的要素进行变动，因此组织开发是整个系统的发展，而不只是一部分系统的发展。
- 系统的产出反映了投入与转换过程的质量和数量，因此改善或增加组织产出的方法之一就是改善资源投入的质量。
- 组织都被视为开放性组织，改善组织的方法之一是修改组织结构或运作流程。
- 任何组织均受外在环境的影响，也可能影响其外在系统。
- 任何组织系统在应用组织开发干预技术时，应持续不断地进行修正工作。

系统观念虽然在总体上来说对组织开发具有重要启示，但是采用系统的途径进行组织开发，往往不是非常成功。出现这种情况的主要原因不在于系统观念这一理论有何不足，而是组织开发的实务出现了问题。

二　组织开发的新方法

前文提及，根据发展技术给组织带来改变的程度，组织开发可分第一代与第二代的组织开发。第一代的组织开发主要与管理变革技术有关，而新兴的第二代组织开发方法主要有全面质量管理、工作生活质量计划及再造工程。下面重点介绍这三种方法。

1. 全面质量管理

全面质量管理就是指一个组织以质量为中心，以全员参与为基础，通过让顾客满意以及让本组织所有成员和社会受益而达到长期成功目的的管理方式。在全面质量管理中，质量这个概念和全部管理目标的实现有关。

全面质量管理是企业管理现代化、科学化的一项重要内容。它于 20 世纪 60 年代产生于美国，后来在西欧与日本逐渐得到推广与发展。它应用数理统计方法进行质量控制，使质量管理实现定量化，变产品质量的事后检验为生产过程中的质量控制。首先，质量的含义是全面的，不仅包括产品和服务质量，而且包括工作质量，用工作质量保证产品和服务质量；其次，全面质量管理是全过程的质量管理，不仅要管理生产制造过程，而且要管理采购、设计直至储存、销售、售后服务的全过程。

全面质量管理亦称持续性的质量改进，是多种组织改进途径的组合。

（1）以顾客需求为导向。全面质量管理所谈到的顾客不但包括组织外的顾客，如消费者或经销商，也包括组织内的顾客，如平行部门。

（2）使用统计质量技术，以确保产品和服务质量的一致性、稳定性。

（3）强调参与管理，要求员工参与决策。

（4）强调团队与团队工作。

（5）强调持续培训，以提升技术水平。

◎ 读一读

具体而言，全面质量管理有如下几个特点：

（1）重视客户。建设以满足顾客需求与期望为导向的组织文化，并使之成为企业全体成员都接受认同的强势文化。

（2）运用统计技术进行质量与过程控制。质量控制是衡量和分析产品品质的关键，过程控制是分析生产过程、降低生产成本、优化生产流程的关键。

（3）应用内部顾客观念执行例行性工作。强调各部门往来互动，视其他部门为其客户。

（4）竞争标杆。把公司产品与世界级同类产品做持续性比较，持续寻找瑕疵品，以达到零瑕疵的目标，进而提高产品质量。

（5）参与管理。包括密集的授权与支持性的领导风格。

（6）持续培训。员工需要持续学习新技能与观念，有些公司以奖励制度来鼓励员工进修。

（7）高层管理的持续支持。需要高层管理长期的承诺与推动。

2. 工作生活质量计划

工作生活质量也称“劳动生活质量”，它由美国通用汽车的欧文·布鲁斯顿（Irving Bluestone）于1970年提出，他将之定义为通过劳工和雇主的联合努力，改善员工的工作生活。工作生活质量主要是指与个人工作有关的福利以及个人在工作中体验到的奖励、满足和压力规避等的程度，是一种对人与工作关系的思考方式，强调的重点在于如何把工作做好以及工作如何能使人的生活品质得到提升。美国职业培训与开发委员会把工作生活质量定义如下：“工作生活质量对于工作组织来讲是一个过程，它使该组织中各个级别的成员积极地参与到营造组织环境、塑造组织模式、产生组织成果的活动中。这个基本过程基于两个孪生的目标：提高组织效率和改善雇员工作生活质量。”

◎ 读一读

“工作生活质量”是20世纪70年代出现的命题，社会学家、经济学家及管理学家在工作生活质量与人力资源产出的关系、工作生活质量与生产工作效率的关系及某些特殊人群的工作生活质量等方面做了大量的研究。

在研究工作开展的同时，用以提高工作生活质量的实验数量在20世纪70年代有相当的增长。例如：德国推行了在多范围提高工作生活质量，鼓励员工参与管理的法案；法国投资了用于帮助企事业单位实施旨在改善工作条件的重要计划；英国、意大利、澳大利亚、美国也不断地开拓关于工作生活质量的研究与方案实施，如到了20世纪80年代中期，美国1/5以上的劳工协定都制定了有关提高工作生活质量的条款。

由此可见，发达国家对提高员工的工作生活质量给予了大量的物质投入与政策关注。

（1）工作生活质量发展背景。

1）物质生活水准的提高，使员工转而追求权利、平等及成功。

2）员工目标的提高以及目标的多层面发展。随着社会的发展，员工有更多的机会公开表达自己的需求，更直接地追求个人满足，而这种束缚的解放也使期望随之提高，并由物质需求转向心理需求的满足，由当前目标转向长期目标。

3）教育水平的提高使员工的期望提升以及对权威的接受程度降低，员工要求更多的参与和影响能力。

4）劳动者权益法的实施和权利的平等化，使员工觉悟到自己应有的权益。

5）社会进程的发展，使得主雇关系不再是施恩和受惠、指挥和服从，而是更加平等。

6）新价值观的形成，使人们普遍认识到工作、收入、就业福利和高水平的生活不再是特权而是每个人的权利。

（2）工作生活质量的内容。

1）劳动报酬的充分性和公平性。员工在工作中的经济条件应得到充分保障，维持合理的生活水平，实现报酬与贡献相匹配，使各成员之间的差距相对公平。而且，当员工与企业内外部相关人员进行比较时，会认为自己得到的薪酬或公司给予报酬的根据具有公平性。

2）安全和有利于健康的工作条件。工作的物理环境、工作条件和工作时间不能损害员工的健康。给予员工一个能够安心工作和学习的健康环境十分重要，安全、舒适、经济、有益的环境可以改善工作绩效，提高员工的工作意愿。健康的工作条件包括高质量的照明系统、良好的通风、宽敞的办公场所、适宜的温度和湿度、整齐清洁的环境等细项。

3）工作组织中的人际关系。公司需要创造良好的氛围，使得员工能在组织中通过人际的友好互动和交往，满足其基本社会归属需求。

4）对工作本身的满意度。

- 工作制度：包括工作时间、工作性质、工作内容等。
- 有利于员工自我成长：员工所担任的职务具有一定的挑战性并能带来成就感，员工可以不断学习新的知识。
- 工作自主性：员工对于工作的执行方式和程序等能独立自主地做出决定，权责明确。
- 工作富有变化：让员工有从事不同类型工作的机会。

5）员工职业生涯发展。

- 公司必须在职业生涯、教育培训与晋升薪酬等层面上为员工做出系统规划，让员工看到未来有晋升的机会。

● 重视员工培训，充分开发和利用员工能力，避免由于劳动分工的细化，使员工失去学习和利用知识技能的机会。开发人力资源的积极性，让员工不会因为现有的职业、技能和学历而影响未来的就业和发展。

6）参与决策，民主管理。企业不能把人看成机器和工具，要尊重员工的个性，实行管理民主化，使员工可以直接参与管理的各个阶段。

企业要注意信息分享和有效沟通。对于部分员工而言，工作的意义远大于工作本身。如果企业不与员工分享信息和给予员工沟通机会，就会让员工感觉企业对待自己像机器一样，没有给予足够的尊重。反之，经由信息分享，可以提升员工的一体感和满意感。

7）工作具有社会意义。使员工认识到自己的劳动是有价值的，是对社会进步做出的贡献。让员工具有工作荣誉感，感知到自我、他人和社会的肯定和尊重。

8）保障员工在组织内的权利。

● 保障员工的工作权，使员工能在一定时间内，持续保有相对固定的职位，而不会被随意地变换与调动。

● 保护员工，禁止雇主和管理者滥用权力，严格执行劳动法规。

● 保障和扩大员工的社会地位，保护员工免受失业的困扰等。

● 做好各种福利措施设计，满足不同员工不同阶段的需要。

9）工作以外的家庭生活和其他业余活动。在员工队伍中，女性员工所占的比例越来越大，有些企业女性员工担任了企业的重要职位。出于传统的家庭分工考虑，女性在选择工作时，常会考虑到公司政策对其家庭生活的影响。反过来，家庭生活也会影响她们对工作的投入。

◎看一看

有人对高级知识女性的调查表明：当问到“阻碍您事业的主要障碍是什么”时，回答“家务事”的占23.0%，仅次于占比34.4%的“工作条件”。家务事是女性体力和时间耗费的重要环节，更是衡量其工作环境优劣的重要方面。

一般认为，提高工作生活质量会使人们对自己的工作和工作环境越来越满意，反过来满意感又会提高劳动生产率。但有证据表明，这样的模式过于简单，有时不免发生差错。事实上，工作生活质量至少要通过三种途径才能达到提高生产率的目的。

(1) 提高工作生活质量的措施，要能改善人们之间的交往、加强员工与组织之间的合作、协调不同的职务或部门关系，这样才能全面完成任务，提高生产率。

(2) 提高工作生活质量的措施，要能增强对员工的激励，满足员工迫切的需要，从而激发员工的工作热情和积极性。当员工拥有必要的能力和技术，并且具有必要的环境和条件时，就能提高生产率。而在某些高度专业化并且个人激励受到严格控制的条件下，恐怕只能在极有限的程度上影响生产率。

(3) 提高工作生活质量的措施，要能提高员工的素质，使他们能够自行解决群体中的问题，更好地参与决策。工作生活质量措施不但能直接影响和提高生产效率，也能间接影响生产效率，即通过增加员工福利、提供较好的工作环境和提高员工的满意感来影响生产效率。

3. 再造工程

20 世纪 90 年代，美国学者迈克尔·哈默（Michael Hammer）和詹姆斯·钱皮（James Champy）提出再造工程的概念。他们认为再造工程的精髓在于以服务顾客的流程为导向，以满足顾客需求为再造工程的动力，来改变公司的组织结构。他们对组织再造工程的定义是，通过对经营流程基本性的重新思考与重新设计，企业在成本、质量、服务及速度等关键绩效考核标准上，实现巨大的改进。它的基本精神在于非连贯性思考，找出企业经营体系中不合时宜的规则，予以彻底抛弃。再造工程并非渐进式的改变，而是大规模与剧烈的变革，是一种变革发展方式。

(1) 再造工程的活动与范围。再造工程的技术特点强调组织变革、组织文化、组织学习、团队运用、全面品质管理、远见或愿景等。哈林顿（Harrington）于 1992 年将组织再造工程的活动与观念分成七大项。

1) 取得企业上下的认同。

2) 塑造企业再造工程后的远景，确定企业目标。

3) 指出并排除现行或潜在的障碍与抗拒因素。

4) 制定达成目标的策略。

5) 高层主管的宣誓与身体力行。

6) 组织对于流程的学习。

7) 建立新的考核标准。

再造工程会带来人力资源管理活动的变动，人力资源管理活动与组织再造工程的一些变革有很大的关系，例如流程改造、工作再设计、奖惩制度变革与文化塑造等。

再造工程的主要内容如图 9-2 所示。

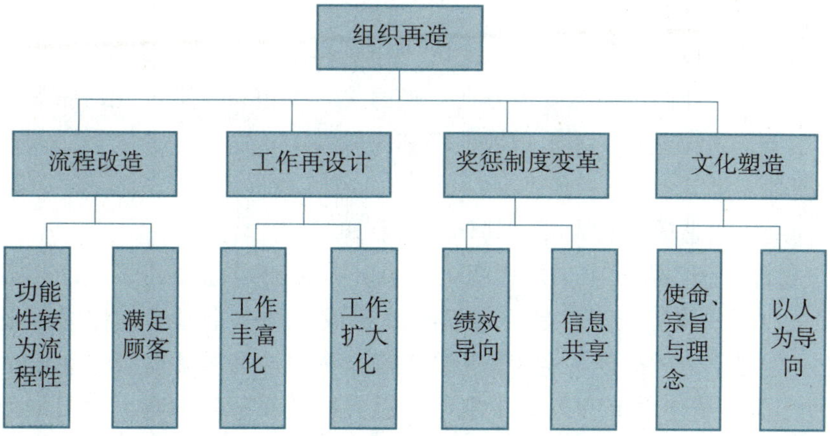

图 9-2　再造工程

（2）流程改造。流程改造是再造工程的一大主要部分，它以实现信息快速流通为变革的发展导向，致力于使各个部门的流程能够简化并紧密相连，甚至由两三个部门就可以完成对客户的服务。流程改造首先从服务顾客的流程下手，其次是妨碍服务顾客的流程，再次则是对于企业竞争有重大影响的关键性成功因素（key success factors，KSF）流程。

◎读一读

举例来说，IBM经过流程改造后，其作业时间从原来的6天至2周，缩短到4小时；而福特汽车原先需要500人以上才能完成的采购流程，在改造后仅需125人即可完成。由此可见，组织再造工程能使企业以更少的人力将原先的作业更快地完成，提升组织的竞争力。

一般而言，流程改造的主要内容包括以下几项：将工作从功能性转变为流程性，打破部门的限制，使各部门有效地连接；由单一专业转变为丰富全能，流程工作小组的成员必须对该流程负责，扮演通才和专才的角色，并实施有效的监督控制；员工角色转变，从接受者转变为参与者。

（3）工作再设计。流程改造对人力资源的最大挑战就是工作再设计。它包括以下内容：工作调整，即例行性工作被减至最低；工作流程简化，即人力需求减少；工作丰富化，即思考、判断的要求增加；工作扩大化，即部门分工降低。

因为流程改造将工作层面由一个单一专业变为丰富全能，员工必须同时扮演通才与专才的角色；小组的产出为一套完整产品，为了适应这种改变，使用工作特性模式作为工作再设计的工具将非常合适，即在工作设计时考虑技能多样性、任务完整性、任务重要性、自主性和回馈性五个维度。

（4）奖惩制度变革。在流程改造与工作再设计之后，往往需要重新设定工作绩效的考核标准。因此，为有效激励员工，也需要在奖惩制度方面做出相应的调整。再造工程的一大特点就是信息与技术共享，一项工作的完成可以归功于很多部门的共同努力，且企业必须给予流程工作小组改变流程的权力，让其自定生产目标，企业要针对其目标达成度重新设计奖惩制度。

（5）文化塑造。再造工程另一个重要的工作是高层管理团队需要重新思考组织的使命与任务，并决定企业的本质与发展方向。换言之，要进行企业文化的重新塑造。因为再造工程的本质是组织开发，要求重视人性和决策参与，所以企业主管必须信赖员工并进行充分授权。

（6）针对组织再造的参与人员，其管理重点如下：

1）心理建设。公司要向员工传达两个信息：一是公司已经到了不能再故步自封的地步，也就是必须采取行动；二是公司需要改变成另外一个样子，称为远见或愿景描述。换言之，就是要告诉员工，企业一定要改变，而且改变之后前景非常美好。

2）建立团队。要建立流程改造小组，通过有特定目的的参与，学习如何思考与工作、如何体会他人的感受并彼此信任，使员工能够了解问题的所在并获得回馈。

3）培训。针对不适合的员工进行培训，并要求其改进工作成效。如果工作成效仍无法改进，则对其进行再培训，以达到工作绩效改进的目的；如果仍然不能达成，则应该请其自动离职。培训内容包括观念的转变、实地操作及运用等。企业应通过这些培训将新的观念推广至整个公司。

第3节 组织学习

组织学习（organizational learning）是组织通过各种途径和方式，不断地获取知识，在组织内传递知识并创造出新知识，以增强组织自身实力，带来行为或绩效的改善的过程。当今快速变化的环境已经影响了每一个组织，管理者逐渐认识到，如果想让组织一直存活下去，就要通过不断学习来促使组织更有效地运作，并努力改变或重新设计组织以适应持续变化的环境。因此，组织学习已成为保障组织生存和支持组织持续发展的重要过程，有必要了解组织学习是如何发生的，以及有哪些因素在阻碍组织学习。

一 组织学习的形式和层次

1. 组织学习的形式

在探讨组织学习时，詹姆斯·马奇（James March）提出两种组织学习的主要形式：探索式与改良式。

探索式是指组织成员寻找并试验新的组织活动与程序，以增进组织效能。探索式学习意味着要发现新的方法来管理组织，例如尝试运用战略联盟及网络式组织；或是开发管理组织资源的新结构，例如产品团队及跨功能团队。

改良式是指组织成员为了增进组织效能，而学习改善组织既有活动和程序的方法。当需要改良式的学习时，必须实施一项全面质量管理计划，以促进其持续改进现有的作业程序；或是发展一套改进过的规则，以促使组织更有效地执行特定类型的功能性活动。

虽然探索式和改良式学习对增进组织效能都非常重要，但探索式组织学习相对于改良式组织学习，更属组织基本的学习过程。

2. 组织学习的层次

为了促进组织的学习，管理者必须在四个层次上激发学习：个人、团队、组织、组织间。彼得·圣吉（Peter M. Senge）在《第五项修炼：学习型组织的艺术与实践》一书中发展出每个层级所需的各项修炼。

个人——在个人层次，管理者必须运用可以促进个人学习新技术、规范与价值观的方法，使个人提升自身的技能，从而协助组织建立核心竞争力。每个人都必须自我超越，组织需要鼓励员工自我发展并充分利用员工的潜能，让员工学会用新的、更好的方法去完成任务。

团队——管理者必须利用各种团队结构来促进团队学习，如自我管理团队或是跨功能团队。团队成员可以将他们的技能共同分享或加以结合以解决问题。团队学习可以有效提高组织效能。彼得·圣吉认为在促进组织学习时，团队学习比个人层次的学习更重要。

组织——在组织的层次，管理者可以通过塑造组织的结构与文化来促进组织学习。组织结构的设计会影响团队间沟通与解决问题的效率，以及团队成员对学习的态度等。组织文化是指组织内成员共享的价值观和规范，它可以引导员工在特定环境中的行为模式，并且会影响内部成员之间以及组织内外的互动。

组织间——一般来说，组织间的学习是非常重要的，组织可以通过复制或模仿其他组织的特殊能力来提升效能。组织也可以通过与供应商和批发商合作，鼓励探索式与改良式的学习，主动控制资源的投入和产出。战略联盟以及网络式组织为新的学习提供了有效的媒介，因为它们能让组织对环境采取更为开放的态度。

组织学习的层次如图 9-3 所示。

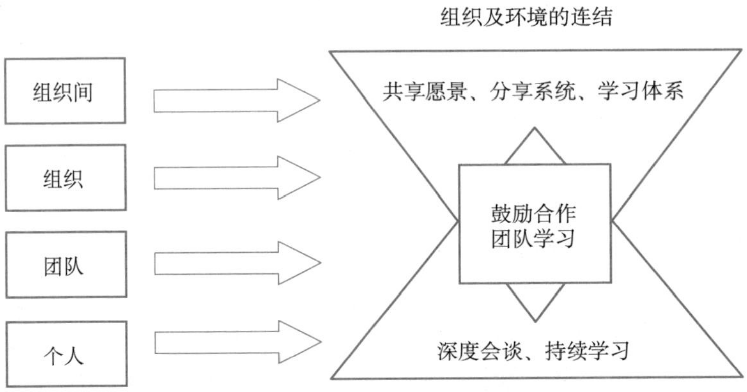

图 9-3　组织学习的层次

资料来源：Watkins K E，Marsick V J. Sculpting the learning organization：lessons in the art and science of systemic change. San Francisco：Jossey Bass，1993.

由图 9-3 可知，组织学习的概念着眼于团队的合作。在个人层次部分，利用深度会谈来增进成员之间的坦诚沟通，以增益彼此的相互学习；在组织层次部分，强调团队合作，鼓励集体知识的累积。在组织之外，还有以环境为基础的共享愿景、分享系统以及学习体系，是利用较高层次的文化、价值与习惯等，来孕育组织与个人的学习方式。然而，以上组织学习的概念都是属于“体”的部分，而“用”的部分则有赖于组织学习机制的建立。金（D. H. Kim）曾经提出一个整合模型，试图将个人学习整合进组织学习之中：个人迫于回应环境，通过观察、接近、设计、实践，从事单环学习（single-loop learning）。然而这种学习仍是在特定环境规范之内，是对所从事行为的矫正。当这个人深度融入组织文化之后，个人的学习就会被组织内外环境的变动所牵连，个人的心智模式也进展为组织的共享心智模式，个人视野也从微观蜕变为宏观。通过心智模式的改变，学习的过程不再是因适应环境所做的单环学习，而是能反思并质疑规则的学习，即所谓的双环学习（double-loop learning）。

◎**想一想**

请以3～4人为一组，讨论以下案例。

你是一家服装店的高阶主管，而这家店正面临经营危机。你的店成为这个城市中服装店的领导者已经长达15年。然而，近三年，另外两家连锁服装店相继开业，吸引了许多原来属于你的顾客，致使店铺的营业额下降了30%。为了找出原因，你对以前的部分顾客做了调查，得知他们觉得你的服装店对于衣服的样式以及服务顾客的方法从未随着潮流改变。你找了十位在店里购买过衣服或配饰的顾客，得知这些顾客逐渐习惯在固定的服装专柜购买衣服，不想再试其他的专柜。此外，店里的销售人员很少对店铺的经营方式的改变提出建议。因此，你的目标是重振员工士气，提升你的服装店的运营状况。

思考：

请你设计一个计划来提升服装店的组织学习的层次。为了在所有的层次上促进组织学习，你会采取什么方法？

二 影响组织学习的因素

组织学习的一项结果就是制定出更加有效的管理方式和决策。当组织发展出新的规则和标准作业程序，如新的绩效管理制度、薪酬体系，并通过这些标准程序获得成功时，管理者会自满，可能会故步自封，不想再寻找及学习新的经验。因此，过去成功的学习会抑制新的学习行动，导致组织出现惰性。这样组织的学习水平会下降，出现盲目及刻板的组织决策，从而导致重大的组织危机。那么，具体哪些因素会阻碍组织的学习呢？

1. 认知结构

认知结构（cognitive structure）是指个人用来定义问题及事件的相关信念、偏好、期望与价值观所组成的系统。在组织中，认知结构体现在计划、目标等组织理念和文化中。认知结构会引导高层管理者制定决策的方式，以及预先决定管理者对环境中的机会与威胁的觉察能力。如两个管理者对环境的感知不同，可能是因为他们的认知结构不同。高层管理者的认知结构可以产生成功的学习，但也可能引发危机。认知结构可以预先决定个人对情境的回应与解释，也就是说，管理者对情境的观点会被以往的经验及思考习惯所引导。

2. 认知偏误的形式

研究者发现某些因素会引导管理者发展出错误的认知结构，这些因素被称为认知偏误（cognitive biases）。认知偏误会影响管理者处理信息的能力，并且扭曲管理者对问题的解释，造成组织决策被扭曲。下面具体介绍几种常见的认知偏误形式。

图9-4展示了认知偏误对管理者认知结构及组织决策的影响。

（1）认知失调。认知失调（cognitive dissonance）是指当个人的信念与行动之间存在矛盾时，便会感到不安或焦虑的状态。根据认知失调理论，决策者会试图维持他们本

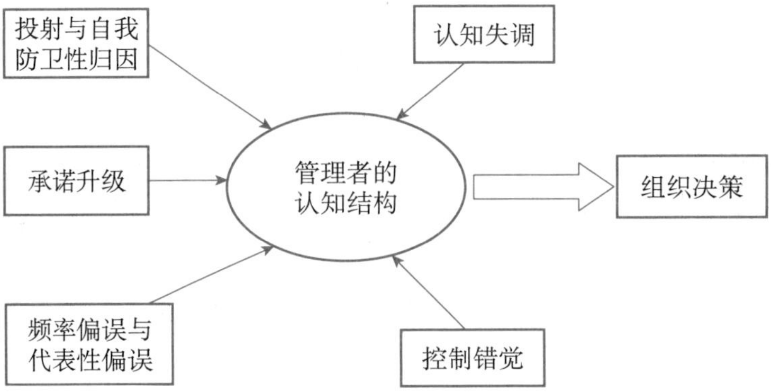

图 9-4 认知偏误的形式

身、态度与决策之间的一致性。管理者会寻求信息来证实或强化自己的信念，而对于那些无法证实或强化自己信念的信息，则会忽视。认知失调理论可以说明管理者为何会倾向于误解组织所面临的威胁，甚至当许多人都明显觉察出组织正陷入危机时，部分人仍然选择忽视并应付过去。

（2）控制错觉。控制错觉（illusion of control）是指个体会高估自己对事件的控制程度，而低估机遇或不可控制因素在事件发展过程及其结果上所扮演的角色。控制错觉会造成管理者高估他们个人控制下的行动成果，高估他们所拥有的应对不确定性及复杂性的技术和能力。例如，管理者可能会高估自己在新的投机活动上的能力而着手进行一项巨额获利计划，但是不久他们便会遇到问题，发现自己无法进行有效管理。

（3）频率偏误与代表性偏误。频率偏误（frequency bias）会蒙蔽人，使其以为一种现象的极端实例比它的实际情况发生的频率更高。例如，某采购主管与其供应商之间发生了一起不愉快的交易经历，然后他就决定断绝与此供应商的关系，并且不再相信任何供应商，决定采取垂直整合方案以控制资源而不是寻求新的供应商以解决问题。这个因为频率偏误做出的解决方案的成本和风险都偏大，是一种有缺陷的学习。

代表性偏误（representativeness bias）是指个体趋向于利用某事件与另一典型事件的类似程度来判断这个事件发生的频率和可能性。代表性偏误会导致管理者依据小型及非代表性的实例做出判断。例如，当接触到几个不甚可靠的供应商之后，就断定所有供应商都靠不住。这也是会导致有缺陷的学习的一种认知偏误。

（4）投射与自我防卫性归因。投射（projection）也是一种认知偏误，即管理者通过认为他人与自己的偏好、价值观是相同的，来合理化及强化其偏好与价值观。例如，一个高层管理团队正面临经济形势恶化的威胁，并且怀疑其自身是否有能力去处理。因为感受到威胁及无能为力，该团队可能会转而去谴责其他低层管理者无法控制局势。高层管理者便以这样的方式将自己的无能为力投射在其他人身上，并且通过指责他人来获得对自身的掌控感。

自我防卫性归因（self-defense attribution）是一种加工信息资料时的归因误差。它源于人们加强自我权威、维护自尊心的需要。表现为把自己的成功归结于内在因素，而把失败归结于外在因素。自我防卫性归因会导致管理者以最有利于自身行为的观点去解释事件。假设一个组织雇用了很多管理者，效益却没有提升，这时管理者可能会强调他们是将眼光放在未来，因而现在才暂时看不到成效。自我防卫会造成较少的组织学习，以及导致产生失误的决策。

（5）承诺升级。承诺升级（escalation of commitment）是一种在过去决策的基础上不断增加承诺的现象。管理者为了证明自己最初的决策是正确的，常常会持续投入大量资源给从一开始就注定失败的决策，很多组织因此蒙受巨大损失。

三 改善组织决策与学习

1. 组织学习的策略

（1）倾听反对者的意见。倾听反对者的意见是指为了改善决策的质量，高层管理者可以将周围其他人的不同意见，而且通常是对立的观点，纳入制定的政策中。他们可以尝试收集新的信息，来评估由反对者提出的意见。

研究显示，高层管理者一般不会仔细倾听部属的意见，并且希望身旁都围绕着赞成自己想法的人。这些人通常只会提供被曲解后的信息，并强化有利的信息，隐瞒不利的信息。此外，由于人的有限理性，管理者可能不愿意去鼓励反对者提出意见，因为那会增加他们必须处理的信息数量。

（2）将事件转变为学习的机会。“塞翁失马，焉知非福。”每一次遇到的问题、困境都可以为组织提供学习的机会，在这个过程中，组织要学习如何收集信息、分析信息，并进行理性决策。成功的经验可以借鉴，失败的教训可以吸取，并通过不断的反省，寻求更佳的解决方案。

（3）实验。为了促进探索式学习，组织必须鼓励实验，也就是产生新的方案与检视旧方案的过程。为了测试新方法的表现如何，例如服务顾客的新方法或是新的生产方法，管理者可以集思广益，甚至想出令他们自己都感到惊讶的新的解决方案。管理者应乐于实验以避免对先前成功的解决方案做出过度的承诺，以降低对情境误解的可能性，并可以从失败中学习。

（4）高阶管理团队本质。高阶管理团队构成的方式及形态会对组织学习的层次产生影响。高阶管理团队有很多构成方式，而且每一种方式对于信息处理、组织学习及决策质量都有不同的含义。

图 9－5 展示了两种高阶管理团队的结构形态，每一个形态对组织学习的发生层次都有不同的含义。在轮形结构（wheel structure）中，因为来自不同职能部门的管理者是单独向首席执行官（CEO）提出报告，所以组织学习的层次将会降低。他们传达所有的信息给首席执行官，而不是如同团队般协调彼此的行动，因此首席执行官成为信息的集中处理中心，处理所有的信息并做出决策，再将决策传回给各个高层管理者。研究建议，当问题比较简单，以及必须使高阶管理团队成员间的协调程度最小时，最适合运用轮形结构。但是当问题比较复杂，而且需要非程式化的决策时，由于在轮形结构中，所有的协调都必须通过首席执行官，会使得组织学习过于迟缓，因而不建议使用轮形结构。

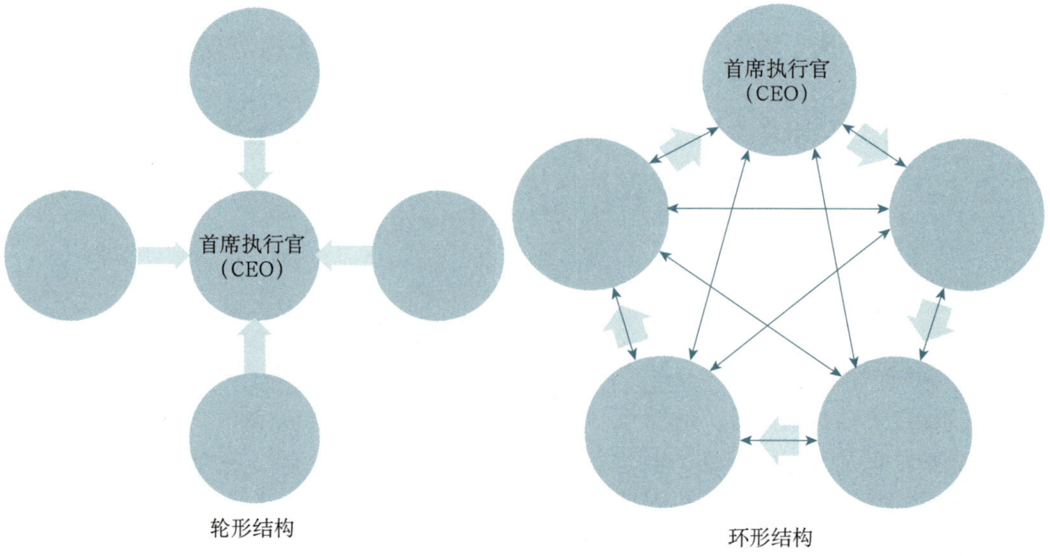

图 9-5　高阶管理团队的形态

在环形结构（circle structure）中，来自不同功能部门的高层管理者，会与其他高层管理者及首席执行官彼此互动。也就是说，他们就是一个团队，会通过各类事情促进团队与组织的学习。研究建议，当问题复杂且需要群体成员彼此协调以产生解决方案时，是运用环形结构的最佳时机。环形结构在解决复杂问题时，可以通过环形的沟通提高效率，并使得高层管理者有更多进行组织学习的机会，因而比轮形结构更为有效。

组织学习的层次与质量，以及高阶管理团队制定决策的有效性，也会受到个人特质与团队成员背景的影响。一个组织若可以从许多不同的产业与功能背景挑选成员来组织其高阶管理团队，便可以有效促进组织学习与决策制定。除此之外，高阶管理团队成员的多样化还可以使管理者有机会了解更多可供选择的行动方案，进而让管理者可以仔细地检视他们的期望与可能结果。

◎ 读一读

举例来说，IBM 的高阶管理团队成员都是从组织内晋升上来的，并没有其他背景的成员可以建议可靠的行动方案，如此便迫使 IBM 的高层管理者自行检视他们的假设。相对地，可口可乐因为担心高层管理者缺乏国际经验，会危害组织所制定的新的全球化战略，所以任命了三位外籍管理者加入高阶管理团队以提供新的方向，其中的罗伯托·戈伊苏埃塔（Roberto Goizueta）成为新的首席执行官。

研究发现，大部分的学习都是发生在团队成员异质性程度较大，而且来自不同职能领域的管理者都有机会表达自己的观点时。当管理者带来与问题有关的不同信息与观点时，组织便可避免群体迷思（groupthink）。群体迷思是指一群看法相同的人，说服其他人遵照同样的方法来诠释事件与信息。另外研究也发现，高阶管理团队若要保持效能，他们的成员必须是稳定的，不能有太多的人进入或离开团队。当团队成员稳定的时候，群体的凝聚力便会增强，也会促进成员间的沟通，并且可以使决策获得改进。对首席执行官来说，设计与管理高阶管理团队，使其能促进组织学习，是必不可少的任务。通常组织所选的首席执行官必须要兼具功能性与管理性的背景，能够处理组织所面临的迫切问题。卡特彼勒（Caterpillar）、通用汽车及施乐（Xerox）等公司都挑选具有广泛的国际企业管理经验的人担任首席执行官，因为这些组织的主要问题，都是面临全球化竞争的挑战。举例而言，杰克·史密斯（Jack Smith）是通用汽车在欧洲的领导人，他能快速地扭转公司在欧洲的经营绩效，并且迅速地在制造与设计流程中引进节约成本的改革措施。

有时候促进组织学习的唯一方法，便是更换首席执行官或高阶管理团队。虽然组织应该留住与主流看法和观点有不同意见的杰出人才，更换高层管理者却是能清除组织记忆与程式化决策的最快方法，组织可以发展出新的常规。举例而言，IBM 的董事会赶走了约翰·埃克斯（John Akers），并且任命路易斯·郭士纳（Louis Gerstner）为首席执行官，他原来担任雷诺兹-纳贝斯克公司（RJR Nabisco）的首席执行官，并且未曾有过电脑产业的工作经验。董事会的基本理由似乎是认为 IBM 必须要有一位带着新观点的管理者，并且要有新的解决方案，方可使组织得以扭转颓势，远离危机。

2. 魔鬼拥护法与辩证探询法

魔鬼拥护法（devil's advocacy）与辩证探询法（dialectical inquiry）也是克服认知偏误与促进组织学习的方法。图 9－6 呈现了这两种方法与理性决策模式之间的差异。

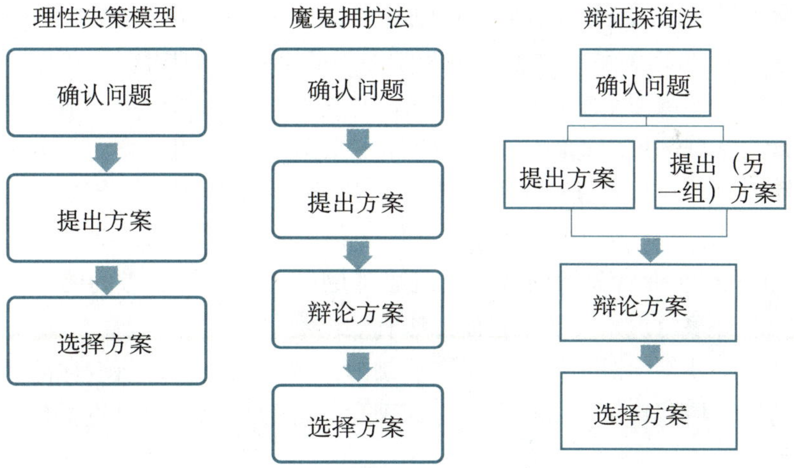

图 9－6 魔鬼拥护法与辩证探询法

采用魔鬼拥护法的组织，可通过任命持反对意见的人为管理者或让他进入管理团队，使得异议制度化。这些持反对意见的“魔鬼拥护者”（devil's advocate）负责在组织学习过程中进行批评，并且针对高阶管理团队在决策过程中所采用的假设提出质疑。例如，3M 便将魔鬼拥护法运用得相当出色。在 3M，产品经理必须将新产品计划提交到一个由高层管理者所组成的产品发展委员会中，这个委员会便扮演为了抬杠而唱反调的魔鬼，他们批评这项计划并质疑假设（例如对该产品市场规模所作的评估或是产品的制造成本等)，这是为了改善该计划，并且证明产品在商业上的可行性。3M 产品发展的成功，很大程度上可以归因于运用了魔鬼拥护法。

运用辩证探询法的组织必须建立多个决策者团队，每个团队被赋予产生及评估各项方案与行动方针的责任，并且建议哪一项为最佳。当听取每一个团队的选择后，所有的团队及组织的高层管理者必须坐下来一起挑选出每项计划的最佳部分，以综合成为最终的计划，使其最有可能获得成功。

四 建立学习型组织

1. 学习型组织

如前所述，学习型组织是指通过培养整个组织的学习气氛，充分发挥员工的创造性思维能力而建立起来的一种有机的、高度柔性的、扁平的、符合人性的、能持续发展的组织。

学习型组织最初的构想源于美国麻省理工学院杰伊·福里斯特（Jay Forrester)。他开创的系统动力学是提供研究人类动态性复杂的方法。所谓动态性复杂，就是将万事万物看成是动态的、不断变化的过程，仿佛是永不止息之流。1956 年，福里斯特以他在自动控制中学到的信息反馈原理研究通用电气公司的存货问题时有了惊人的发现，从此开始致力于研究企业内部各种信息与决策所形成的互动结构是如何影响各项活动，并回过头来影响决策本身的起伏变化的形态的。1965 年，他发表了一篇题为《企业的新设计》的论文，运用系统动力学原理，具体地构想出未来企业组织的理想形态——层次扁平化、组织信息化、结构开放化，逐渐由从属关系转向为工作伙伴关系，不断学习，不断重新调整结构关系。这就是关于学习型企业的最初构想。

彼得·圣吉是学习型组织理论的奠基人。作为福里斯特的学生，他一直致力于研究以系统动力学为基础的更理想的组织，研究将系统动力学与组织学习、创造理论、认识科学等内容相融合，最后发展出一种全新的组织概念。他用了近十年的时间对数千家企业进行研究和案例分析，于 1990 年完成其代表作《第五项修炼：学习型组织的艺术与实践》。他指出现代企业所欠缺的就是系统思考的能力。系统思考的能力是一种整体动态的搭配能力，许多组织因为缺乏它而无法有效学习。

知识经济的迅速崛起对企业提出了严峻挑战。现代人工作价值取向的转变，以及终身教育、可持续发展战略等当代社会的主流理念，都为组织学习提供了理论支持。学习型组织的内涵如下：

（1）团结、协调及和谐。组织学习普遍存在“学习智障”，个体的自我保护心理必然造成团体成员间的相互猜忌，这种所谓的“办公室政治”导致高智商个体和组织群体反而效率低下。从这个意义上说，班子的团结、组织上下协调以及群体环境的民主和谐是建构学习型组织的基础。

（2）在组织内部建立完善的“自学习机制”。组织成员在工作中学习，在学习中工作，学习成为工作新的形式。

（3）学习、思考和创新。此处学习是团体学习、全员学习，思考是系统、非线性的思考，创新是观念、制度、方法及管理等多方面的更新。

（4）系统思考。只有站在系统的角度认识系统，认识系统的环境，才能避免陷入系统动力的旋涡里去。要纵观全局、掌握重点，既见树木又见森林。系统思考的最大好处在于帮助人们在复杂的情况下，于各种可行的办法中寻找最高效的解决方案。

（5）团队学习。团队是现代组织中学习的基本单位。许多组织不乏对于组织现状、前景的热烈辩论，但团队学习依靠的是深度汇谈，而不是辩论。深度汇谈是一个团队的所有成员摊出心中的假设，进而真正一起思考的能力。深度汇谈的目的是通过让团队在一起思考，得出比个人思考更正确、更好的结论，而辩论是每个人都试图用自己的观点说服别人同意的过程。

2. 第五项修炼——系统思考

学习型组织强调一个系统的概念，彼得·圣吉指出学习型组织具有以下五项要素（如图9-7所示）：

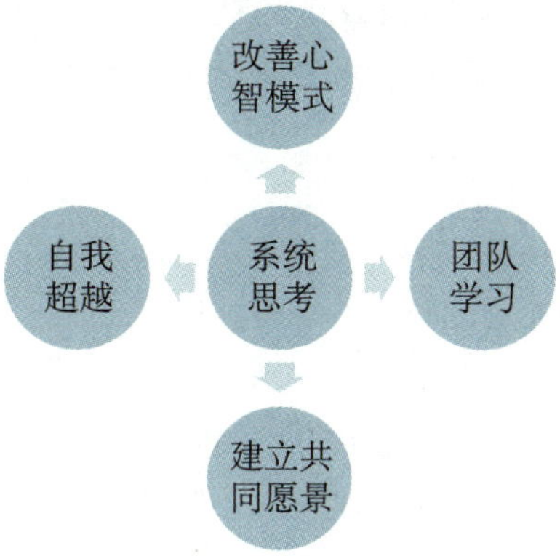

图9-7　学习型组织

（1）建立共同愿景（building shared vision）。共同愿景可以凝聚公司上下的意志力，通过组织共识，大家努力的方向一致，个人也乐于奉献，为组织目标奋斗。

（2）团队学习（team learning）。团队智慧应大于个人智慧的平均值，以做出正确的组织决策，同时可以通过集体思考和分析，找出个人弱点，强化团队向心力。

（3）改变心智模式（improve mental model）。组织的障碍，多来自个人的旧思维，例如固执己见、本位主义等。唯有通过团队学习以及标杆学习，才能改变心智模式，真正有所创新。

（4）自我超越（personal mastery）。个人有意愿投入工作，专精工作技巧，并且个人与愿景之间有种“创造性的张力”，这种张力正是自我超越的来源。

（5）系统思考（system thinking）。通过信息搜集来掌握事件的全貌，以避免只见树木不见森林，培养纵观全局的思考能力，看清楚问题的本质，有助于清楚了解因果关系。

学习是心灵的正向转换，企业如果能够顺利导入学习型组织，不仅能够达到更高的组织绩效，而且能够激发组织的生命力和活力。

本章小结

1. 组织开发的主要工作在于改善组织内各工作团队间的关系、收集整个组织成员的态度资料、提供回馈资料给选定的个人和团体，以作为改善与制订计划所需的资料基础。组织开发的最终目标是提高组织效能。

2. 在组织开发领域主要的理论有变革过程理论和系统干预理论。变革过程理论的主要代表有库尔特·勒温的“解冻”“改变”“再冻结”三步模式，拉里·格雷纳的过程顺序步骤模式，以及哈罗德·莱维特的相互作用变量模式。系统干预理论则是用系统的观点来看待组织的各个层次面临的问题，使用干预的技术解决问题。

3. 新兴的组织开发方法主要有全面质量管理、工作生活质量计划及再造工程。

4. 组织学习是组织开发的重要话题，指组织通过各种途径和方式，不断地获取知识，在组织内传递知识并创造出新知识，以增强组织自身实力，带来行为或绩效的改善的过程。组织学习有探索式与改良式两种主要形式，可以在个人、团队、组织、组织间四个层次上进行。组织学习会受到不同形式的认知偏误的阻碍，因此组织需要合理利用各类策略与方法以改善组织的决策和学习。学习型组织是组织能够充分、有效地进行学习的组织形式。

复习思考题

1. 组织开发的目的都有哪些？
2. 请解释变革过程理论中的勒温三步模式。
3. 什么是系统干预理论？对个人、团队、组织来说，系统干预技术都有哪些？
4. 组织学习容易受到哪些因素的干扰？
5. 如何建立学习型组织？

案例分析

通过组织学习推进系统整合：海尔的经验与启示

现在很多有远见的企业都把管理提高到立企之本的高度上来，比如推进精益管理、流程管理、全面质量管理、平衡计分卡等，所叫的名字有异，但实质接近，都希望能够“融细节入战略，积小胜为大胜”。可是，管理理念不会自己落地生根，更不容易在各级领导者和管理者的灵魂深处扎根，事实上，很多企业的管理变革都是半途而废，或者无奈收场。海尔公司则通过独具特色的案例研讨会，通过组织学习长效机制建设，较为成功地推进了组织的系统整合，为我们提供了有益的启示与借鉴。

作为中国最大的家电生产企业，海尔的生产制造模式、管理模式一直受到世界的关注，从 20 世纪 90 年代开始的 OEC（日事日清，日清日高），到流程再造、战略事业单元（strategical business unit，SBU）、“市场链”管理，海尔的管理模式不断创新。2005 年 12 月，在“海尔集团创业 21 周年暨海尔全球化品牌战略研讨会”上，张瑞敏宣布启动“全球化品牌战略”，这是该集团继名牌战略、多元化战略、国际化战略之后的第四个发展战略阶段。如果说国际化战略阶段的特征还是“以中国为基地，向全世界辐射”

的话，全球化品牌战略的特征则是“在每一个国家的市场创造本土化的海尔品牌”。

战略重心的转移客观上需要海尔能够系统地解决如下紧密相关的三个关键问题：如何提升产品竞争力和运营竞争力？如何与供方、客户实现共赢？如何从单一文化转变到多元文化，实现持续发展？

为此，海尔探索实施了作为一种生产管理模式的“T模式”以及“人单合一”发展模式，这又一次引起了国际管理界的高度关注和研究讨论，“人单合一”更是被誉为“号准全球商业脉搏”的管理模式。张瑞敏曾明确指出“海尔模式就是人单合一”，2009年又再次强调了这一点。“人单合一”中的“人”就是“自主创新的SBU”；“单”不单纯指狭义的“市场订单”，还包括了“有竞争力的市场目标”。“人单合一”要求每个员工都有自己的订单并为之负责。

“T模式”是海尔于2006年提出的一种生产管理模式，其中的“T”包含了四个含义，分别为：time，时间，要准时；target，目标，要有第一竞争力的市场目标；today，日清，即每天的工作要日清日高；team，团队，市场目标是由SBU团队来完成。简言之，“T模式”就是每个人、每个部门都把实现自身市场目标的时间定为T日，然后确定T日前要做哪些预算、T日后要进行哪些闭环优化。在“人单合一”的总模式下，可以认为“T模式”为“人单合一”的实现提供了相应的支撑。但在海尔的管理实践中，二者是如何耦合在一起的呢？是什么力量在推动和引导着“人单合一”模式的实施和完善从而推动海尔的持续发展的呢？为什么海尔在国际化战略阶段和全球化品牌战略阶段能够不断地取得实践上的成功和管理模式上的创新呢？

对海尔进行深入的考察可以发现，每周六由主要干部（关键岗位人员）参加的案例研讨会在战略决策与管理系统运行中扮演了核心的角色。海尔的案例研讨起因于最初统一推进流程再造时所遇到的一系列困难。张瑞敏再三强调“流程再造先要再造人，再造人先要再造观念”，为了达到这个目的，从2000年10月起，每逢周六，按时举行由包括集团首席执行官张瑞敏在内的中高级经理人参加的培训课，就成了海尔雷打不动的制度规定。由于教材不来自书本，而是取自集团各个事业部当前的主要问题或该周内在市场上遇到的“案例”，培训课就演变成了案例研讨会。研讨会由两个阶段构成：会上，张瑞敏提出阶段性的指导思想，再与集团的中高级经理人一起互动讨论；会后，研讨的内容就变成每个经理人下周的作业，在实践中实施、验证和完善。

每一次，海尔的一个部门都要围绕企业的发展战略，结合自己部门的情况进行案例研讨来回答：面对企业发展，本部门要做什么？理论上关于这些问题的最新成果是什么？标杆企业与竞争对手是怎么做的？自己的最佳做法是什么？可能的难题及风险是什么？如何破解难题与防范风险？必须处理好与企业其他部门的哪些关系？需要哪些资源？如何整合这些资源？……

张瑞敏经常主持案例研讨会，除了各部门相互评论，张瑞敏还要点评。因此，要准备好案例分析，各部门就必须吃透企业整体发展思路，了解理论界的最新动态，掌握竞争对手的状况，清楚自己的现状和应做的事情以及最佳做法，处理好各部门间的协调关系……而且，这不仅是一场模拟实战，各部门之间还存在着竞争。即使海尔集团副总裁这样的高层管理者，谈起案例研讨会，仍会将其作为最有压力的工作之一。由此可见，海尔能取得今天的业绩，和在张瑞敏的领导下所逐步形成的行之有效的组织学习机制是紧密相连的。

从组织层面来看，海尔的全球化品牌战略及其每一个阶段的核心任务的实现过程，也就是“T 模式”和“人单合一”模式相互耦合并在动态中不断加以改进的过程。

“T 模式”的实施有三个关键点：首先，需要有相应的文化观念；其次，需要流程再造与信息化的支持与推动；最后，通过基于 JIT 的时间预算系统确定 T 日前要做哪些预算，通过基于 OEC 的目标管理体系确定 T 日后要进行哪些闭环优化。而这些也容易成为“T 模式”实施时所遇到的问题与障碍。

“人单合一”的关键点就是“直销直发”“正现金流”“人人都是 SBU”。其中，SBU 经营的本质是将创新精神作为基因植入员工身上，在这个基础上创造更有竞争力的订单。在全球化品牌战略与“人单合一”模式的引导下，海尔把不同的 SBU 经营成可独立核算的“公司”，为每个员工提供了个性化的创新空间。SBU 实施的关键在于以市场订单为中心和以 SBU 损益表为考核工具，由此员工之间也就以市场关系取代了上下级和同事关系。二者都以市场目标为导向，关注企业内外的变化并以市场化手段进行绩效考核。案例研讨式的组织学习使二者在动态演化的过程中不断加以改进，从而更有利于海尔战略的实现。

从组织学习机制化保障的角度来看，海尔的战略（全球化品牌）与和谐主题（比如本周内的核心问题）为案例研讨提供了目的导向，案例研讨则为其实现提供了知识动力；“T 模式”与“人单合一”模式实施中的组织协同和全员协同程度成为案例研讨会的关注重点，而案例研讨的结果会有利于流程的优化，并对 SBU 经营进行激励诱导；动态改进有利于知识的积累与创新，案例研讨会有利于知识的共享与扩散，并推动全员学习。

不同于既有的研究，席酉民教授分析了组织学习机制对于海尔的重要意义。海尔的这种案例研讨过程不仅是一个知识共享与扩散的过程、学习和创新的过程，而且是一个组织整合并付诸行动的过程。也就是说，各个员工、团队和部门都会有自己的目标、利益和相应的行为、努力，但在案例研讨的推（推动）、拉（引导）作用下，它们不会成为一个个碎片，而是完整的，甚至还是一幅美丽的图画。

海尔通过案例研讨会对战略和每一个阶段的发展主题、流程、文化进行持续、系统的整合，领导层成为坚定不移的组织学习的推动者。而“人人都是 SBU”的经营理念以及以目标为导向、以 SBU 损益表为基础的绩效考核体系，增强了领导能力和全员领导的观念，保证了组织学习的效果。其中的组织知识积累，既因为有包括张瑞敏在内的高层领导者的参加而有利于使战略决策所需要的知识能够得以尽可能地集结，也因为 S 级事业单元和 B 级、U 级事业单元的交流互动而有利于战略执行时的知识共享和传播，从而推动全公司的学习成长与整合创新。这种分析并不是说系统整合必然要通过案例研讨的方式进行，而是试图阐明，案例研讨因为在“领导者—管理者—普通员工”这种“自上而下”和“自下而上”的反复互动中，通过全员 SBU 和“人单合一”的具体操作模式，承担起了组织学习、系统协同的整合功能。

在海尔的案例研讨会中，体现了系统耦合对领导能力所存在的根本性要求。例如，

“面对企业发展，本部门要做什么？”其实表达了对领导（战略）判断能力的要求；如何防范风险则体现了领导的控制能力；“需要哪些资源？如何整合这些资源？”说明了领导整合能力的重要性；对“理论最新成果”和“竞争对手”竞争手段的关注则进一步凸显了领导学习能力的重要性。

弗朗西斯·培根（Francis Bacon）认为：“人类的理解力一旦接受了一个观点……就会把所有的东西都搜集来支持和同意这个观点。”现代认知学家的研究也表明，人类的大脑其实是一个制造偏见的复杂机器。道格拉斯·诺思（Douglas C. North）指出，包含于有意识的选择中的学习“有可能是错误的”，一个例证就是，“一旦你确信一种投资策略比另一种有利，你就不可能充分地注意那些表明这种策略存在缺陷的事实”。要避免这种系统的“偏见”或成功所带来的“自负”与“傲慢”，最可取的办法或许就是拓宽组织的视界，强调从实践中学习。任何人，包括领导者在内，都是有局限性的，一个人的大脑是有局限的，但集体的智慧则是无穷的。自上而下和自下而上的战略结合起来，最后再通过领导者及高阶管理团队的智慧，做出战略性的决策，将能更好地带领一个企业不断发展、不断前进。

由最高领导者所主持的案例研讨，有助于参会的每一位领导者和管理者更深刻、更系统地领会和理解公司战略的精髓，有助于战略的顺利实施和推行，更有助于员工对科学管理、精益管理和流程管理的实质，对公司战略（不仅是业务层面的战略，也包括公司层面的战略）能够做到“知其所以然”，能够自觉地将日常管理和公司的战略贯彻有机结合起来，而非单纯对通用电气、丰田的模仿或者运动式的口号。当然，这种形式的案例研讨也容易变成得罪人的事情，因为它从根子上挑战了人的惰性、惯性和固有的心智模式，如果不是“一把手”真心地、强硬地、持之以恒地推动，是很难开花结果的。但是，通过机制化的案例研讨，可以在相当大程度上改变组织成员在工作中的思维方式和行为方式。只有全员参与、全员学习，并且和业绩考核、职务晋升结合起来，才不会“人亡政息”，才不会出现“领导重视搞运动，领导不抓就应付”的消极局面，个人和团队的创造力才能够得到最大的发挥，企业才能朝着战略目标稳步地、坚实地实现持续的发展。

资料来源：曾宪聚．通过组织学习推进系统整合：海尔的经验与启示．管理学家（实践版），2009（12）：14－17.

讨论：

1. 海尔应用哪些组织开发方法推动了组织学习？突出了哪几个层次的学习？
2. 在海尔的组织学习过程中遇到了哪些阻碍学习的因素？
3. 请想一想建立学习型组织需要在哪些方面努力？

附录

未来发展趋势

一 培训方式组合模式开始盛行，培训趋向智能化和个性化

未来的企业培训与开发将更多采用多种培训方式组合模式，而非仅用单一模式进行培训。这种项目组合模式可以根据不同项目的特点，如具体业务和场景等，综合考虑各种形式的优缺点和使用情境进行匹配组合，形成优势互补，让培训内容更好地被培训对象理解和吸收，并且最大限度地满足培训对象的差异化需求。

例如比较常见的线上线下组合、直播和录播方式相结合等。企业将在培训中保留传统线下培训的核心功能，如通过培训增加集体凝聚力、促进员工之间的合作与交流等，在此基础上以灵活度高的线上培训方式为主，开发适用于线上培训的内容，指导员工学习知识和技能。线上的培训模式相比于传统线下方式有更丰富的场景和更大的选择性。线上培训现如今又可以分为直播和录播两种方式。录播的课程经过剪辑精修，一般制作较为精良，方便传播，且录播内容观看随性，不受时间限制，并有一些特殊功能可以为员工节省时间和挑选重点学习。录播课程的倍速功能如今应用就十分广泛，还可以进行选择和跳跃式学习。而直播相对而言会要求集中于某一时间段。但是直播保留了线下可以及时反馈和互动的优点，因此相比于录播更容易让员工集中，增加培训对象的兴趣和彼此之间的交流，同时具有线上不受地点限制等优点。一些企业已经逐步开始使用这几种形式组合的方式，赋予不同侧重点的培训内容，提高培训有效性。

与此同时，当代员工需求差异化明显，且不同员工素质现状有所差异，加之职位分工不同，因而每个人所要求的发展和需要的培训都或多或少存在差异。在高新技术的支持下，企业从提供“菜单式”的培训项目开始逐步调整成为每位员工实施定制化、个性化的培训方案和培训升级路径。具体而言，企业会通过大数据技术对员工需求进行精准分析，然后基于不同员工的特定需求和职业生涯规划实行培训项目和课程组合的智能推送，达到帮助员工不断提升并合理化知识结构的目的。个性化不只针对员工个体特征而言，还针对企业所处行业而言，未来企业的培训项目将更多针对本行业情况进行开发和实施，提高培训项目的针对性，而通用课程将成为最基础培训，无须企业多做准备和投入，可完全由员工自主选择。

二 移动培训为主，充分利用碎片化时间

借助移动互联网平台和工具的移动学习已经很普遍。具体而言，移动学习（mobile learning）是一种依托于移动设备，随时随地进行的学习。学习者不再被限制在某一固定地点，可以自主地进行不同目的、不同方式的学习，是一种基于移动互联技术的新型学习方式。移动培训就是通过企业开发适用于移动学习特点的培训内容，以供员工学习的培训方式。

在个人能够接触到的信息呈指数化增长的今天，时间已经成为稀缺资源，加之新的办公方式如远程办公的兴起，传统的培训模式逐渐显现颓势。快节奏的工作安排和灵活的办公方式促使企业开始思考当员工没有整块的时间进行集中学习时，企业应该如何为员工提供培训。移动互联技术为企业提供了有效的解决方案。实行移动培训，无论是通勤时间，出差路上，还是排队等候或者入睡前，只要打开智能手机或者平板电脑登录公司学习平台，员工就可以学习培训内容。移动培训可以降低学习成本，有助于员工高效利用碎片化时间。

移动培训的方式对于新生代员工或者从事互联网等高新技术行业的员工来说尤其有效，他们的思维方式、知识结构和交流方式已与传统培训思维不同，移动培训能让他们更自由地安排时间，选择在感觉舒服和适宜的地点学习。除此之外，此类员工也更为熟悉移动设备的使用，因而很愿意接受这种学习方式。

需要注意的是，移动培训不是传统的网络学习的翻版，不能把网络学习内容照搬到移动设备上。移动培训要求培训内容简单直接地呈现，核心内容凝练于较短时间内，不可过于冗长，有时甚至采取片段式的视频或者图文呈现方式来让培训对象快速掌握重点知识。例如，某些公司会将课程划分成精心提炼的章节，分段按时推送，辅以拓展补充的学习资料等。除此之外，还会在过程中增加分享互动环节，促进员工思考，加强记忆的同时更能提升学习效果。

就现阶段而言，高科技企业和大型集团等采用移动培训方式较多。原因在于此类企业的员工对新事物和新技术接触更多，容易接受这种学习方式。此外，有些大企业人员复杂，素质不一，统一培训的困难较大，且业务培训量大，采用传统培训方式会耗时耗力且效果不佳，因而企业倾向于采取移动培训的方式。

三 企业培训趋向专业化和体系化，开始寻求长期合作并逐步扩大培训范围

培训与开发将作为一个独立的专业职能在企业中得到发展，而不再仅由综合管理人力资源工作的员工负责。培训经理和业务经理的合作逐步标准化、体系化，二者都应该接受培训与开发相关的具体专业学习。尤其对于培训经理而言，需要具备分析与诊断绩效问题、为业务部门提供咨询方案和培训计划、开发极具针对性的课程，以及实施培训计划和跟踪分析和反馈等专业能力，能够真正地支持业务发展。培训内容也主要以具有行业和员工针对性的内容为主，以通用技能培训为辅。培训内容要有较广的覆盖面，流程和内容要形成体系，包括培训后的跟进和辅导、辅助练习等。培训方法也要基于企业面临的实际问题进行选择，并结合导师指导、社群分享、岗前课后训练和学习等方式。

企业在建立专业的培训机制的同时，还可以选择与培训机构或者高校建立长期合作关系。和培训机构合作时，培训经理要与培训机构建立良好联系，选择和储备优质的培训资源，同时帮助培训机构准确理解企业的培训需求。此外，企业还可以选择让培训机构的工作人员入驻企业进行长期观察和分析，以供给企业更具有针对性的培训课程。与高校的合作，比较流行的形式是创立企业大学。企业大学是指由企业出资，以企业高级管理人员、一流的商学院教授及专业培训师为师资，通过实战模拟、案例研讨、互动教学等手段培养企业人才，例如海尔大学等。企业与培训机构或者高校合作可以降低企业培训压力和成本，增加培训灵活性。

最后，企业的培训范围逐渐不再局限于企业内部员工，而是扩大到企业相关人员，如顾客、合作厂商工作人员等。例如部分高科技企业通过培训客户使自己的产品充分展示其效能与优势，平台型企业或者联盟企业通过对合作公司员工的培训强化彼此的协同共生效能等。

四 新技术赋能学习，提升学习效率

新技术的发展开始赋能企业培训，在降低成本的同时，还有助于提高培训针对性，以及提升学习兴趣和效果。如前文提到的大数据用于员工职业生涯规划和培训需求分析，以及现在很多企业开始采用虚拟现实的方式进行培训等。例如顺丰就在用虚拟技术培训新入职的快递人员。其他还有采用虚拟现实和增强现实的手段训练医生进行心脏外科手术，训练员工装配设备的零部件等。直播和移动培训等形式本质上也是新技术的应用。这些技术极大地丰富了使用场景，提高了培训的针对性，并降低了实操的成本和风险。企业需要把新技术与培训相融合，才能推动培训更加专业和有效。

五 重要理念持续践行，影响愈加深远

重要的培训理念会在未来产生更加深远的影响，指导企业培训与开发的展开。第一，企业会更加重视学习型组织的建设。只有组织具有持续学习的能力才能保证组织始终具有竞争优势。未来组织会更多以建设学习型组织为目标，以此进行培训与开发。第二，培训成果转化成为重中之重。企业在培训过程中，会增加对培训后效的追踪和评估，并施以相应的指导和巩固，以保证组织培训的内容能落到实处。第三，未来导向和长期导向更加明显。企业将更倾向于培养员工能推进组织未来发展的技能和知识，做好长期培训的规划，而非一直停留在被动地弥补现状的不足上。第四，推动员工自我管理，自主学习。这一理念其实与学习型组织的建设异曲同工，企业开始重视在培训与开发中发挥员工的主观能动性，让员工积极主动地进行学习，而企业提供辅助性的培训平台，协助员工完成提升目标。与此同时，还能够促进员工自发分享工作心得和技巧，形成员工之间知识共享、互相指导的氛围，有助于促进员工生成优质内容，帮助企业快速进行经验的复制和传播，把隐性的知识显性化。企业对此可以提供平台组建社区，提供工具让员工自由分享知识，并辅以一定的激励机制和技术帮助。

重要术语汉英对照表

A

Action Research	行动研究
Adult Learning Theory	成人学习理论
Application Assignment	应用练习
Attribution Theory	归因理论

B

Behavioral Event Interview，BEI	行为事件访谈法
Broadening Staff Usefulness	扩展工作人员的价值
Building Shared Vision	建立共同愿景

C

Career Development，CD	职业开发
Career Plateau	职业高原
Changing	改变
Circle Structure	环形结构
Cognitive Biases	认知偏误
Cognitive Dissonance	认知失调
Cognitive Structure	认知结构
Cognitive Transfer Theory	认知转化理论
Competency	胜任力
Concentration Strategy	集中化战略
Context Evaluation	背景评估
Continuous Reinforcement	连续强化

D

Developing Top Leadership	开发高层领导技能
Development	开发
Devil's Advocacy	魔鬼拥护法
Devil's Advocate	魔鬼拥护者

Dialectical Inquiry	辩证探询法
Disinvestment Strategy	紧缩投资战略
Double-Loop Learning	双环学习
E	
E-learning	网络学习
Electronic Performance Support System，EPSS	电子执行支持系统
Employee Assistance Programs，EAP	员工援助计划
Employee Efficiency	员工效率
Employee Enhancement	员工价值感
Employee Satisfaction	员工满足感
Employee Skillfulness	员工技艺
Escalation of Commitment	承诺升级
Expectancy	预期
Expectancy Theory	期望理论
External Growth Strategy	外部成长战略
F	
Far Transfer	远距离转化
Fixed-Interval Reinforcement	固定时距强化
Fixed-Ratio Reinforcement	固定比率强化
Force Field Analysis Reinforcement	力场分析理论
Frequency Bias	频率偏误
G	
Generalizing	推广
Goal-Setting Theory	目标设置理论
Gratifying	满足
Groupthink	群体迷思
H	
Hawthorne Effect	霍桑效应
Human Capital	人力资本
Human Capital Theory	人力资本理论
Human Resource Development，HRD	人力资源开发
I	
Identical Elements Theory	同因素理论
Illusion of Control	控制错觉
Improve Mental Model	改变心智模式

Induction and Orientation	导入和定向
Information Processing Theory	信息加工理论
Input Evaluation	投入评估
Input-Process-Output，IPO	投入—过程—产出
Interacting Variables Model	相互作用变量模式
Interference Theory	干扰理论
Intermittent Reinforcement	间断强化
Internal Growth Strategy	内部成长战略
J	
Job Instruction Training	职务指导培训
K	
Key Behavior	关键行为
Key Success Factors，KSF	关键性成功因素
Kirkpatrick Model	柯克帕特里克培训效果评估模型
L	
Laboratory Training	实验室训练
Learning	学习
Learning Process	学习过程
M	
Management Development，MD	管理开发
Management Game	商业游戏/管理游戏
Massive Open Online Course，MOOC	慕课
Mobile Learning	移动学习
N	
Near Transfer	近距离转化
Needs Theory	需求理论
Negative Entropy	反熵作用
Negative Reinforcement	负强化/消极强化
O	
Operant	操作性反应
Organization Development，OD	组织开发
Organizational Change	组织变革
Organizational Learning	组织学习
Outcome Evaluation	结果评估
Outward Development	拓展训练

P

Perception	知觉
Performance Improvement	绩效改进
Personal Mastery	自我超越
Physical Capital	物质资本
Positive Reinforcement	正强化/积极强化
Process Evaluation	过程评估
Product Evaluation	产出评估
Projection	投射

Q

Quality of Work Life，QWL	工作生活质量计划

R

Reaction Evaluation	反应评估
Reengineering	再造工程
Refreezing	再冻结
Reinforcement	强化
Reinforcement Theory	强化理论
Reinforces	强化物
Representativeness Bias	代表性偏误
Respondent	应答性反应
Retraining	再培训
Retrieval	恢复

S

Schedule of Reinforcement	强化程序
Self-Defense Attribution	自我防卫性归因
Self-Efficiency	自我效能
Semantic Encoding	语义编码
Simple Dynamic System	单纯动态系统
Single-Loop Learning	单环学习
Six Sigma	六西格玛
Smith-Hughes Act	《史密斯-休斯法案》
Social Cognitive Theory	社会认知理论
Social Learning Theory	社会学习理论
Stimulus Generalization Approach	激励推广理论
Success Motivation Theory	成就动机理论

System Thinking	系统思考
Systems Approach	系统研究途径
T	
Team Learning	团队学习
Total Quality Management，TQM	全面质量管理
Training	培训
Training and Development	培训与开发
Training Group	团队训练技术
U	
Unfreezing	解冻
V	
Variable-Interval Reinforcement	变化时距强化
Variable-Ratio Reinforcement	变化比率强化
Vision	愿景
Volatile，Uncertain，Complex，Ambiguous，VUCA	不稳定、不确定、复杂、模糊
W	
Wheel Structure	轮形结构
Working Storage	加工存储

参考文献

1. 贝克汉姆．ATD人才管理手册．．北京：电子工业出版社，2017.

2. 德斯勒．人力资源管理：第14版．北京：中国人民大学出版社，2017.

3. 戈麦斯-梅希亚．人力资源管理：第6版．上海：上海人民出版社，2015.

4. 侯光明．人力资源管理．2版．北京：高等教育出版社，2015.

5. 金延平．人员培训与开发．3版．大连：东北财经大学出版社，2013.

6. 柯克帕特里克．如何做好培训评估：柯氏四级评估法．北京：机械工业出版社，2007.

7. 宁光杰，林子亮．信息技术应用、企业组织变革与劳动力技能需求变化．经济研究，2014（8）：79－92.

8. 诺伊，霍伦贝克，格哈特．人力资源管理：赢得竞争优势：第9版．北京：中国人民大学出版社，2018.

9. 诺伊．雇员培训与开发：第6版．北京：中国人民大学出版社，2015.

10. 圣吉．第五项修炼：学习型组织的艺术与实践．北京：中信出版社，2009.

11. 吴峰，江凤娟．工作场所数字化学习：特征、价值与模式．教育研究，2017，38（3）：83－90.

12. 熊东辉．企业培训转移影响因素整合模型研究：基于纵向分析视角．华东经济管理，2012（3）：114－118.

13. 徐芳．培训与开发理论及技术．上海：复旦大学出版社，2010.

14. 姚裕群．人力资源管理案例教程．北京：中国人民大学出版社，2006.

15. 赵曙明，张敏，赵宜萱．人力资源管理百年：演变与发展．外国经济与管理，2019（12）：50－73.

16. Aguinis H，Kraiger K. Benefits of training and development for individuals and teams，organizations，and society. Annual Review of Psychology，2009，60（1）：451－474.

17. Bell B S，Tannenbaum S I，Ford J K，et al. 100 years of training and development research：what we know and where we should go. Journal of Applied Psychology，2017，102（3）：305－323.

18. Bertram J，Moskaliuk J，Cress U. Virtual training：making reality work?. Computers in Human Behavior，2015（43）：284－292.

19. Blume B D, Ford J K, Baldwin T T, et al. Transferof training: a meta-analytic review. Journal of Management, 2010, 36 (4): 1065 - 1105.

20. Brown K G, Charlier S D, Pierotti A. E-learning at work: contributions of past research and suggestions for the future//Hodgkinson G P, Ford J K. International review of industrial andorganizational psychology. New York: Wiley, 2012.

21. Bulut C, Culha O. The effects of organizational training on organizational commitment. International Journal of Training & Development, 2010, 14 (4): 309 - 322.

22. Cheng B, Wang M, Yang S J H, et al. Acceptance of competency-based workplace e-learning systems: effects of individual and peer learning support. Computers & Education, 2011, 57 (1): 1317 - 1333.

23. de-Marcos L, Domínguez A, Saenz-de-Navarrete J, et al. An empirical study comparing gamification and social networking on E-learning. Computers & Education, 2014 (75): 82 - 91.

24. Ford J K, Kraiger K, Merritt S M. An updated review of themultidimensionality of training outcomes: new directions for trainingevaluation research//Kozlowski W J, Salas E. Learning, training, and development in organizations. New York: Routledge, 2010.

25. Gephart M A, Marsick V J, van Buren M E, Spiro M S. Learning organization come alive. Training and Development, 1996, 50 (12): 34 - 45.

26. Grossman R, Salas E. The transfer of training: what really matters. International Journal of Training & Development, 2011, 15 (2): 103 - 120.

27. Greenhaus H, Callanan G A, Godshak V M. Career management. 3rd ed. Fort Worth: Dryden Press, 2000.

28. Harman R P, Ellington J K, Surface E A, et al. Exploring qualitative training reactions: individual and contextual influences on trainee commenting. Journal of Applied Psychology, 2015, 100 (3): 894 - 916.

29. Hughes M G, Day E A, Wang X, et al. Learner-controlled practice difficulty in the training of a complex task: cognitive and motivational mechanisms. Journal of Applied Psychology, 2013, 98 (1): 80 - 98.

30. Iyengar K, Sweeney J R, Montealegre R. Information technology use as a learning mechanism: the impact of it use on knowledge transfer effectiveness, absorptive capacity, and franchisee performance. Mis Quarterly, 2015, 39 (3): 615 - 641.

31. Kim Y, Ployhart R E. The effects of staffing and training on firm productivity and profit growth before, during, and after the Great Recession. Journal of Applied Psychology, 2014, 99 (3): 361 - 389.

32. Kraimer M L, Seibert S E, Wayne S J, et al. Antecedents and outcomes of organizational support for development: the critical role of career opportunities. Journal of Applied Psychology, 2010, 96 (3): 485 - 500.

33. Leibowitz Z B, Farren C, Kaye B L. Designing career development systems. San

Francisco：Jossey-Bass，1986.

34. Levinson D J，Klein C N，Levinson M H，McKee B. Season of Man's life. New York：Knopf，1978.

35. Mager R F. Preparing instructional objectives. 3rd ed. Atlanta：Center for Effectiveness Performance，1997.

36. McLagan P A. Models for HRD practice. Training and Development Journal，1989，41（9）：41－53.

37. McMahon J E，Merman S K. Career development，in the ASTD Training and Development Handbook. 4th ed. New York：McGraw-Hill，1996.

38. Noe R A，Clarke A D M，Klein H J. Learning in the twenty-first-century workplace. Annual Review of Organizational Psychology and Organizational Behavior，2014（1）：245－275.

39. Orvis K A，Leffler G P. Individual and contextual factors：an interactionist approach to understanding employee self-development. Personality and Individual Differences，2011，51（2）：172－177.

40. Phillips J J. Handbook of training evaluation and measurement methods，Houston Texas：Gulf Publishing，1997.

41. Saks A M，Burke L A. An investigation into the relationship between training evaluation and the transfer of training. International Journal of Training and Development，2012，16（2）：118－127.

42. Salas E，Tannenbaum S I，Kraiger K，et al. The science of training and development in organizations：what matters in practice. Psychological Science in the Public Interest，2012，13（2）：74－101.

43. Watkins K E，Marsick V J. Sculpting the learning organization：lessons in the art and science of systemic change. San Francisco：Jossey-Bass，1993.

图书在版编目（CIP）数据

培训与开发 / 李育辉主编．-- 北京：中国人民大学出版社，2022.1
中国人民大学劳动人事学院第四代系列教材
ISBN 978-7-300-29906-8

Ⅰ.①培… Ⅱ.①李… Ⅲ.①企业管理-职工培训-高等学校-教材 Ⅳ.①F272.92

中国版本图书馆 CIP 数据核字（2021）第 194079 号

中国人民大学劳动人事学院第四代系列教材
培训与开发
主编　李育辉
Peixun yu Kaifa

出版发行	中国人民大学出版社		
社　　址	北京中关村大街 31 号	**邮政编码**	100080
电　　话	010－62511242（总编室）		010－62511770（质管部）
	010－82501766（邮购部）		010－62514148（门市部）
	010－62515195（发行公司）		010－62515275（盗版举报）
网　　址	http://www.crup.com.cn		
经　　销	新华书店		
印　　刷	唐山玺诚印务有限公司		
开　　本	787 mm×1092 mm　1/16	**版　　次**	2022 年 1 月第 1 版
印　　张	17 插页 1	**印　　次**	2025 年 5 月第 4 次印刷
字　　数	367 000	**定　　价**	49.00 元

中国人民大学出版社　管理分社

教师教学服务说明

中国人民大学出版社管理分社以出版工商管理和公共管理类精品图书为宗旨。为更好地服务一线教师，我们着力建设了一批数字化、立体化的网络教学资源。教师可以通过以下方式获得免费下载教学资源的权限：

★ 在中国人民大学出版社网站 www.crup.com.cn 进行注册，注册后进入“会员中心”，在左侧点击“我的教师认证”，填写相关信息，提交后等待审核。我们将在一个工作日内为您开通相关资源的下载权限。

★ 如您急需教学资源或需要其他帮助，请加入教师 QQ 群或在工作时间与我们联络。

中国人民大学出版社　管理分社

教师 QQ 群： 648333426(工商管理)　114970332(财会)　648117133(公共管理)
教师群仅限教师加入，入群请备注(学校+姓名)

联系电话： 010-62515735，62515987，62515782，82501048，62514760

电子邮箱： glcbfs@crup.com.cn

通讯地址： 北京市海淀区中关村大街甲 59 号文化大厦 1501 室（100872）

管理书社　　人大社财会　　公共管理与政治学悦读坊